Vladimir S. Lerner

Ścieżka informacyjna

Vladimir S. Lerner

Ścieżka informacyjna

od losowości i niepewności do informacji

Wydawnictwo Bezkresy Wiedzy

Imprint
Any brand names and product names mentioned in this book are subject to trademark, brand or patent protection and are trademarks or registered trademarks of their respective holders. The use of brand names, product names, common names, trade names, product descriptions etc. even without a particular marking in this work is in no way to be construed to mean that such names may be regarded as unrestricted in respect of trademark and brand protection legislation and could thus be used by anyone.

Cover image: www.ingimage.com

This book is a translation from the original published under ISBN 978-620-0-45585-7.

Publisher:
Wydawnictwo Bezkresy Wiedzy
is a trademark of
Dodo Books Indian Ocean Ltd., member of the OmniScriptum S.R.L Publishing group
str. A.Russo 15, of. 61, Chisinau-2068, Republic of Moldova Europe
Printed at: see last page
ISBN: 978-620-0-81030-4

ŚCIEŻKA INFORMACYJNA OD LOSOWOŚCI I NIEPEWNOŚCI DO INFORMACJI

Interaktywna zintegrowana dynamika informacji i inteligencja obserwatora

Vladimir S. Lerner, USA

Znalezienie ścieżki obserwacyjnej tworzącej jej obserwatora było zawsze ważnym problemem w fizyce i informatyce.

W procesach obserwacyjnych, każda obserwacja jest aktem zmieniającym proces obserwacji, który generuje interaktywną obserwację.

Każda interakcja jest dyskretnym tak-niepodejmowanym działaniem ↓↑modelowania impulsowego potencjalnych informacji Bit, podczas gdy wielokrotne interakcje generują losowy proces obejmujący potencjalne wielokrotne bity.

Obserwacja impulsowa tworzy ścieżkę probabilistyczną integrującą wiele aktów obserwacji impulsowej pojawiających się w procesie interaktywnym.

Wprowadzona ścieżka łączy niepewność procesu losowego z pewnością procesu informacyjnego obserwatora ujawniającego pojawienie się informacji Obserwator.

Prawdopodobieństwa procesów losowych wyłaniają się z pola prawdopodobieństwa zdarzeń losowych rozpoczynających obserwację. Łańcuchy Markowa modelują proces losowy oddziałujących ze sobą impulsów.

Obserwacje impulsowe sekwencyjnie odcinają przypadkowe korelacje procesowe, ujawniając entropię ukrytą w korelacji, jako miarę niepewności procesu, i ujawniają ukryte informacje Bity.

Entropia impulsów i interwałów czasowych obserwacji integruje entropię funkcjonalną (EF) wzdłuż procesu obserwacji.

Impuls interaktywnego Bezczynności obcina maksymalną entropię, podczas gdy jego Tak-działanie przenosi minimalne cięcie na kolejny impuls, tworząc w ten sposób zasadę maxmin-minimax, zmniejszając niepewność podczas procesu obserwacji.

Ujawnienie ukrytych informacji integruje ścieżkę informacji funkcjonalnej (IPF). Zasada minimalnej zmienności, stosowana w EF-IPF, określa dynamiczne równania informacyjne formalnie opisujące ścieżkę interaktywnej obserwacji.

Ekstremały EF opisują odwracalną, symetryczną, niepewną dynamikę ścieżki. Pomiędzy skrajnościami EF i IPF znajdują się mosty, których pokonanie kontynuuje ścieżkę z nieodwracalną asymetryczną dynamiką informacji.

Wzdłuż ścieżki ewoluuje hierarchiczna wielopoziomowa, samoorganizująca się dynamika interaktywna, zaczynająca się od probabilistycznego procesu wirtualnej obserwacji i probabilistycznej przyczynowości.

Korelacje procesowe polegają na tymczasowym zapamiętywaniu przedziałów czasowych trajektorii impulsowo-obserwacyjnej.

Losowe łączenie się impulsów granicznych na trajektorii może generować mikroprocesor nakładających się na siebie koniugowanych frakcji entropii.

Frakcje zaplątują się w przedziale czasowym, w którym powstaje odstęp kosmiczny. Interakcje impulsowe zakrzywiają geometrię impulsów czasoprzestrzennych, których krzywizna tworzy asymetrię impulsów.

Taka interakcja logicznie wymazuje uwikłaną entropię, usuwając przyczynową entropię probabilistyczną za pomocą symetrycznej logiki odwracalnej i przynosząc asymetryczną logikę informacyjną. Ta luka entropia-informacyjna łączy logikę asymetryczną z bitami logicznymi rozpoczynającymi tworzenie się w mikroprocesorze. Rzeczywista lokalna luka ujawnia fizyczną dyfuzję Markowa, którego energia zapamiętuje Bit logiczny lub dwa kwubity. Bity zachowują logikę informacyjną.

Równość Jarzyńskiego potwierdza termodynamiczną konwersję entropii na informację Bit z prawdopodobieństwem zbliżającym się do jednego.

Przepływ ruchomych bitów samoczynnie tworzy jednostkę makroprocesora informacyjnego (UP). Rozmiar UP ogranicza początkową maksymalną i końcową minimalną prędkość informacji, przyciągając nową UP poprzez jej swobodną informację.

Anatomia i gęstość informacji Bit zależy od charakteru każdego działania Yes-No i ich interaktywnego wyniku.

Co najmniej trzy połączone ze sobą Bity składają optymalny trójkącik UP-basic. Bezpłatnie żąda informacji i łączy nowy triol UP, który łączy się w węzeł zapamiętujący informacje o triolach.

Podczas makroruchu, wiele potrójnych UP przylega do sieci hierarchicznej przestrzeni czasowej (IN), której wolne żądanie informacji wytwarza nowy UP na wyższym poziomie węzła i koduje go w logice potrójnego kodu.

Każdy UP posiada unikalną pozycję w hierarchii IN, która określa dokładną lokalizację struktur logicznych każdego kodu. Hierarchiczny poziom węzła IN klasyfikuje jakość złożonej informacji, podczas gdy aktualnie kończący się węzeł IN integruje informacje obejmujące wszystkie poziomy IN.

Multiple IN łączy ich końcówki trojaczków, zamykając Informacje Obserwatora, logikę, poznanie i inteligencję. Poznanie Obserwatora łączy wspólne jednostki poprzez wiele atrakcji w pętlach rezonansowych tworzących IN potrójną hierarchiczną logikę. Logika poznawcza samodzielnie kontroluje proces kodowania inteligencji w strukturze podwójnej helisy (DSS).

Interwały czasowe zegara otwierają dostęp do energii zewnętrznej na każdym konkretnym poziomie hierarchii wielokrotnej IN, umożliwiając zapamiętywanie i kodowanie hierarchii tych bitów.

Inteligentny obserwator, samo-refleksyjny dla DSS, umożliwia odczytanie i zrozumienie znaczenia komunikatu.

Interaktywna zintegrowana dynamika informacji opisuje powstającą logikę podwójnej próby, tworzenie IN, integrację logiki, pamięć, poznawanie, kodowanie inteligentnego obserwatora w kodzie potrójnym. Kod dalej koduje informacje fizyczne, poznanie, inteligencję, w tym świadomość, funkcje motoryczne, umożliwiają tworzenie SI.

Każda elementarna interakcja, modelująca binarną wartość 1-0, bit, łączy zjawisko interakcji ze zjawiskiem informacji, pojawiającym się w obserwacji impulsu.

Słowa kluczowe: obserwacja impulsów, entropia funkcjonalna, interaktywne odcięcie impulsu, prawo minimax, ścieżka informacyjna funkcjonalna, dynamika informacji w mikro-makro, wielopoziomowa sieć hierarchiczna, samoformujące się poznawanie i intelekt.

Spis treści

WPROWADZENIE

Niepewność co do niektórych faktów inicjuje poszukiwania, na przykład w sieci, w celu znalezienia pewnych faktów-informacji.

Stwarza to drogę od niepewności do potrzebnych informacji.

Potencjalny obserwator tej informacji, uczestnik ścieżki, wysyła impulsy sondujące, aktywując impulsy neuronu mózgowego "tak-nie". Podczas takiej obserwacji może pojawić się wiele nieistotnych obrazów skroniowych, które obserwator ocenia z małym prawdopodobieństwem, dopóki nie pojawi się dla obserwatora obraz o wysokim prawdopodobieństwie, który stanie się najbardziej informacyjny - obraz rzeczywisty, a obserwowane obrazy skroniowe, jako wirtualne dla tego obserwatora, znikną. W miarę rejestracji informacji, zdefiniowanej przez wysokie prawdopodobieństwo, pojawia się obraz rzeczywisty.

Ta ścieżka obserwacji prawdopodobieństwa staje się informacją tworzącą obserwatora informacji o rzeczywistych działaniach.

Podobne przykłady znajdują się w wielu badaniach naukowych, poszukujących pewnych faktów - informacji za pomocą wielu eksperymentów - sond, lub obserwujących nieznane cząstki, planety w nieznanej jeszcze Galaktyce, śledzących ich *prawdopodobne lub rzeczywiste oddziaływanie.*

Tak jak astronom śledzi niewidzialny obraz planety mierząc jej trajektorię probabilistyczną, dopóki nie stanie się najbardziej prawdopodobny i informacyjny, otrzymuje informację o tym fakcie, kopiując - rejestrując najbardziej prawdopodobny obraz, który wymaga wydatkowania energii, np. na zrobienie zdjęcia. Albo fizyk śledzi interaktywną trajektorię cząstek w Akceleratorze.

Te interakcje identyfikujące są podstawowym wskaźnikiem potencjalnego obiektu probabilistycznego podczas obserwacji.

Pojęcia obiektu, cząstki i obrazu zastępują prawdopodobieństwo obserwacji zdarzenia. Zdarzenie rozpoczynające się z jego prawdopodobieństwem rozpoczyna obserwację. Początek tego procesu jest ukryty w *niepewności co* do faktów i rzeczywistości.

Jaki jest naukowy sposób na odkrycie drogi od niepewności do pewności - jako faktu rzeczywistości, skupiając się nie na fizyce procesu obserwacji, ale na jej wspólnej informacyjno-teoretycznej istocie?

Do tej pory taki *proces informacyjny* nie miał naukowej, ani rozstrzygającej definicji informacji. Pojawiają się one w obserwowaniu wielu impulsów interakcji tak-nie działań modelujących informacje Bit.

Wielokrotne interakcje budują Wszechświat niezależnie od ich pochodzenia, a rzeczywistość jest tylko powstającymi interakcjami. Z tego wynika, że *informacja jest zjawiskiem interakcji, które również przynoszą rzeczywistość - niepewność z informacją.* Formalna interakcja rekurencyjna-impuls, modelująca elementarny bit, jest niezależna od swojej fizycznej natury od cząstek elementarnych aż po wielorakie oddziałujące obiekty.

Różne formy interakcji opisują elementarne tak-nie (↓↑) działania interaktywne impulsu przedstawiającego jednostkę informacji. Takie interaktywne działania są źródłem różnorodnych form interaktywnych procesów niosących swoją informację.

Powtarzające się formalne *interakcje* są *niezależne od swojej fizycznej natury* od cząstek elementarnych do różnych form oddziałujących obiektów.

Wielokrotne interaktywne działania powodują powstanie wielu losowych, elementarnych procesów 1-0 zdarzeń opisanych *ścieżką prawdopodobieństwa obserwacji.*

Ścieżka formalizuje proces impulsowy, obserwując poprzez obiektywne prawdopodobieństwa wzdłuż ścieżki.

Mimo, że dyskretne interakcje są fundamentalne we Wszechświecie, ich zunifikowany opis nie był znany i jest problematyczny. Co więcej, ponieważ unifikacja ujawnia informacyjną naturę zjawisk interaktywnych, ścieżka obserwacji tworząca obserwatora informacji jest wciąż niezidentyfikowana i nieopisana.

Wymaga to zintegrowania prawdopodobieństw na trasie i pomiaru informacji o trasie za pomocą integralnej informacji o trasie.

Ścieżka zjednoczonej informacji pokazuje jak:

-informacja wyłania się z obserwacji prawdopodobieństwa procesów losowych oddziaływania impulsów, przynosząc probabilistyczną przyczynowość obserwacji;

-usunięcie niepewności procesu losowego przekształca go w równoważną pewność-informację;

-składanie i przenoszenie informacji tworzy proces informacyjny obserwatora, z dynamiką informacji, siecią informacyjną, jej logiką i kodem;

-Podnoszenie struktur obserwatora za pomocą prawidłowości informacji, różnicowania, ewolucji, poznawania i inteligencji.

Dyskrypcja ścieżki formalizuje *Interaktywną Zintegrowaną Dynamikę Informacji* (IIID), która łączy interaktywną obserwację z powstaniem pewności, informacji, procesu informacyjnego i makrodynamiki informacyjnej (IMD) - jako informacyjnej formy nieodwracalnej termodynamiki.

Teoria IIID łączy obserwowaną ścieżkę losową z IMD i dynamiką procesów fizycznych.

Ujawnianie charakteru *informacji* w różnych interaktywnych procesach, w tym w wielu interakcjach fizycznych, obserwacjach człowieka, komunikacji człowiek-maszyna, biologicznych, społecznych, ekonomicznych, między innymi, oraz włączanie tej natury do obserwatora informacji, staje się ważnym zadaniem naukowym.

Wiele fizycznych interakcji zaczyna się od czterech podstawowych interakcji (grawitacja, elektromagnetyczne, słabe i silne) w kierunku różnych chemicznych, termodynamicznych, biologicznych, obserwacji człowieka, w górę neuronów mózgu działań interaktywnych, poznawczych, intelektualnych, komunikacji, wszystkie formy życia, i różnych substancji naszego świata.

W takiej rozmaitości oddziaływań, procesy fizyczne oddziałują z energiami o różnych właściwościach (od światła do rozpraszania ciepła), gdzie każdy proces o wysokiej jakości kompensuje entropię o niższej jakości. Przenoszenie entropii w trakcie oddziaływania jednoczy procesy fizyczne, obserwacje i komunikację człowieka, procesy neuronalne i poznawcze, tworząc procesy nakładające się na siebie. Ten sekwencyjny łańcuch różnorodnych interakcji buduje ścieżkę, która jednoczy procesy informacyjne wzdłuż tej ścieżki.

W obserwacji procesów interaktywnych, każda obserwacja jest aktem zmieniającym proces obserwacji.

Każda taka interakcja w naturalny sposób "obserwuje" przekazującą informację, stając się jej podstawowym obserwatorem.

Wielokrotne interakcje uogólniają tak-nie ↓↑impulsowe elementarne delta-działania wzdłuż ścieżki. Każda akcja ↓odcina maksymalną entropię od obserwowanej ścieżki, co zmniejsza niepewność ścieżki, podczas gdy każda ↑akcja przenosi minimum entropii tnącej Kronickera-impulsu z powrotem na ścieżkę.

Takie wielokrotne działania impulsowe zmniejszają niepewność procesu obserwacji, narzucając zasadę maximin-minimax wzdłuż ścieżki. Zasada ta formalizuje zasadę zmienności, której minimax formułuje ścieżkę informacyjną Functional (IPF). IPF integruje powstający proces "obserwacji" informacji, który buduje optymalną strukturę minimax Obserwatora Informacji wzdłuż ścieżki.

Ścieżka integruje proces nakładania w Obserwatorze.

Fizyczne podejście do obserwatora, wypracowane w kopenhaskiej interpretacji mechaniki kwantowej [1-5], wymaga aktu obserwacji, jako fizycznego nośnika wiedzy obserwatora. Jednak ta rola obserwatora nie opisuje formalizmu mechaniki kwantowej.

Jak wierzył N. Bohr, *prawdopodobieństwo samo w sobie jest fundamentalną naturą rzeczywistości.*

Wheeler i Feynman opracowali symetryczną w czasie teorię bezpośredniego oddziaływania [6] odnoszącą się do wszystkich zjawisk uchwyconych przez klasyczną elektrodynamikę [7], że "krzywe działania i reakcji krzyżują się".

Według D. Bohma ontologiczna interpretacja fizyki kwantowej [8]: procesy fizyczne są określane przez informację, która "jest różnicą formy, która powoduje różnicę treści, czyli znaczenia". Bohm uważał, że "znaczenie rozwija się w intencję, intencja w działanie"; a "intencja na ogół wynika z wcześniejszego postrzegania znaczenia lub znaczenia pewnej sytuacji całkowitej". Ten obserwator wiąże się z procesami psychicznymi. ”

Podejście kwantowe J. C. Eccles [9] "polega na znalezieniu sposobu, aby 'ja' kontrolowało swój mózg."

J.A. Wheeler wprowadza teorię fizyczną [10-14] informatyczno-teoretycznego pochodzenia obserwatora. Wheeler postawił hipotezę, że Bit uczestniczy w powstaniu wszystkich procesów fizycznych. Podsumowując swoją teorię fizyczną [9-14] Observer-Participator, wprowadził doktrynę "It from Bit". W swoim pamiętniku [13], Wheeler podzielił swoje życie na trzy tematy lub okresy, które odzwierciedlają historyczny rozwój współczesnej fizyki. Pierwszy okres, który nazwał "wszystko jest cząstkami". W drugim okresie, "wszystko jest polami." A w trzecim okresie, "wszystko jest informacją." Te trzy etapy reprezentują coraz większą ogólnikowość światopoglądu."

Ale teoria Wheelera nie wyjaśnia, *jak* Bit sam się tworzy.

Wcześniej wielu fizyków [1-14], w tym Einstein [15], Penrose [16] i inni, definiowało Obserwatora jako osobę odrębnego pochodzenia *fizycznego*.

Problem prawdopodobieństwa w mechanice kwantowej, pisze Weinberg [17]: "jest to, "e w mechanice kwantowej sposób, w jaki funkcje falowe zmieniaj¡ si¦ wraz z czasem, jest regulowany przez równanie, równanie Schrödingera, *które nie obejmuje prawdopodobie"stwa*. Jest ono tak samo deterministyczne jak Newtonowskie równania ruchu i grawitacji... Skoro więc uważamy, że cały proces pomiaru jest regulowany przez równania mechaniki kwantowej, a te równania s± doskonale deterministyczne, to w jaki sposób prawdopodobieństwo wchodzi w mechanikę kwantow±?

D. Tong [18] twierdzi, że Pola Kwantowe są prawdziwymi budulcami wszechświata, a pochodzenie cząstek fizycznych jest naturalnym prawdopodobieństwem istnienia próżni. Dlatego też, nawet w próżni, wolnej od obserwowania cząstek, zarówno oddziaływanie, jak i prawdopodobieństwo obserwowania cząstek może istnieć w Polach Kwantowych.

Przegląd porównawczy teorii Wheelera i współczesnej fizyki [19] pokazuje, że "wszystko jest z pola". Ze względu na genezę kwantową, "elementarny akt obserwatora-uczestnika wykracza poza kategorię czasu (podwójna szczelina spóźnionego wyboru)".

Wciąż problem polega na ujednoliceniu fizyki klasycznej i kwantowej.

Ale ponieważ Informacja pochodzi z procesów kwantowych, jej badania nie powinny skupiać się na fizyce obserwowania oddziałujących cząstek procesu, ale na jej informacyjno-teoretycznej istocie.

Prowadzi to do możliwości takiego ujednolicenia z wykorzystaniem *formalizmu informacyjnego.*

A.N. Kołmogorow [20] ustanowił Teorię Prawdopodobieństwa jako podstawę Teorii Informacji i logiki. Kołmogorow zdefiniował *przypadek po* prostu jako "brak okresowości" [21, s. 664].

Matematyczna teoria komunikacji C.E. Shannon [22] mierzy względną entropię, która odnosi się do losowych stanów procesu informacyjnego.

Dywergencja Kullback-Leiblera [23], znana również jako względna entropia, mierzy względne powiązania informacyjne pomiędzy stanami obserwowanego procesu. Tak więc probabilistyczne pochodzenie informacji jest dobrze ugruntowane wraz z jej jednostką, Bitem.

Istnieje wiele badań nad mechanizmami informacyjnymi wykorzystującymi różne zjawiska fizyczne do rozliczania się z inteligencji.

E. T. Jaynes [24] zastosował prawdopodobieństwo bayesowskie do zaproponowania wiarygodnego mechanizmu rozumowania [25], którego zasady logiki dedukcyjnej łączą maksymalną ilość informacji bayesowskiej (entropii) z działalnością umysłową człowieka, jako subiektywnego obserwatora. Obserwator jest *interaktorem,* obecnym we wszystkich zjawiskach.

Zrozumienie tego wszystkiego, począwszy od definicji i roli informacji w naszej epoce informacyjnej, stało się krytycznym zadaniem dla badaczy naukowych i instytucji gospodarczych.

Wikipedia definiuje informację poprzez jej uniwersalne działanie: "Informacja to każda jednostka lub forma, która daje odpowiedź na jakieś pytanie lub rozwiązuje niepewność"[51].

Przytaczane odniesienia, wraz z wieloma innymi, badającymi mechanizmy informacyjne w inteligencji, wyjaśniają je poprzez różne zjawiska fizyczne, których specyfika jest jeszcze w większości przypadków nieznana.

Nauka wie, że interakcje zbudowały strukturę Wszechświata jako jego podstawowe zjawiska.

Przeprowadzono wiele badań nad specyfiką tych interakcji, jednak żadne z nich nie ujednoliciło badania nad ich wspólnym źródłem informacji, regularnością i zróżnicowaniem.
Specyfika wschodzącego Obserwatora podczas obserwacji polega na tym, że coraz więcej informacji o procesie obserwacji uzyskuje fizyczną pewność obserwacji. Odnosi się to do naturalnej wytrwałości w uzyskiwaniu nowych informacji przez zwykłego (ludzkiego) obserwatora.
Pierwsze podejście ujednolicające te badania zostało opublikowane w [28-30], a rozszerzone wyniki w [31-41]. To ujednolicone podejście skupia się na obserwacjach jako interakcjach wytwarzających samego Obserwatora. Obserwator informacji wyłania się poprzez obserwację przypadkowego interaktywnego procesu.

Istotą jest probabilistyczne śledzenie współdziałających zdarzeń, które mierzy ścieżka informacyjna.

Podczas obserwacji, niepewność losowego interaktywnego procesu jest przekształcana w pewność. Tak więc, pewność jest źródłem informacji.

Każda pojedyncza określona interakcja jest działaniem "Tak-Nie", które identyfikuje Bit, podstawową jednostkę informacji. Wielokrotne obserwacje generują dynamikę ruchów bitu, czyli dynamikę informacyjną.

Bity organizują się w trojaczki, które logicznie samoorganizują się i składają sieć informacyjną (IN). W procesie tworzenia sieci trojaczki łączą się i współdziałają ze sobą. Interakcje trojaczków są zapamiętywane i stają się węzłami IN. Każdy węzeł IN zapamiętuje Bit zawarty w potrójnym bitu z wcześniej zapamiętanego węzła, potroić jego gęstość informacji.

Sekwencja logicznie zorganizowanych węzłów tripletowych określa kod sieci. Kod ten integruje i przenosi wszystkie wcześniejsze obserwacje w powstającym Information Observer umożliwia samodzielne tworzenie informacji w interaktywnych obserwacjach.

Obserwator informacji wyłania się z obserwacji probabilistycznych bez żadnych istniejących wcześniej praw fizycznych.

Znana teoria komunikacji Shannon [22] pokazuje, co następuje:

1. Shannon H-entropia mierzy zestaw prawdopodobieństw symboli komunikatu jako źródła sygnałów.
2. Maksymalne H to najbardziej niepewna sytuacja.
3. Minimalna entropia H mierzy maksymalne prawdopodobieństwo.
4. Przepustowość kanału mierzy jego entropię.
5. H jest maksymalizowane, gdy H jest równe entropii pojemności kanału.
6. Zakodowanie komunikatu źródłowego w bitach wyrównuje entropię pojemności kanału z entropią źródła (maksymalizując w ten sposób równą niepewność). Zgodnie z zasadą Landauera [26] kodowanie wymaga wydatku energii określonego ilościowo przez tę maksymalną entropię. (Dlatego też energia kodowania wymazuje maksymalną entropię-niepewność do zera, osiągając związane z tym maksymalne prawdopodobieństwo).
7. "H=0 jeśli i tylko wtedy, gdy jesteśmy pewni wyniku, H znika."
8. H mierzy ilość bitów informacyjnych kodujących źródło komunikatu entropii.

Te zasady teorii komunikacji Shannon zgadzają się z główną zasadą naszego podejścia: Entropia, jako fizyczna miara niepewności, wymazywanie przez energię, przekształca ją w równą informację, mierząc pewność. Ta pewność, czyli informacja, jest bytem fizycznym, który zawiera w sobie energię fizyczną równoważną energii zużytej do wymazania entropii.

Ale, biorąc pod uwagę obserwatora, nie jest jasne, co tak naprawdę obserwuje: entropię przypadkowych sygnałów maksymalizujących pojemność kanału komunikacyjnego lub informację o obserwacji jako drodze do pewnej rzeczywistości?

Głównym wkładem tego podejścia jest rozszerzenie głównej zasady przeliczania obserwowanej entropii każdego losowego procesu obserwacyjnego na niepewność informacji. W wyniku tego procesu powstaje elementarna Bitowa Jednostka Informacyjna. Odmiany obserwowanych procesów tworzą Bity o różnej gęstości informacji, które Obserwator montując IN struktury akceptuje.

Obserwowana entropia i informacje integrują związane z nią funkcje ścieżki. Integralna ścieżka informacyjna koduje ustrukturyzowane informacje IN w Information Observer umożliwia samoobserwację.

Każdy krok tego podejścia jest poparty ujednoliconym formalizmem matematyki i logiki.

Istota modelowania matematycznego

Modelujmy zarówno powstający proces stochastyczny, jak i jego dyskretną obserwację probabilistyczną.

Załóżmy, że odbijająca się kula trafia w strumień ruchomych cząstek modelujących proces dyfuzji Markova. Takie oddziaływanie zmienia zarówno trajektorię kuli, jak i proces. Każda odbijająca się trajektoria piłki, reprezentowana przez interaktywny impuls No-Yes, przecina trajektorię procesu Markova w taki sposób, że działanie No-Cut zmniejsza korelacyjne połączenie cząstek procesu Markova, a zatem zmniejsza względną entropię tego interaktywnego procesu. Podczas gdy poruszająca się kula" po Tak-akcji zbiera interaktywne działanie z połączenia cząstek rozpuszczających, zwiększając tym samym jego względną entropię (przed i po interakcji).

W takich wielu interaktywnych impulsów, każdy następny No-cutting działania zmniejsza więcej względnej entropii zebranej przez proces Markova, podczas gdy każdy następny Tak-działania zwiększa więcej względnej entropii zebrał trajektorię kuli podczas jego interaktywnego ruchu.

Wielokrotne interaktywne impulsy, zmniejszające względną entropię procesu Markova, zbierają coraz większe prawdopodobieństwo, podczas gdy wielokrotne interaktywne impulsy, poruszające się wzdłuż procesu Markova, zbierają coraz większą entropię, którą najbardziej prawdopodobne cięcie przekształca w informację.

Komentarze.

Dynamika każdej odbijającej się piłki trajektorii jest hybrydą obejmującą zarówno ciągłą dynamikę, jak i dyskretne przejścia do stanu interakcji poprzez skok. W zderzeniach z podłożem występuje niewielki, skończony przedział czasowy z nieskończoną liczbą zdarzeń ujawniających efekt Zeno.

W kwantowym efekcie Zeno, "*obserwacja* może być po prostu *wchłonięciem* cząstki, bez potrzeby obserwatora w jakimkolwiek konwencjonalnym sensie"[52].

W naszym podejściu do obserwacji probabilistycznej, prawdopodobieństwo zaobserwowania cząstki absorpcyjnej można zaobserwować poprzez prawdopodobieństwo oddziaływania impulsu związanego z procesem absorpcji.
Takie prawdopodobieństwo praktycznie obserwuje wielokrotne liczby skorelowanych zdarzeń na interaktywnym zderzeniu, odsłaniając efekt Zeno dla każdego oddziałującego impulsu. Zwiększa to zarówno gęstość korelacji, jak i związaną z nią gęstość entropii impulsu ruchomego przy każdym zderzeniu z oddziaływującym procesem Markova. Natomiast działanie tnące impulsu ruchomego zmniejsza równoważną gęstość entropii procesu Markova, zwiększając kolejno jego gęstość prawdopodobieństwa.
Wreszcie, najbardziej prawdopodobne cięcie impulsowe zamienia gęstość entropii na równoważną informację o kondensacji. g
Nasz formalny model obserwacji probabilistycznej obejmuje aksjomatyczne prawdopodobieństwa pola losowego [20]. Pole to łączy zbiory możliwych i rzeczywistych zdarzeń z ich prawdopodobieństwem. Energia pola obejmuje zdarzenia rzeczywiste. Ta triada określa obserwację. Wielokrotne triady generują wielowymiarowe obserwacje.
Zakładamy, że formalne pole prawdopodobieństwa emanuje stochastycznym procesem zdarzeń losowych i czasu [27].
Prawdopodobieństwa polowe, współdziałając z procesem stochastycznym, praktycznie obserwują go poprzez wiele interaktywnych aktów. Każda interakcja jest dyskretnym działaniem tak-nie-działania modelowania↓↑ impulsowego potencjalnych informacji Bit, podczas gdy wiele interakcji obejmuje wiele potencjalnych Bitów zmieniających proces stochastyczny w łańcuch Markova.
Łańcuch przetwarza niezależne przyrosty losowe, które przenoszą dyskretne tak-nie działanie przypadkowych impulsów obserwacji probabilistycznych impulsów.
Probabilistyczna obserwacja co najmniej dwóch dyskretnych impulsów łańcucha łączy co najmniej trzy jego zdarzenia losowe we wzajemnej korelacji w czasie obserwacji losowej.
Łańcuch Markowa pod taką obserwacją przekształca się w proces dyfuzji Markowa, ewoluując do procesu Levy'ego (tj. wielowymiarowego procesu stochastycznego napędzanego ruchami Browna dyfuzji Markowa).
W procesie obserwacji impulsowych, każde działanie obserwacyjne ↓odcina entropię korelacji impulsowej od początkowego procesu dyfuzji Markowa. W czasie przełączania impulsów, działanie ↓przenosi na działania ↑entropię cięcia minus entropia wydana na przeniesienie. Entropia tnąca zmniejsza entropię procesu Markova i zwiększa entropię

zamykającą się w ramach interaktywnych działań impulsowych↓↑. Każdy następny impuls interaktywny, który obserwuje proces Markova, maksymalizuje entropię obserwowanych impulsów procesu.
Wielokrotne impulsy obserwacyjne generują wtórną dyfuzję Markowa, której entropia wzrasta w porównaniu z tą w początkowym procesie Markowa.
W ramach takich obserwacji wielowymiarowy proces stochastyczny napędzany ruchami Browna dyfuzji Markowa ewoluuje do procesu Lévy'ego [27].
Niezależny proces losowe przyrosty, modelując wiele impulsów obserwacji losowych bitów.
Dekompozycja Lévy-Khintchine [27:113-117] charakteryzuje każdy proces Lévy pod względem trzech składników (triplet Lévy), z których jednym jest miara Lévy.
Środek ten opisuje rozkład potencjalnych skoków procesu.
Dopóki dwa dowolne przedziały czasowe niezależnych przyrostów losowych procesu nie pokrywają się, skok nie występuje, a miara Lévy wynosi zero.
Nakładanie się jest połączeniem impulsów tak-nie, kiedy miara Lévy jest niezerowa, skończona.
Połączenie impulsów tak-nie oznacza zero bitów losowych.
Kiedy miara Levy'ego staje się skończona, zaczynają się skoki.
Skoki inicjują mikroproces w ramach obserwowanego procesu Levy'ego, który uwalnia entropię-niepewność ukrytą w korelacji cięcia, ostatecznie generując nierzadko prawdziwy bit.
Przy łączeniu, prawdopodobieństwo przeniesienia trochę impulsu jest zerowe.
Oznacza to, że nie ma żadnej rzeczywistości, zdefiniowanej przez interakcję, kiedy mikroprocesor się uruchamia. Z zerowym prawdopodobieństwem startu mikroprocesora, jest on nieprzewidywalny.
Proces informacyjny rozpoczyna się, gdy mikroprocesor generuje prawdziwy qubit i/lub bit.
Rozważana ścieżka od wyłaniającej się probabilistycznej obserwacji impulsów do impulsu zerowego identyfikuje wirtualny (niepewny) proces obejmujący ukryte informacje, który poprzedza początkowy proces informacyjny.
Integralną miarą obserwowanych trajektorii procesu jest sformalizowanie Entropii Funkcjonalnej (EF) [35] integrującej prędkość procesu Markova i dyfuzję, co wyraża się poprzez pomiar

gęstości prawdopodobieństwa na trajektoriach procesu. EF łączy również entropię procesu z czasem obserwacji i jej ścieżką informacyjną Functional (IPF) [33] integrującą dyskretne impulsy informacyjne.

Zasada zmienności minimalnej (VP) [36] dla EF-IPF formalizuje informacyjne prawidłowości obserwowania procesów losowych w postaci prawa informacyjnego za pomocą równań Interaktywnej Zintegrowanej Dynamiki Informacji (IIID).

Powstający mikroprocesor

W miarę jak prawdopodobieństwo procesu Markova rośnie wraz z obserwacjami, impulsy sąsiadów mogą się łączyć, generując interaktywne skoki na granicy impulsów sąsiadów.

Położenie łączących się impulsów na trajektorii obserwacyjnej identyfikuje prawdopodobieństwo i entropię impulsu.

Połączenie spotyka się powodując działanie z reakcją, nakładając przyczynę i skutek oraz ich prawdopodobieństwa. Może to obejmować nieprzewidywalne zdarzenia w ramach połączenia, jak samo połączenie.

Matematycznie skok zwiększa dryft (prędkość) Markova do nieskończoności.

Rozpoczynające się skokowe↑ działanie oddziałujące z przeciwstawnym ↓działaniem impulsów granicznych inicjuje wewnętrzny proces impulsowy zwany mikroprocesem. (Ponieważ fuzja ściska interakcję do mikro-minimum).

Skoki inicjują kolejne ruchy entropii tych akcji. Ruchome trajektorie antysymetryczne inicjują sprzężoną dynamikę mikroprocesora w obrębie impulsu skokowego.

Mikroproces powstaje podczas cięcia w mikrokresach czasowych impulsów łączących.

Trajektorie ściskania "fuzji" generują zaplątaną plątaninę aż do momentu, gdy nadciągające blisko skoki 1-0 akcji przerywają zaplątaną plątaninę. Wzdłuż obserwacji, rysując sąsiadujące działania impulsowe ↓i reakcje↑ rozdzielają korelacje, czyniąc je ortogonalnymi. To również czyni je ortogonalnymi skorelowane ze sobą przedziały czasowe zdarzeń.

Skok ↑inicjuje ekstremalny gradient entropii na ortogonalnych przedziałach czasu, identyfikując wirtualny promień obrotu czasu podczas jego ortogonalnego przemieszczenia.

Przesunięcie skoku w czasie tworzy przemieszczoną lokalizację przestrzenną.

W tym impulsowym przedziale czasu, *splątanie zaczyna się przed utworzeniem przestrzeni i kończy się wraz z jej rozpoczęciem.* Występuje *w odwracalnym względnym przedziale czasowym* 0.015625π, *będącym* częścią niezmiennej miary przestrzeni impulsowej π. [38]

Ponieważ splątanie nie ma żadnej miary przestrzeni, zaplątane stany mogą znajdować się w dowolnym miejscu w przestrzeni.

Zaplątane sprzężone entropie ujawniają jednostkę entropijną o działaniu 0-1-0-1, gdzie środek 1-0 należy do impulsu skokowego łączących się impulsów sąsiednich. Taka jednostka nazywana jest kwantem. Jednostka ta, znajdująca się w obrębie impulsu granicznego, nie miała dostępu do zewnętrznej energii, która umożliwiłaby jej zapamiętanie. Pomiędzy położeniem jednostki a kończącym się impulsem 1-akcja pozostaje luka, którą należy pokonać w celu zapamiętania jednostki.

Ponieważ skorelowane entropie są wirtualne, interakcja z tworzącym się skorelowanym splątaniem jest odwracalna do momentu zapamiętania jednostki. Dlatego mikroprocesor jest w stanie wygenerować kwantową i/lub informacyjną jednostkę 0-1-bitową po tym, jak ich entropia zrekompensuje zewnętrzną energię, której ilość wystarczyłaby również do zapamiętania i zakodowania obu kwantowych i/lub bitowych jednostek. VP zachowuje niezmienną miarę równoważną 1 Nat dla każdego oddziałującego impulsu. Nadmiar energii zewnętrznej zamienia entropię impulsu 1Nat na bit pamięciowy (ln2 Nat) przechowujący wolną informację (1-ln2)~0,3 Nat. W skorelowanych impulsach obserwacyjnych, wolna informacja jest częścią ukrytej informacji łączącej skorelowany impuls. Po konwersji, wolna informacja, zachowując atrakcje korelacji, umożliwia podłączenie każdej kolejnej tworzącej jednostkę informacyjną. Przestrzeń czasowa ukrytych wolnych informacji zawiera logikę informacyjną, przekształconą z bayesowskiej logiki entropii obserwacji procesu wzdłuż ścieżki.

Podczas wirtualnej obserwacji Obserwator *samodzielnie rozwija* swoją wirtualną strukturę geometryczną czasoprzestrzeni, uzyskując jej rzeczywistą formę przy sekwencyjnej transformacji prawdopodobieństwa a *priori* i zintegrowanej entropii na prawdopodobieństwo a *posteriori* i równoważną informację.

Makroproces informacji powstającej i jego struktura

Bity do formowania sekwencyjnego składają darmowe informacje w makroprocesie informacyjnym. Proces obserwacji niesie ze sobą zarówno funkcję fali probabilistycznej organizującej mikroproces, jak i pewną funkcję falową, która samoorganizuje czasoprzestrzenną trajektorię obrotową makroprocesu informacyjnego. Przepływ ruchomych bitów samoczynnie tworzy jednostkę makroprocesu informacyjnego (UP).

Rozmiar UP ogranicza początkową maksymalną i końcową minimalną prędkość informacji, przyciągając nową UP dzięki wolnej informacji.

Anatomia i gęstość informacji Bit zależy od charakteru każdego działania Yes-No i ich interaktywnego wyniku. Co najmniej trzy połączone ze sobą Bity składają się z optymalnego trójkąta UP-basic. Jego darmowa informacja wymaga i wiąże nową trójkę UP, która łączy się w węzeł zapamiętujący informacje trójki. Podczas ruchów makro, wiele trójek UP dołącza do sieci hierarchicznej przestrzeni czasowej (IN), której wolne żądanie informacji wytwarza nowy UP na wyższym poziomie węzła i koduje go w logice potrójnego kodu. Każdy UP ma unikalną pozycję w hierarchii IN, która określa dokładną lokalizację struktur logicznych każdego kodu. Hierarchiczny poziom węzła IN klasyfikuje jakość zmontowanej informacji, podczas gdy aktualnie kończący się węzeł IN integruje informację obejmującą wszystkie poziomy IN.

Multiple INs wiąże ich trójki końcowe, zamykając obserwowane informacje w strukturze INs Obserwatora Informacji.

Do informacyjnych warunków samo-strukturyzacji i samoorganizacji rozwijających się obserwatorów [36] należą

a)- minimalną ilość informacji dla sił współpracy tworzących trójkę rozpoczynającą się od IN, wspierających współpracę i inicjujących IN, która określa *minimalną ilość selektywnego obserwatora;*

b)-rozwijanie przyciągających spółdzielczych sił informacyjnych gromadzących maksymalne ilości informacji, zaspokajających wielokrotnych *(spółdzielczych) selektywnych obserwatorów.*

Obracające się spirale dyskretne wytwarzają falę o częstotliwości rozłożonej wzdłuż jej obrotu w przestrzeni wirowej [39]. Funkcja fali, jako atrybut rozkładu przestrzennego procesu obserwacyjnego, staje się aparatem obserwacyjnym do tworzenia przestrzennie rozłożonej hierarchii zagnieżdżonej struktury geometrycznej INs z układem tripletów nies.

Atrybuty Obserwatora Informacji: Logika, poznawanie, inteligencja i kodowanie

Logika Obserwatora wyłania się na ścieżce z zebranej obserwacji interaktywnej logiki probabilistycznej, zakrzywionych impulsów interaktywnej pewnej logiki, rotacyjnej logiki tripletu oraz zagnieżdżonej logiki informacyjnej przyciągania tripletów. Każda zagnieżdżona pętla koherentna akceptuje tylko takie jednostki, które każda logika węzła IN rozpoznaje.

Obserwująca czasoprzestrzenna struktura logiczna, składająca się z rozproszonego łańcucha wielu współpracujących ze sobą pętli logicznych, tworzy logikę poznawczą Obserwatora, czyli *poznanie.*

Logika tworzy hierarchiczną wielorytmiczną "melodię", która przyjmuje tylko częstotliwości rezonansowe spójne z logiką. Rytmiczne częstotliwości utworzonego poznania ustawić kurs zegara wzdłuż INs wielu hierarchii. Interwały czasowe zegara otworzyć dostęp do zewnętrznej energii na każdym określonym poziomie IN wielu hierarchii.

Każdy poziom IN konstruuje węzeł geometrii tripletu, który umożliwia zapamiętanie i zakodowanie hierarchii tych bitów.

Zagnieżdżone węzły logiczne tripletu są kodowane w kodach informacji kognitywnej na poziomach hierarchii IN, gdy wszystkie poziomy są zsynchronizowane w węźle kończącym IN. Wielokrotne kody, zapamiętujące logikę zmontowanych IN, współpracują w kodzie obserwatora. Poznanie obserwatora definiuje zdolność logiki obserwatora do rozpoznawania obserwowanych informacji i logicznego organizowania ich hierarchicznego kodowania.

Hierarchiczne kody Observera posiadają energię zapamiętywania i kodowania. Hierarchia kodów fizycznie organizuje wiele IN, samokodując ich kody lokalne budując strukturę informacyjną *inteligencji Obserwatora.*

Geometria tej struktury kodującej integruje podwójną przestrzeń spiralną (DSS) kodu potrójnego.

Kod, samoorganizując wiele kodów lokalnych wzdłuż hierarchii, koduje inteligencję obserwatora, która automatycznie wyłania się z logiki poznawczej, integrując proces obserwacji, wewnętrzny przebieg czasu obserwatora i jego koordynację z zegarami procesu zewnętrznego [39].

Kody inteligencji, które samoczynnie kontrolują zapamiętującą logikę obserwatora, przechowują całą pamięć obserwatora, co jeszcze bardziej rozszerza logikę obserwacji. Ilość wysokiej jakości informacji, zapamiętanych w Observerze IN najwyższego hierarchicznego poziomu, ocenia kodowanie Inteligencji Informacji Obserwatora w DSS.

Tak więc, inteligencja obserwatora definiuje zdolność do samonapędzania się maksymalnej hierarchii kodu kooperacyjnego, zamykającej maksymalną pamięć, którą generuje poznanie. Zagnieżdżona hierarchia zakodowanej geometrii i pamięci posiada kooperacyjną złożoność [40].

Informacja Shannon jest teorią *przekazu*, która nie obejmuje znaczenia informacji.

Opisanie zdobywania informacji jako "procesu informowania" wymaga włączenia Obserwatora Informacji. Obserwator taki informuje, gdy wywiad wywiadowczy rozpoznaje znaczenie przekazu informacji.

Opisanie sposobu, w jaki Obserwatorzy, powstający w trakcie obserwacji i ewoluujący w kierunku inteligencji, *prowadzi również do informowania Obserwatora.*

Ludzki obserwator może zostać poinformowany za pomocą komunikatu, który koduje tak-nie impulsy o wielu bitach. Obserwator komunikuje się z komunikatem, który sam odnosi się do jego inteligencji poprzez neurony mózgu, inicjując impulsy "tak-nie", które budują zespoły neuronów, samoorganizując obrazy komunikatu w procesach informacyjnych.

W ten sposób teoria przekazu informacji, której komunikat kryje w sobie znaczenie, związana jest z teorią Obserwatora Informacji, który przyjmuje znaczenie komunikatu.

Rolą Obserwatora jest radykalna zmiana naszego rozumienia zdarzeń, których zapamiętywanie zatrzymuje informacje. Obserwujący siebie Obserwator sam generuje elementarny Bit, uczestnicząc w budowaniu samo-trzymującej się geometrii i logiki jej prehistorii, przewidując w ten sposób rozwijającą się dynamikę bez żadnych fizycznych praw.

Interaktywna zintegrowana dynamika informacji

Inteligentny Obserwator pojawia się w *Interaktywnej Zintegrowanej Dynamice Informacji* (IIID), która łączy interaktywną, dyskretną obserwację impulsów z pojawieniem się pewności, informacji, procesu informacyjnego i makrodynamiki informacji (IMD) [32]. Zakodowany w obserwacji kod DSS wymaga uporządkowanej dynamiki fizycznej IMD rozłożonej wzdłuż węzła zagnieżdżonego IN. Teoria IIID jednoczy obserwowaną ścieżkę losową z wieloraką dynamiką informacji i procesów fizycznych IMD. IIID tworzy naturalny pomost pomiędzy informacją, fizyką głęboką i doświadczeniem człowieka.

Następnie, rozwijając Wheeler'owską koncepcję "Obserwatora-uczestnika", IIID wyłącza procesy cząstki fizycznej, wykorzystując informacyjno-teoretyczne pochodzenie obserwatora ze zunifikowanych, abstrakcyjnych oddziaływań i jego probabilistycznych obserwacji. Takie podejście sięga do ogólnej informacyjnej teorii obserwacji procesów, co również przyczynia się do rozwiązania współczesnych problemów w fizyce kwantowej, które próbował rozwiązać J.A. Weller, podnosząc uniwersalną fizykę procesów informacyjnych.

Ważną koncepcją podejścia jest propozycja R. Feynmana [42], że prawo fizyczne opisuje najbardziej prawdopodobne zdarzenia procesu obserwacji. Oznacza to, że zasada zmienności (VP) dla odpowiedniej funkcjonalności pozwala na znalezienie prawidłowości prawa. Ścieżka funkcjonalna FPF Feynmana [43] jest zdefiniowana na dynamicznych trajektoriach cząstek fizycznych i *nie została* zastosowana do losowych trajektorii procesów oddziałujących losowych impulsów.

Feynmanowskie sformułowanie całki ścieżki mechaniki kwantowej przewiduje ścieżkę poruszających się cząstek jako rozwiązanie równania Schrödingera, które jest "aparaturą" modelującą ewolucję funkcji falowej.

Podejście to" rozwinęło Entropię Funkcjonalną (EF) na losowych trajektoriach z jej Ścieżką Informacyjną Funkcjonalną (IPF), a VP dla EF-IPF formułuje informacyjne prawidłowości obserwowania procesów losowych w postaci *prawa informacyjnego za* pomocą równań Interaktywnej Zintegrowanej Dynamiki Informacji. IIID zawiera równania mikroprocesora, równania makrodynamiki informacyjnej, złożoność kooperacji informacyjnej, masę kooperacji informacyjnej i krzywiznę podwójnego spiralnego kodu, który zawiera masę i złożoność. Skrajne wartości VP prowadzą do równań makrodynamicznych o nieodwracalnej termodynamice [42]. IIID integruje Ścieżkę Informacyjną od Przypadkowości i Niepewności do Informacji, Termodynamikę i powstającą Inteligencję Obserwatora.

IIID przewiduje Ścieżkę impulsowej obserwacji probabilistycznej jako "aparat" modelujący ewoluującą ścieżkę obserwacji. Funkcjonalna Ścieżka IIID przewiduje skończoną, integralną ilość potencjalnych, nieskończonych informacji na optymalnej ścieżce obserwacji [37].

Teoria zintegrowanej informacji (IIT) [45] skupia się na "świadomości systemu zdeterminowanej przyczynowymi właściwościami systemu fizycznego i każdym doświadczeniu świadomościowym składającym się z wielu *fenomenologicznych rozróżnień"*.

IIID jest bardziej ogólnym i systemowym podejściem integrującym *interaktywną ścieżkę obserwacji* inteligencji, w tym sumienia poznawczego. Integrala IIID wynika z obserwacji właściwości procesu Markova i nie jest aksjomatyczna wprowadzona jako IIT.

IIID formalizuje prawidłowości Obserwatora w kompleksowej informacyjno-fizycznej teorii, łącząc świat kwantowy z fizycznym klasycznym i relatywistycznym światem, który prawo informacyjne może przewidzieć. Co więcej, formalizm IIID z DSS ujawnia, jak sztucznie koduje obserwatora w uniwersalnej strukturze kodowania informacji, takiej jak DNA [46].

Polega to na naturalnym tworzeniu bitów informacyjnych, a naturalne kodowanie potrójne umożliwia rozpoznawanie innych zakodowanych informacji. Bity te stają się standardowymi jednostkami różnych języków informacyjnych w komunikacji z obserwatorami. Naturalny proces interaktywny, przekazujący Bity, tworzy proces informacyjny samorganizujący się i kodujący logikę mózgu, poznanie i intelekt obserwatora.

Opisane tu równania informacyjne finalizują główne wyniki, weryfikują je numerycznie i przedstawiają modele informacyjne wielu interaktywnych procesów fizycznych.

Podejście to skupia się na formalnych mechanizmach informacyjnych w Obserwatorze, bez odniesienia do konkretnych procesów fizycznych, które wywodzą się z tych mechanizmów w Obserwacjach. Formalizm informacyjny opisuje samobudowującą się maszynę informacyjną, która tworzy zarówno Człowieka jak i Naturę.

Komentarze. *Mostek łączący wyniki fizyczne [6, 7] i [47] z naszym podejściem.*

Wiele lat minęło, odkąd Schrödinger wprowadził swoje równanie z mechaniką kwantową jako nową, fizyczną mikroskopijną teorię oddziaływania cząstek. Jednak do tej pory nie ustalono naukowego pochodzenia połączenia pomiędzy Mechaniką Kwantową a fizyką klasyczną, które musi obejmować powiązanie funkcji falowej z polem probabilistycznym oraz połączenie Mechaniki Kwantowej z Teorią Informacji Kwantowej.

Resuty [6,7] pokazały, że "teoria bezpośredniego oddziaływania międzycząsteczkowego, związanego z oddziaływaniem cząstki na nią samą, wywodzi się z ruchu układu naładowanych cząstek pod wpływem sił elektromagnetycznych". Jednakże, interakcja międzycząsteczkowa w polu elektrodynamicznym Maxwell'a zajmuje się problemem, że działanie i symetryczna (przyległa) reakcja powinny łączyć się. Spełnienie tego wymagania pozwala na połączenie równań Maxwella z równaniami dla cząstek atomowych, wykorzystując zasadę zmienności energii całkowitej jako odpowiednik prawa zachowania dla takich oddziaływań przyległych. Rozwiązanie otrzymanego równania prowadzi do *dyskretnej, działającej krzyżująco* reakcji.

W badaniu [47] otrzymano równanie Schrödingera w mechanice kwantowej z równań Maxwella. Równania na energię, pęd, częstotliwo¶ć i długo¶ć fali elektromagnetycznej w atomie wyprowadzone s± za pomoc± modelu atomu przez analogię do linii przesyłowej. Bilans energii elektromagnetycznej w atomie spełnia stałą strukturalną dla atomu $so = 8.277\ 56$. Stała ta łączy się ze stałą struktury fizycznej $1/h_{\alpha}^{o*} \cong 137.036$ (zaktualizowaną wartością) przez relację $so = (1/2h_{\alpha}^{o*})^{1/2}$.

Wyniki (Sec.2.2.3) identyfikują *pomost pomiędzy minimalną niepewnością a pewnością* mierzoną przez inwariant entropii $S_{mu}^{*} = 2h_{\alpha}^{o}$, który umożliwia utworzenie początkowej makrojednostki informacyjnej - trójkrotności z prawdopodobieństwem zbliżonym $p_{\pm a} = \exp(-2h_{\alpha}^{o}) = 0.98555075021 \to 1$ do pewności.

Jest to *pomost pomiędzy mikro- i makroprocesami* powstającymi na drodze obserwowania interakcji impulsowych od maksymalnej niepewności do pewności informacji. Wariant ten łączy ten mikroproces, który powstaje w wyniku połączenia interaktywnego działania i reakcji, z ruchem interaktywnej naładowanej cząstki sąsiadującej w polu Maxwella.

Świadczy to o wymogu *dyskretnej reakcji łączenia działań,* która prowadzi do interakcji impulsowej podnoszącej mikroprocesor. Ponieważ mikroprocesor scalający emanuje polem przypadkowym, wskazuje on, że równania fali elektromagnetycznej w atomie również powstają w polu przypadkowym.

Co więcej, równanie Schrödingera, opisujące mikroproces, wyłania się z *początkowych losowych impulsów* łączących się działań i reakcji, podczas gdy oba odniesienia [6, 7] i [47] badały procesy *deterministyczne.*

Stała niezmienna wiąże również powstający mikroprocesor z równaniami Maxwella rozszerzonymi do równania oddziałujących cząstek atomowych. Dodatkowo, rozszerzony model atomów, obejmujący trzy z czterech podstawowych oddziaływań (oddziaływania elektromagnetyczne, słabe i silne), pozwala na *opis informacji*, który potwierdza "To od bitu". Impulsy łączące 1-0 i 1-0 wyjaśniają również powstawanie *qubitu* |*0*□ i |1□in *powstającego mikroprocesora* podczas splątania. (Sec.5.4.1.). g

Badania [48] wykazały, że "grawitacja, podobnie jak elektromagnetyzm w symetrycznej elektrodynamice czasu Wheeler-

Feynman'a, również jest "polem sąsiednim" zamiast niezależną jednostką".

W [38] i rozdziale 3.4 obliczamy słabą analogię sił informacyjnych do siły grawitacji. g

Odniesienie [49] ujawniło, że "splątanie czasoprzestrzeni działa jak kwantowy kod korygujący błędy, chroniąc informacje w rozedrganym qubicie, aby przechować je nie w poszczególnych qubitach, ale we wzorach splątania wśród wielu", zaczynając od potrójnego.

W rozdziale 5.4.1 opisano szczegółowo mechanizm *składania zaplątanych* qubitów potrójnie w jednostkę informacyjną, z wyłanianiem się przedziału przestrzennego w odwracalnym przedziale czasowym przy splątaniu. g

Komentarze. *Matematyczny model podnoszenia skoków*

Rozważmy jednowymiarowy proces Levy'ego [$\{X(t), t \in [0,\infty)$ 53] zdefiniowany przez ruch Browna $W(t)$ i proces skoku $\varsigma(t)$, gdzie $X(t) = \alpha t + \sigma W(t)$ jest to proces Markova z częścią ciągłą i $\varsigma(t) = \int_R zN(t,dz)$ jest to proces skoku z komponentami niezależnymi. Jest to pokojowa stała z prawymi kontiniuosami i lewymi granicami, wysokość skoku w czasie jako t $\Delta\varsigma(t) : \varsigma(t) - \varsigma(-t)$.

Dla każdego mierzalnego zestawu Lebesque $D \notin 0$, skokowa miara określa $\varsigma(t)$

$N(t,D) := \sum_{s:0<s\le t} I(D \mid \Delta\varsigma(s)$ gdzie $I(D \mid x) = 1$ i tylko wtedy, gdy $x \in D$ jest to funkcja tożsamości. Tutaj $N(t,D)$ jest liczba skoków wielkości $\Delta\varsigma(t) \in D$, które pojawiają się przed lub w czasie t, która jest liczbą losową w zależności od ścieżki próbkowania $\{\varsigma(t), t \in [0,\infty)\}$.

Średnia liczba skoków wielkości $\Delta\varsigma(t) \in D$ w jednostce czasu, jako stopa skoków ν, nazywana jest miarą Levy'ego:

$\nu(D) := E[N(1,D)] = E[\sum_{s:0<s\le t} I(D \mid \Delta\varsigma(s)]$.

Miara Levy'ego może być rozszerzona na n-wymiarowy proces Levy'ego [27].

Miara ta pokazuje, że jeśli miara wynosi zero, to skoku nie ma. g

ODNIESIENIA DO CZĘŚCI WPROWADZAJĄCEJ

1. Bohr N. *fizyka atomowa i wiedza o człowieku*, Wiley, Nowy Jork, 1958.

2. Dirac P. A. M. *The Principles of Quantum Mechanics*, Oxford University Press (Clarendon), London/New York,1947.

3. Von Neumann J. *Matematyczne podstawy teorii kwantowej*, Princeton University Press, Princeton,1955.

4. Wigner E. Przegląd problemu kwantowych pomiarów mechanicznych. W optyce kwantowej, *grawitacji eksperymentalnej i teorii pomiarowej*. Seria AS1 NATO: Fizyka, Seria B, 94, 58, Eds. P. Meystre & M. 0. Scully, 1983.

5. Wigner E. The unreasonable effectiveness of mathematics in the natural sciences, *Communications in Pure and Applied Mathematics*, 13(1), 1960.

6. Wheeler J.A. i Feynman R.P. Interakcja z absorberem jako mechanizmem promieniowania. Recenzje z fizyki współczesnej, 17(2-3):157, 1945.

7. Wheeler J.A. i Feynman R.P. Klasyczna elektrodynamika w zakresie bezpośredniego działania międzycząsteczkowego. Recenzje "Fizyki współczesnej", 21(3):425, 1949.

8. Bohm D.J. "Information and Meaning", w The Search for Meaning, Paavo Pylkkanen (red.), Crucible, 1989; Bohm D.J. "A new theory of the relationship of mind to matter". *Dziennik Am. Soc. Psychic. Res.* 80, 113-135, 1986.

9. Eccles J. C. Czy zdarzenia psychiczne powodują zdarzenia nerwowe analogicznie do pól prawdopodobieństwa mechaniki kwantowej? *Postępowanie Towarzystwa Królewskiego,* B277: 411–428, 1986.

10. Wheeler J. A. Na rozpoznaniu "prawa bez prawa". *Am. J. Phys.* , 51(5), 398-404,1983.

11. Wheeler J. A., Zurek W. Editor. Informacje, fizyka, kwanty: The search for links, *Complexity, Entropy, and the Physics of Information*, Redwood, California, Wesley, 1990.

12. Wheeler J. A. The Computer and the Universe, *International Journal of Theoretical Physics*, 21(6/7): 557-572, 1982.

13. Wheeler J. A. i Ford K. To odrobinę. W *Geons, Black Holes & Quantum Foam: A life in Physics,* New York, Norton, 1998.

14. Wheeler J. A. Włączyć Obserwatora do funkcji Fala? W: Lopes J. L., Paty M. (eds.) Quantum Mechanics, A Half Century Later. Episteme, tom 5. Springer, Dordrecht, 1977.

15. Einstein A., Podolsky B., i N. Rosen N. Czy Quantum-Mechanical Description of Physical Reality można uznać za kompletne? *Phys. Rev.* 47(10), 777-780. 1935.

16. Penrose's R. *Fashion, Faith and Fantasy in the New Physics of the Universe*, Princeton University Press, 2016.

17. Weinberg S. "The Trouble with Quantum Mechanics", *The New York Review of Books*, 19 stycznia 2017.

18. Tong D. *Quantum Fields: Prawdziwe budowle Wszechświata*, The Royal Institution, Cambridge, 2017.

19. Misner C. W., Thorne K. S., i Zurec W. H. *John Wheeler, Relatywność i informacje kwantowe,* Physics Today, 2009.

20. Kołmogorow A. N. *Fundacje Teorii Prawdopodobieństwa*, Chelsea, Nowy Jork, 1956. Patrz również Kołmogorow *w Perspektywie*, Amerykańskie Towarzystwo Matematyczne, 2006.

21. Kołmogorow A. N. Logiczne podstawy teorii informacji i teorii prawdopodobieństwa, *IEEE Trans. Informuj. Teoria,* 14 (5): 662-664, 1968.

22. Shannon C. E. A Mathematical theory of communication, *The Bell System Technical Journal*, 27: 379-423, 623-656, 1948.

23. Kullback S. *Information theory and statistics*, Wiley, Nowy Jork, 1959.

24. Jaynes E. T. *Information Theory and Statistical Mechanics in Statistical Physics*, Benjamin, New York, 1963.

25. Jaynes E. T. Jak mózg czyni prawdopodobnym rozumowanie? Uniwersytet Stanforda, 1998.

26. Landauer R. Irreversibility and heat generation in the computing process, *IBM Journal Research and Development,* 5(3):183-191, 1961.

27. Levy P. P. *Stochasic Processes i ruch Brownan*, Deuxieme Edition, Paryż

28. Lerner V. S. Optimal control of superimposing macroprocesses on the basis of a physical approach, *Radiophysics*, 25(11):1608-1626,1972, *link.springer.com/article/10.1007/BF01031152.*

29.Lerner V. S. Dynamic Model of the Origin of Order in Controlled Macrosystem. Bk. *Termodynamika i regulacja procesów biologicznych*: 383-397, Walter de Gruyter & Co., Berlin-Nowy Jork, 1984.

30. Lerner V. S. Macrosystemic Approach to Solution of Control Problems under Condition of Indeterminacy, trans. by *Scripta Technical, Inc.* 1989, z *Journal Automatics, 5:*43-52 Kijów, 1988.

31. Lerner V. S. Mathematical Foundation of Information Macrodynamics, *J. Systems Analysis-Modeling-Simulation*, 26:119-184, 1996.

32. Lerner V. S. Teoria Systemów Informatycznych i Makrodynamika Informacyjna: Przegląd głównych wyników, *IEEE Transakcje na systemach, człowiek i cybernetyka - część* C: Aplikacje i przeglądy, 37 (6):1050-1066, 2007.

33. Lerner V. S. *Information Path Functional and Informational Macrodynamics*, Nova Science, New York, 2010.

34. Lerner V. S. Dynamika informacyjna obserwatora: Acquisition of information and the origin of the cognitive dynamics, *J. Information Sciences,* 184: 111-139, 2012.

35. Lerner V. S. The boundary value problem and the Jensen inequality for an entropy functional of a Markov diffusion process, *Journal of Mathematical Analysis and Applications,* 353 (1): 154-160, 2009.

36. LernerV. S., Solution to the variation problem for information path functional of a controlled random process functional, *Journal of Mathematical Analysis and Applications*, 334: 441-466, 2007.

37. Lerner V. S. The Impulse Interactive Cuts of Entropy Functional Measure on Trajectories of Markov Diffusion Process, Integrating in Information Path Functional, Encoding and Application, *British Journal of Mathematics & Computer Science, 20(3)*: 1-35, 2017.

38. Lerner V. S. Obserwacje impulsowe procesów losowych generują informacje wiążące odwracalne mikro i nieodwracalne makro procesy w Obserwatorze: prawidłowości, ograniczenia i warunki autokreacji, *arXiv*: 1204.5513.

39. Lerner V. S. Informuje o regularnościach w obserwatorium *arXiv*: 1307.0449.

40. Lerner V.S. Macrodynamic Cooperative Complexity in Information Dynamics, *Journal Open Systems and Information Dynamics,* 15 (3):231-279, 2008.

41. Lerner V.S. *Jak informacja tworzy swojego Obserwatora. The Emergence of the Information Observer with Regularities*, Nova Science, 2019.

42. Feynman R.P. *The character of Physical Law*, Cox and Wyman LTD, Londyn, 1963.

43. Feynman R.P.and Hibbs A.R. *Path Integral and Quantum Mechanics*, McGraw, New York, 1965.

44. Prigogine I. *Introduction to Non-equilibrium Thermodynamics*, Wiley, New York, 1962.

45.Tononi G. *Zintegrowana teoria informacji o świadomości: uaktualnione konto. Arch.Ital. Biol.* 150, 56-90,2012.

46. Tononi G.; Boly M. Massimini, M. Koch, Ch. Integrated information theory: from awareness to its physical substrate. *Nature Reviews Neuroscience*.17(7): 450-461.2016.

47 .Lerner V. S. Naturalne kodowanie informacji poprzez Impulsy Interakcyjne, arXiv: 1701.04863, oraz IEEE Xplore http://ieeexplore.ieee.org/xpl/Issue7802033:103115,2016.

48. Równania Perkovaca M. Maxwella jako podstawa dla Modelu Atomu. *Journal of Applied Mathematics and Physics*, 2, 235-251, 2014.

49. Chu Shu-Yuan. Time-Symmetric Approach to Gravity, *arXiv*:gr-qc/98020v1, 1998.

50. Wolchover N. How Space and Time Could Be a Quantum Error-Correcting Code, *Quanta Magazine,* January, 2019.

51.Jeremy Norman's History of Information, http://www.historyofinformation.com/index.php 19 grudnia 2018 r.

52. Greenstein G., Zajonc A. *The Quantum Challenge: Nowoczesne badania nad podstawami mechaniki kwantowej*. Jones & Bartlett Publishers,2005, str.237, ISBN 978-0-7637-2470-2.

53. Cao Xi-Ren, Nowy model ciągłego - czasowego procesu Markova i sterowania stochastycznego impulsowego, *IEEE 978-1-4244-3872-3/09*, 2009.

I. ŚCIEŻKA INFORMACYJNA POCZĄTKOWY FORMALIZM

1. PROCES OBSERWACJI I JEGO INTEGRALNA MIARA

1.1. PUNKTY POCZĄTKOWE

Axiom

Wielokrotne interakcje budują Wszechświat niezależnie od ich pochodzenia, a rzeczywistość jest tylko powstającymi interakcjami.

Corollaries

1. Naturalne interakcje łączą sekwencję interaktywnych impulsów Tak - Nie (lub Nie - Tak) działania. Każde rzeczywiste (pewne) oddziaływanie jest przeciwieństwem tak-nie działania modelującego elementarny bit informacji lub dyskretnego impulsu.
2. Wielokrotne oddziaływania są losowe i reprezentują losowy proces oddziaływania impulsów w otaczającym polu losowym. Proces losowy i jego stany (zdarzenia) są formalnie uważane za niezależne od konkretnych substancji oszczędzających energię rzeczywistych (rzeczywistych) zdarzeń.
3. Do odkrycia prawdziwego Bitu i/lub wielu bitów procesu informacyjnego z przypadkowego procesu wymagana jest jego obserwacja.
4. Osiągnięcie pewności wymaga interaktywnego prawdopodobieństwa procesu zbliżającego się do tego, kiedy nastąpi rzeczywiste odcięcie, dostarczające energię impulsu. Obnaża to bit wyłaniający się z obserwowanych interakcji impulsowych jako jednostkę informacji, pewności i procesu informacyjnego.

1.1.1. Istota metodologii

1. Obserwacja definiuje losową sekwencję oddziałujących ze sobą impulsów (działania Tak-Nie- lub Nie-Ye), która formalnie modeluje sekwencję zdarzeń prawa 0-1 Kołmogorowa. Oznacza to, że obiektywne prawdopodobieństwa mierzą losowe impulsy w formalnym polu losowym.

2. Aksjomatyczne pole Kołmogorowa formalnie łączy zestawy możliwych zdarzeń, zestawy rzeczywistych zdarzeń i funkcję prawdopodobieństwa. Ta triada oszczędza energię rzeczywistych (rzeczywistych) zdarzeń. Modeluje ona występowanie określonych zdarzeń i rozpoczyna każdą sekwencję w

probabilistycznej obserwacji wielu wzajemnie oddziałujących zdarzeń w procesie losowym.

3. Proces losowy modeluje proces dyfuzji Markowa impulsów probabilistycznych wyłaniających się z pola losowego. Dyfuzja zawiera w sobie zestaw korelacji parzystokrotnych.

4. Poprzez wirtualne odcięcie korelacji Markova, dyskretne prawdopodobieństwa impulsów obserwują entropię-niepewność ukrytą w korelacji.

5. Sekwencyjne odcinanie entropii korelacji zmniejsza niepewność dyfuzji Markova i zwiększa prawdopodobieństwo procesu obserwacji. Każde impulsowe $\downarrow\uparrow$ działanie $\downarrow$ przecina maksymalne prawdopodobieństwo Markowa, otwierając drogę do pewności, podczas gdy następująca po nim interakcja $\uparrow$ przecinająca maksymalną entropię niesie ze sobą równoważną jednostkę informacji. Takie interaktywne impulsy $\downarrow\uparrow$ zamykają pewność prawdziwej obserwacji, doprowadzając pole energetyczne do rzeczywistego cięcia interakcji, które *przekształca maksymalną* entropię w jednostkę informacji.

6. Bit informacyjny odkrywa informacyjne zdarzenia procesu obserwacyjnego ukryte pod korelacjami cięcia.

7. Wiele współdziałających bitów samoorganizuje proces informacyjny, co tworzy Obserwatora Informacji.

Wreszcie, zarówno Informacja jak i Proces Informacyjny wyłaniają się jako zjawiska naturalnych interakcji, podczas gdy każda przypadkowa triada pól generuje Obserwatora z procesu.

1.1.2. 1.1.2. Formalizm początkowy i jego model probabilistyczny

1.1.2.1. *Pole Prawdopodobieństwa, Prawo Kołmogorowa, Interaktywny proces Markowa i Entropia Funkcjonalne*

Wiele interaktywnych działań to zdarzenia losowe - zmienne ω w otaczającym je polu losowego prawdopodobieństwa. Pole prawdopodobieństwa definiuje matematyczną triadę [1]: $\Phi = (\Omega, F, P)$ gdzie znajduje się Ω zbiór wszystkich możliwych ω, F to podzbiory Borela σ-algebry ze zbiorów Ω, a prawdopodobieństwo P to nieujemna funkcja zbiorów, zdefiniowana pod F warunkiem, że $P(\Omega) = 1$. triada ta formalnie łączy zbiory możliwych zdarzeń, zbiory rzeczywistych zdarzeń i ich funkcję prawdopodobieństwa.

Przykład:

Jeżeli eksperyment składa się z jednego rzutu monetą uczciwą, wówczas wynikiem jest łeb H lub ogon (T lub żaden z nich), zwany zdarzeniem związanym z ogonem. Wtedy $\Omega = (H,T)$, i σ-algebra zawiera $F = 2^{\Omega}\ 2^2 = 4$, te zdarzenia ogonowe z miarą prawdopodobieństwa $P(\emptyset) = 0, P(H) = 0.5, P(T) = 0.5, P(H,T) = 1$. Dla przestrzeni trójwymiarowych, z pola prawdopodobieństwa wyłania się potencjalny obserwator z ośmioma możliwymi miarami prawdopodobieństwa w postaci sześcianu losowego.

W nieskończonej sekwencji zmiennych losowych ω, rozmieszczonych w polu, może zdarzyć się $P(\emptyset) = 0$ dyskretny pomiędzy $P(\omega)$. •

Niech będzie F σ-algebra generowana przez ω, i niech będzie F_o σ-algebra generowana przez sekwencję wzajemnie niezależnych zmiennych ϖ i ich funkcji $f(\varpi)$.

Następnie, prawo Kołmogorowa 0-1 jest spełnione, gdy "warunkowe prawdopodobieństwo $P_{\bar{\varpi}}[f(\varpi) = 0]$ relacji $f(\varpi) = 0$ pozostaje, a pierwsze zmienne (z n ϖ) równa się bezwzględnemu prawdopodobieństwu $P_{\bar{\varpi}}[f(\varpi) = 0] = 0$ lub $P_{\bar{\varpi}}[f(\varpi) = 0] = 1$ dla każdego n ...". Założenia prawa są spełnione, jeśli zmienne losowe ϖ są wzajemnie niezależne i jeśli wartość funkcji $f(\varpi)$ pozostaje niezmieniona, gdy zmienia się tylko zmienna skończona [1:69].

Prawdopodobieństwo wystąpienia niezależnych zdarzeń jest równe prawdopodobieństwu w prawie Wielkiej Liczby [1:69].

Miejmy również proces dyfuzji Markova w dziedzinie [1]: $X_t = X(\omega)$ zdarzeń, w $\omega = (x,t)$ tym stanów x i ich momentu czasowego t. Proces Markowa jest n-wymiarowy i wszystkie wymiary zaczynają się w polu prawdopodobieństwa z różnymi triadami związanymi z lokalnymi częstotliwościami losowymi atrybutu ω zdarzeń początkowych. Generalnie $n \to \infty$.

Trajektorie procesu dyfuzji Markowa są określone na n-wymiarowym rozkładzie prawdopodobieństwa $P_n = P_n[X(\omega)]$ z prawdopodobieństwem przejściowym $P(s, \mathscr{X}, t, B)$, σ-algebrze $F(s,t)$ tworzonej przez zdarzenia przy $\{\mathscr{X}(\tau) \in B\}$ $s \le \tau \le t$, oraz warunkowym rozkładzie prawdopodobieństwa przy $P_{s,x}$ $F(s,t)$.

Relacja [2]:

$$\tilde{P}_{s,x}(d\omega) = p(\omega)P_{s,x}(d\omega) \qquad (1.0)$$

mierzy transformację tego prawdopodobieństwa na trajektoriach procesu Markova $(\tilde{x}_t, P_{s,x})$, który posiada rozkłady $\tilde{P}_{s,x} = \tilde{P}_{s,x}(A)$ na rozległej σ-algebrze $F(s,\infty)$ z miarą gęstości:

$$p(\omega) = \frac{\tilde{P}_{s,x}(d\omega)}{P_{s,x}(d\omega)} \qquad (1.1)$$

Stosując definicję entropii warunkowej [3] do matematycznego oczekiwania na miarę logarytmicznej gęstości funkcjonalnej prawdopodobieństwa (1.1), wprowadzamy *Entropię funkcjonalną (EF) na trajektoriach* procesu dyfuzji Markowa [4]:

$$S = E\{-\ln[p(\omega)]\} = \int_{\tilde{x}(t)\in B} -\ln[p(\omega)]P_{s,x}(d\omega), \qquad (1.2)$$

gdzie $E = E_{x,s,\tilde{x}_t}$ jest warunkowe oczekiwanie matematyczne, wzięte wzdłuż trajektorii procesu $\tilde{x}_t$ przy zróżnicowanych ($(\tilde{x}_{\rho s})$ przez analogię do Kaca [5]).

Proces dyfuzji Markova opisuje funkcję dryfu $a = a(t,x)$ oraz funkcję dyfuzji $\sigma = \sigma(t,x)$, które razem definiują funkcję dodatku funkcjonalnego [6-9]:

$$\varphi_s^T = 1/2\int_s^T a(t,\tilde{x}_t)^T(2b(t,\tilde{x}_t))^{-1}a(t,\tilde{x}_t)dt + \int_s^T \sigma(t,\tilde{x}_t)^{-1}a(t,\tilde{x}_t)d\xi(t), 2b(t,\tilde{x}_t) = \sigma(t,\tilde{x}_t)\sigma^T(t,\tilde{x}_t) > 0. \quad (1.3)$$

Funkcjonalny (1.3) opisuje transformację losowego czasu procesów Markova w trakcie przechodzenia przez trajektorię procesu.

Dodatek funkcjonalny (1.3) mierzy gęstość prawdopodobieństwa (1.1), która może również mierzyć $\varphi_s^t(\omega)$:

$$p(\omega) = \exp\{-\varphi_s^t(\omega)\} \text{ lub } \varphi_s^t(\omega) = -\ln p(\omega). \qquad (1.4)$$

Prawdopodobieństwo przejściowe dla procesu dyfuzji ς_t, transformacji gęstości (1.4) przy pomocy dodatku funkcjonalnego (1.3), zależność satysfakcjonująca (1.0) w postaci

$$\tilde{P}(s,\varsigma,t,B) = \int_{\tilde{x}(t)\in B} \exp\{-\varphi_s^t(\omega)\}P_{s,x}(d\omega). \qquad (1.5)$$

Stosując definicję Entropii Funkcjonalnej (1.2) do przetwarzania $\tilde{x}_t$ warunkowego do przetwarzania ς_t, otrzymujemy miarę Entropii Funkcjonalnej wyrażoną za pomocą dodatku funkcjonalnego $\varphi_s^t(\omega)$ na trajektoriach procesów dyfuzyjnych:

$$S[\tilde{x}_t / \varsigma_t] = E[\varphi_s^t(\omega)]. \qquad (1.6)$$

Minimum tego funkcjonalnego, w zależności od dodatku funkcjonalnego, mierzy bliskość powyższych rozkładów w formie:

$$\min_{\varphi_s^t} S[\tilde{x}_t / \varsigma_t] = S^o \,. \qquad (1.7)$$

Niech przekształcony proces będzie

$$\varsigma_t = \int_s^t \sigma(v, \xi_v) d\xi_v \qquad (1.8)$$

mając taką samą dyfuzję jak proces początkowy $\tilde{x}_t$, ale zerowy dryft, potem ς_t modeluje standardowe perturbacje - "biały szum".

Proces ς_t jest przekształconą wersją procesu $\tilde{x}_t$, której prawdopodobieństwo przejścia jest spełnione (1.1).

Przekształcone prawdopodobieństwo $\tilde{P}_{s,x}$ dla tego procesu ocenia miarę jądra Feller'a [10, 11].

Ponieważ proces przekształcania (ς_t 1.8) ma taką samą matrycę dyfuzyjną, ale zerowy dryft, właściwa część dodatku funkcjonalnego w (1.3) spełnia warunek zależności.

$$E[\int_s^T (\sigma(t, \tilde{x}_t))^{-1} a(t, \tilde{x}_t) d\xi(t)] = 0. \qquad (1.9)$$

Przynosi ona integralną miarę Entropii Funkcjonalnej wyrażoną za pomocą parametrów równania stochastycznego Ito [34] w postaci:

$$\Delta S[\tilde{x}_t]\big|_s^T = 1/2 E_{s,x}\{\int_s^T a(t, \tilde{x}_t)^T (2b(t, \tilde{x}_t))^{-1} a(t, \tilde{x}_t) dt\} = \int_{\tilde{x}(t) \in B} -\ln[p(\omega)] P_{s,x}(d\omega) = -E_{s,x}[\ln p(\omega)]. \qquad (1.10)$$

Wzory (1.2-1.5), (1.6), (1.7), (1.8) i (1.10) znajdują się w [4, 12] wraz z odpowiednimi cytatami i odniesieniami.

Entropia Funkcjonalna (EF) w formach (1.6, 1.10) jest *wskaźnikiem informacyjnym rozróżniającym* miary prawdopodobieństwa procesów oraz $\tilde{x}_t, \varsigma_t$ mierzy *ilość informacji* o procesie, który $\tilde{x}_t$ ma zostać przetworzony ς_t.

Gdy EF w (1.10) równa się zeru, impulsy procesu obserwacyjnego Bayes'a są nieodróżnialne od szumu.

Ponieważ czas, poczynając od zera EF, jest również równy zeru, obserwacja *nie została rozpoczęta.*

Jest to wskaźnik rozpoczęcia obserwacji.

Prawa strona (1.10) jest równorzędnym wzorem EF, wyrażającym go poprzez gęstość prawdopodobieństwa $p(\omega)$ ω zdarzeń losowych, zintegrowanym z miarą prawdopodobieństwa $P_{s,x}(d\omega)$ wzdłuż trajektorii procesu, $\tilde{x}(t) \in B$ które są zdefiniowane w zbiorze B.

Wzór (1.10) bezpośrednio łączy prawdopodobieństwa, definiując dryf i dyfuzję EF i funkcji procesu Markova, bez konieczności wdrażania pomiarów prawdopodobieństwa dla danego procesu.

Dla procesów o równoważnych miarach prawdopodobieństwa, ilość (1,10) jest zerowa, a dla nierównoważnych miar procesu jest dodatnia. Problem zmienności (1.7) dla funkcji EF został rozwiązany w [12].

Matematyczne oczekiwanie (1.10) na *trajektorie procesu,* uwarunkowane przekształconą miarą prawdopodobieństwa jądra Fellera $\tilde{P}_{s,x}$, określa niezmienną miarę w przekształceniach Markowa wzdłuż trajektorii. Inwariant mierzy miarę gęstości prawdopodobieństwa Radon-Nikodym (1.1), gdzie oba $P_{s,x}$ $\tilde{P}_{s,x}$ są zdefiniowane. Tak więc, integralna (1.10) jest miarą $\tilde{x}_t$ entropii funkcjonalnej procesu Markova uwarunkowaną miarą prawdopodobieństwa jądra. Miara entropii w (1.2) jest uwarunkowana jakimkolwiek przekształconym procesem dyfuzji Markova, niekoniecznie zadowalającym (1.10).

Prawdopodobieństwo każdego procesu jest lokalne dla każdego losowego zespołu jako części n -wymiarowego zespołu procesów.

Obszar zdarzeń, posiadający prawdopodobieństwo $P_{\bar{\omega}} =\in 0,1$, może oddziaływać z procesem Markova na prawdopodobieństwo $P_{s,x}(\omega)$ zdarzeń ω zaspokajających związek ze wspólnym prawdopodobieństwem wystąpienia niezależnych zdarzeń [1]:

$$P = P_{\bar{\omega}} \times P_{s,x}(d\omega), P_{\bar{\omega}} =\in 0,1 .$$

Z tego wynika kolejność prawdopodobieństw: at $P_{\overline{\omega}}=0, P=P_{s,x}(d\omega)=0$ oraz at $P_{\overline{\omega}}=1, P=P_{s,x}(d\omega)$.

Zmiana prawdopodobieństwa $P_{s,x}(d\omega)=0$ na prawdopodobieństwo $P_{s\to t,x}(d\omega)$ oddziałujących zdarzeń inicjuje przejściowe prawdopodobieństwo Markowa $P(s,x,t,B)$. Prawdopodobieństwo $P_{s\to t,x}(d\omega)$, działając poprzez dodatek funkcjonalny w (1.5), zmienia przejściowe prawdopodobieństwo $P(s,x,t,B)$ na przejściowe prawdopodobieństwo $\overline{P}(\overline{s},\overline{x},t,B)$ i gęstość $p(\omega)$. Gęstość, określona przez dodatek procesowy funkcjonalny w (1.4), łączy się z jego funkcją dryfowania w (1.3). Transformacja (1.5) określa prawdopodobieństwo przejścia przy tej samej dyfuzji, ale różnym dryfie. Prawdopodobieństwo przejściowe $\overline{P}(\overline{s},\overline{x},t,B)$ zmienia powiązane z nim prawdopodobieństwo Markowa, $\overline{P}_{s,x}(\omega_\alpha)$ przy $(\overline{s},\overline{x})=\omega_\alpha$ którym zmienia się jego funkcja dryftu: $a^{\omega}=a(\omega)\xrightarrow{\overline{P}_{s,x}(\omega_\alpha)}\overline{a}^{\omega}=a(\omega_\alpha)$.

To przełącza ruch Markova z jego aktualnego dryfu $a^{\omega}=a(\omega)$ na ruch Markova pod innym dryfem $\overline{a}^{\omega}=a(\omega_\alpha)$. Przypadkowa sekwencja 0-1-0-1-0-1-...działań probabilistycznych $\downarrow\uparrow$ wpływa na prawdopodobieństwo $\overline{P}_{s,x}(d\omega), \overline{P}_{s,x}(d\omega_\alpha)$, które poprzez gęstość Markova $p(\omega)$ losowo przełącza ruch procesu.

Zmiana prawdopodobieństwa wprowadza w życie akt obserwacji (z początkowego punktu 4.) Na przykład nieskończona sekwencja zdarzeń typu "coin-toss tail" trafia w tabelę, która losowo przesuwa ją, gdy każdy ogon wchodzi w interakcję z tabelą.

Prawo interaktywnych prawdopodobieństw 0-1 inicjuje interaktywny ruch impulsów losowych w ramach wstępnego (pierwotnego) procesu Markowa, który nazywamy wtórnym procesem Markowa.

1.1.2.2. 1.1.2.2. Zasady prawdopodobieństwa Bayes'a

Dla każdego zdarzenia losowego i,k A_i, B_k wzdłuż obserwowanych zdarzeń, każde warunkowe prawdopodobieństwo a priori $P(A_i/B_k)$ podąża za warunkowym prawdopodobieństwem a posteriori: $P(B_k/A_i)=P(A_i/B_k)/P(A_i)$.

Zastępstwo $P(A_i/B_k)=P(A_i\cup B_k)/P(B_k)$ otrzymujemy

$P(B_k/A_i)=P(A_i\cup B_k)/P(A_i)P(B_k)$,

gdzie średnie prawdopodobieństwo spodziewania się zdarzeń wzdłuż obserwowanych wydarzeń jest średnie:

$$P(B_k) = \sum_{i=1}^{n} P(B_k / A_i) P(A_i) . \qquad (1.11)$$

Stosunek *a priori* do prawdopodobieństwa *a posteriori*:

$$P(A_i / B_k) / P(B_k / A_i) = P(A_i)$$

określa bieżące prawdopodobieństwo obserwacyjne $P(A_i)$, które może obejmować niektóre obserwacje poprzednich zdarzeń $A_{i-1}, A_{i-2}, \ldots,$.

1.2.2. Zastosowanie formuły Bayes'a i związku z ustawą Kołmogorowa dla procesu dyfuzji Markova

Definiując prawdopodobieństwo *a priori* $P^a_{s,x}(d\omega) = P_{s,x}(d\omega)$ i prawdopodobieństwo *a posteriori* $P^p_{s,x}(d\omega)$ według zasady Bayesa, *łączymy* prawo Kołmogorowa 0-1 i prawdopodobieństwo Bayesa poprzez proces dyfuzji Markowa.

Przełącznik Markov drifts $a^\omega \downarrow \overline{a}^\omega$ modeli No-Yes działania 0-1, podczas gdy przełącznik drifts $\overline{a}^\omega \uparrow a^\omega$ modeli tak-nie oddziałujące działania 1-0 tych impulsów.

Oba impulsy, działając na proces Markova, zmieniają jego prawdopodobieństwo *a priori* na prawdopodobieństwo *a posteriori*.

Impuls $\downarrow\uparrow$ odtwarza losowy bit, który pokrywa prawdopodobieństwo 0-1, podczas gdy przełączniki ujawniają interaktywne powiązanie prawa Kołmogorowa 0-1 z prawdopodobieństwem Bayesa *w* procesie dyfuzji Markowa.

Prawdopodobieństwa i $P^a_{s,x}(d\omega_\alpha)$ $P^p_{s,x}(d\omega_\alpha)$ zdarzenia procesu Markova $d\omega_\alpha$ korelują w ramach jego funkcji dryfu i dyfuzji. Zwiększenie prawdopodobieństwa zwiększa $\overline{P}(\overline{s}, \overline{x}\varphi t, B)$ $p(d\omega_\alpha) = P^p_{s,x}(d\omega_\alpha) / P^a_{s,x}(d\omega_\alpha)$ gęstość prawdopodobieństwa, co zwiększa korelacje i zwiększa bliskość tych prawdopodobieństw do gęstości, $p(\omega)$ a w końcu do $p(d\omega_\alpha) \to 1$.

Wzrastające $p(d\omega_\alpha)$ wsteczne prawdopodobieństwo wskazuje na rzeczywisty dryft, który porusza $\overline{a}^\omega = a(\omega_\alpha)$ proces. To zwiększa prawdopodobie"stwo impulsu $\downarrow\uparrow$ do pewnego Bitu, którego działanie na $\uparrow$ $\overline{a}^\omega = a(\omega_\alpha)$ procesy prawdziwego ruchu.

Każde rozważane prawdopodobieństwo jest abstrakcyjnym aksjomatem prawdopodobieństwa Kołmogorowa.

Przewiduje on pomiar prawdopodobieństwa w eksperymencie, którego rozkłady prawdopodobieństwa, testowane na podstawie względnych częstotliwości występowania zdarzeń, spełniają warunek symetrii zdarzeń równie prawdopodobnych [13].

W teorii losowości prawdopodobieństwo każdego zdarzenia jest *wirtualne*, lub w każdym przypadku przypisane do takiego wyimaginowanego zdarzenia. Wiele z jego potencjalnych prawdopodobieństw może wystąpić jednocześnie. Jednak wyraĪne prawdopodobieĚstwo opisuje fizyczne moĪliwoĞci niektórych z nich.

Wielokrotne losowe działania opisują rozkład prawdopodobieństwa na obserwowanej sekwencji określonego zbioru zdarzeń, które formalnie definiują obserwowaną triadę w polu prawdopodobieństwa.

Przetwarzanie oddziaływań wzdłuż ϖ X_t posiadają wspólny przebieg czasowy w polu, który dla każdego zespołu pól z ułamkami zdarzeń losowych jest częścią czasu w wspólnym przebiegu czasowym.

Zakładamy, że pole losowe ukrywa przypadkowo rozłożoną energię, którą trzymają zdarzenia.

Pole prawdopodobieństwa ukrytej energii jest ponadczasowe, odwracalne, symetryczne i skalarne.

Oddziaływania losowe, zakłócające pole, w sposób losowy ujawniają energię, którą oddziaływanie lub jego pomiar uzyskuje z pola dla rzeczywistych zdarzeń.

1.2. POJĘCIAMI OBSERWACJI, PROCESU OBSERWACJI, OBSERWATORA WIRTUALNEGO I NIEPEWNOŚCI

Celem Kolmogorowa 0-1 prawdopodobieństwa określa ilościowo wyidealizowane (wirtualne) impulsy, których działania NIE TAK stanowią akt wirtualnej obserwacji prawdopodobieństwa Markova *a priori* $P^a_{s,x}(d\omega) = P_{s,x}(d\omega)$ przesunięcia się na Markova *a posteriori* $P^p_{s,x}(d\bar{\omega})$ w skończonym przedziale czasu impulsu $\delta\tau$.

Każda obserwacja mierzy prawdopodobieństwo możliwych zdarzeń dla potencjalnego obserwatora.

Tak więc, łącząc prawdopodobieństwo *a priori* i *a posteriori* Bayes'a bodźców praktycznie obserwuje proces dyfuzji Markova na swojej trajektorii, gdy porusza się on pod dryfem.

Przejściowe prawdopodobieństwa na trajektoriach procesu dyfuzji Markova przechodzą wiele wirtualnych obserwacji wzdłuż *wirtualnego procesu obserwacji* $\tilde{x}_t$ oddziałujących ze sobą impulsów. Każde takie interaktywne działanie Bez TAKU zapewnia krok w dół (0) i krok w górę (1) w ramach impulsu Prawdopodobieństwo Bez TAKU.

(Wtórny proces Markova pod obserwacją impulsową Bayesa jest wirtualnym procesem obserwacyjnym).

Obiektywne prawdopodobieństwa mierzą prawdopodobieństwo wirtualnej obserwacji potencjalnego *(wirtualnego) obserwatora.* (Termin "wirtualny" odnosi się tylko do prawdopodobnej obserwacji przez obserwatora).

Uzasadnijmy pomiar probabilistyczny i pomiar entropii wirtualnego obserwatora.

Dla każdego i zdarzenia losowego A_i procesu obserwacyjnego i jego aktualne prawdopodobieństwo *a priori* $\overline{P}_{s,x}(A_i)$ obejmuje obserwowane wcześniej prawdopodobieństwo sięgające przejściowego prawdopodobieństwa Markowa $(n-1)$.

Dla procesu dyfuzji Markowa z przejściowym prawdopodobieństwem zdarzeń, uogólnione i $P_i(s, \tilde{x}, t, B)$ (integralne) prawdopodobieństwo *a priori*, które integruje wszystkie dostępne prawdopodobieństwa *a priori* ma postać

$$\overline{P}_{s,x}(A_i) = \int_{s,t,\tilde{x},B,} \prod_{i=1}^{n-1} P_i(s, \tilde{x}, t, B) \qquad , (2.1)$$

gdzie $\overline{P}_{s,x}(A_i) = P^a_{s,x}(d\omega) = P_{s,x}(d\omega)$ i uogólniony rozkład (2.1) jest określony na σ-algebrze zdarzeń $A_i = A_i(s, \tilde{x}, t)$ [9].

Każde z równych prawdopodobieństw jest zdefiniowane na tych samych losowych stanach-wydarzeniach Markova i jest *obserwowane* w procesie Markova $\tilde{x}_t$. Obserwacja automatycznie obejmuje działania typu No-Yes łączące się z powstającym procesem obserwacji Markova.

Stosunek prawdopodobieństwa *a posteriori* do prawdopodobieństwa *a priori* Bayesa określa *gęstość prawdopodobieństwa a posteriori*

$$\overline{p}(\omega)=\frac{P^{p}_{s,x}(d\omega)}{P^{a}_{s,x}(d\omega)}=\frac{P^{p}_{s,x}(d\omega)}{\overline{P}_{s,x}(A_i)}\ . \qquad (2.2)$$

Każda następna obserwacja aktualizuje gęstość $\overline{p}(d\omega)$ *a posteriori, jak również* wcześniejsze obserwacje.

Zastępowanie $\tilde{P}_{s,x}(d\omega)=P_{s,x}(d\omega)p(d\omega)$ $P^{p}_{s,x}(d\omega)=\overline{p}(d\omega)P_{s,x}(d\omega)$ przewodów do

$$P^{p}_{s,x}(d\omega)=\tilde{P}_{s,x}(d\omega)\overline{p}(d\omega)\,/\,p(d\omega) \qquad (2.3)$$

przy $\overline{p}(d\omega)\,/\,p(d\omega)=P^{p}_{s,x}(d\omega)\,/\,\tilde{P}_{s,x}(d\omega)$. (2.4)

W relacjach (2.4), wszystkie prawdopodobieństwa, w tym $P^{p}_{s,x}(d\omega)$ są zdefiniowane na tym samym procesie Markova. Równoczesna obserwacja procesu obserwacji ruchu pozwala na aktualizację zarówno prawdopodobieństw *a priori*, jak i *a posteriori*.

Proces Markova definiuje jednak bieżące prawdopodobieństwa dwóch kroków czasowych, jednego z głową w górę i drugiego z głową w dół, co w (2.1) ogranicza liczbę każdej bieżącej obserwacji o i $i=1$ i $i=2$, lub , $i-1,i,i+1$ który posiada dwa bieżące impulsy również w (1.11). Obserwacja tych zdarzeń w ustalonym przedziale czasowym określa próg korelacji początkowych [18:32]. Tak więc, pojęcie obserwacji łączy minimum trzy bieżące zdarzenia za pomocą potrójnej korelacji. Każda poprzednia obserwacja zmniejsza bieżące prawdopodobieństwo *a priori* $\overline{P}_{s,x}(A_i)$ w (2.1) przy każdym stałym przedziale i, ponieważ iloczyn prawdopodobieństwa jest mniejszy niż 1, co zmniejsza całkowite pomnożenie prawdopodobieństwa w (2.1) i $\overline{P}_{s,x}(A_i)$.

Integracja każdego z tych małych trójprocesowych przyrostów w (2.1) dla każdego z nich nie i zmienia spadku.

Taka integracja przy danym wzroście $P^{p}_{s,x}(d\omega)$ $\overline{p}(d\omega)$, aktualizując ją poprzez wcześniejszą obserwację.

Obserwacja *posteriori* aktualizuje również $\overline{p}(d\omega)$ gęstość zagęszczenia *posteriori* rosnącą wraz ze wzrostem $P^{p}_{s,x}(d\omega)$.

Przykład: Załóżmy, że proces zatrzymuje się przy każdym $P=0$ i zaczyna się przy każdym $P=1$ i niech krok będzie $i=1$

$$\overline{P}_{s,x}(A_{i=1}) = P^{a}_{s,x}(d\omega) = P_{s,x}(d\omega), P_{s,x}(d\omega) \xrightarrow{P=0} \overline{P}_{s,x}(d\omega) = 0.5, p(\omega) = 0.8, \tilde{P}_{s,x}(d\omega) = P^{p}_{s,x}(d\omega) = 0.4.$$

Na krok $i = 2$, trzyma

$$P_{s,x}(d\omega) \xrightarrow{P=1} \overline{P}_{s,x}(d\omega_{\alpha}) = P^{a}_{s,x}(d\omega_{\alpha}) = 0.55, \overline{p}(\omega_{\alpha}) = 0.81, \overline{\tilde{P}}_{s,x}(d\omega_{\alpha}) = P^{p}_{s,x}(d\omega_{\alpha}) = 0.4455,$$

gdzie aktualizacje $P^{a}_{s,x}(d\omega_{\alpha})$ $\overline{P}_{s,x}(A_{i+1})$, które obejmują $\overline{P}_{s,x}(A_{i=1}) = 0.5$.

To zmienia gęstość w (2.4). Integralna (2.1) z dyskretnej $i = 1$ do przybliżonej $i = 2$ sumy mnożenia:

$\overline{P}_{s,x}(A_{i+1}) = P^{a}_{s,x}(d\omega) \times \overline{P}_{s,x}(d\omega_{\alpha}) + P^{a}_{s,x}(d\omega) \times \overline{P}_{s,x}(d\omega_{\alpha})$ która przynosi

$\overline{P}_{s,x}(A_{i+1}) = 0.5 \times 0.55 + 0.5 \times 0.55 = 0.55$ i

$$\overline{p}(\omega_{\alpha}) = P^{p}_{s,x}(d\omega_{\alpha}) / \overline{P}_{s,x}(A_{i+1}) = 0.4455 / 0.55 = 0.81. \tag{2.5}$$

Tutaj prawdopodobieństwo $P^{p}_{s,x}(d\omega_{\alpha})$ aktualizuje prawdopodobieństwo dryfowania Markova, $a(\omega_{\alpha})$ jak również $P^{a}_{s,x}(d\omega_{\alpha})$ robi to.•

Wyniki [14] dowodzą, że odcięcie korelacji impulsowej zwiększa gęstość prawdopodobieństwa obserwowanego Markova, co przekłada się na kolejne odcięcie impulsu. Każde odcięcie przebiega analitycznie w trójkącie Diraca, lub w trójkącie Kronickera 0-1.

Zdefiniujmy entropię Bayes'a na procesie obserwacji w formie

$$S_B = E_{s,x}[-\ln \overline{p}(\omega)], \tag{2.6}$$

Gdzie $E_{s,x}$ jest warunkowe matematyczne oczekiwanie, które porusza się wzdłuż tego procesu. Zastosowanie do (2.6) wzoru (2.2) przynosi

$$S_B = -\int_{\tilde{x}_t \in B} \ln \overline{p}(\omega) P^{a}_{s,x}(d\omega). \tag{2.7}$$

Wzór ten zgadza się również z prawdopodobieństwem Bayesa (warunkowym) w formie (1.11) zastosowanej do (2.6).

Entropia S_B mierzy niepewność procesu obserwacji.

W przypadku obserwatora wirtualnego obserwującego ten proces, S_B mierzy on nieodłączną część niepewności obserwatora wirtualnego.

Niepewność maksymalna jest miarą prawdopodobieństwa braku korelacji *a priori-a posteriori,* gdy ich połączenie zbliża się do zera. Taka teoretyczna niepewność ma nieskończoną entropię. Jej warunkowa entropia i czas nie istnieją.

Miara niepewności skończonej posiada niezerową korelację skończonych prawdopodobieństw *a priori-a posteriori* ze skończonym przedziałem czasu i późniejszą skończoną entropią warunkową.

Przykładem skończonego procesu niepewności jest "biały szum". Zastosowanie go pozwala na pomiar niepewności procesu obserwacyjnego w stosunku do niepewności-entropii białego szumu (sekcja 1.1.1).

Pomiar entropii warunkowej (1.10) w odniesieniu do procesu dyfuzji ς_t jest przydatny, ponieważ przeciętny ς_t model zero procesu obserwacyjnego, od którego rozpoczyna się potencjalna obserwacja. Kiedy impuls tak-nieprawdopodobne wpływa na taki proces, impuls procesu obserwacyjnego rozpoczyna potencjalnego obserwatora.

1.3. PEWNOŚĆ, INFORMACJA, ENTROPIA CIĘCIA

Informacja, jako pojęcie pewności w przeciwieństwie do niepewności, pochodzi z redukcji niepewności obserwacji w kierunku maksymalnego prawdopodobieństwa 1 posteriori, które, jak zakładamy, z pewnością ocenia fakt obserwacji probabilistyczny.

Jeśli elementarny impuls Kronickera zwiększa prawdopodobieństwo a posteriori każdej z obserwacji Bayes'a, to jednocześnie zwiększa prawdopodobieństwo każdego impulsu wirtualnego (do rzeczywistego impulsu z prawdopodobieństwem a posteriori 1) i zmniejsza związaną z tym niepewność. ↓↑ Każdy impuls przenosi wtórny proces Markowa i oddziałuje z pierwotną dyfuzją Markowa.

Każde obserwowane działanie ↓ odcina entropię oddziałującego procesu dyfuzji Markowa, zmniejszając jego niepewność. Akcja cięcia przenosi entropię cięcia, zmniejszoną w interakcji, na akcję ↑ impulsową, która zwiększa entropię prawdopodobieństwa Bayes'a impulsu obserwacyjnego wzdłuż wtórnego procesu Markova. Wielokrotne działania tnące minimalizują ↓ niepewność pierwotnego procesu Markova, a działania interaktywne ↑ maksymalizują entropię w każdym kolejnym impulsie procesu obserwacyjnego. Impuls obserwacyjny gromadzi maksymalną entropię, gdy entropia procesu Markova osiągnie minimum i maksimum swojego prawdopodobieństwa. Tak więc, każda akcja odcina↓ maksymalną entropię, podczas gdy następująca po niej interaktywna akcja ↑przenosi zredukowaną maksymalną entropię na proces obserwacji. Interaktywny impuls↓↑, zamykający pewność prawdziwej obserwacji, przynosi energię do rzeczywistego cięcia↑↓ impulsu interakcyjnego, który *przekształca* jego maksymalną entropię w jednostkę informacyjną. Pomiar maksymalnego przejściowego prawdopodobieństwa Markova wskazuje na *zbliżenie się* impulsu obserwacyjnego do momentu przecięcia jego maksymalnej niepewności, wydobywając w ten sposób pewność bitu obserwacyjnego. (Gdy potencjalny (wirtualny) obserwator otrzyma Bit poprzez odcięcie maksymalnej entropii impulsu obserwacyjnego Bayes'a, automatycznie mierzy minimum S_B procesu dyfuzji Markov'a, zbliżając się do prawdopodobieństwa 1).

Wreszcie, usunięcie zebranej entropii-niepewności podczas obserwacji impulsu przywraca pewne Bity impulsu. Zbudowanie pewnego fizycznego Bitu wymaga wstrzyknięcia Landauerowi energii [15], zarówno w celu jego wymazania, jak i zapamiętania.

1.3.1. Wirtualny Obserwator. Niektóre informacje Obserwator

$\overline{p}(d\omega)$ Ponieważ wzrost $\overline{p}(d\omega)$ obserwacji impulsowych ma tendencję S_B do zmniejszania się. Dlatego obserwacje impulsowe minimalizują niepewność, z której automatycznie wyłania się zasada minimalnej entropii:

$$\min_{n-1\leftarrow i} S_{Bi} = S_{Bo}.$$

At $\overline{p}(d\omega) > p(d\omega)$ $S_B < S$, , zasada ta jest stosowana S w formie:

$$\min_{a^{\varpi}\to a^{\varpi}} S \to S_{Bo}.$$

Obserwacja generuje S_B, a więc i wirtualnego obserwatora. Usuwanie niepewności generuje pewną informację Obserwator. Kiedy potencjalny obserwator otrzymuje Bit poprzez przecięcie maksymalnej entropii impulsu Bayes'a obserwującego, automatycznie mierzy minimalny S_B proces dyfuzji, zbliżając się do prawdopodobieństwa 1.

Interaktywne obserwacje impulsowe zmniejszają niepewność minimalizując w ten sposób rosnące prawdopodobieństwo obserwacji impulsowej. Opis probabilistyczny impulsów generalizuje potencjalną przypadkową interakcję, wielokrotne interaktywne działania impulsowe obserwującego procesu przypadkowego, jednocząc wspólne źródło informacji Bita.

Ponadto w [14-16] udowodniono, Ie obserwacja impulsowa prowadzi do zasady Max-Min, która zwiĊksza prawdopodobieĔstwo redukcji kaIdej kolejnej niewiadomoĞci.

Poniżej podajemy, w jaki sposób Wirtualny Obserwator, poprzez zastosowanie impulsów tnących, które zmniejszają niepewność S_B, wzrasta, by stać się Obserwatorem Informacyjnym.

Uwagi 1.1. *Przejście od Łańcucha Markowa Obserwacyjnego do procesu dyfuzji*

Prawdopodobieństwo skoku Kolmogorowa 0-1, wchodząc w interakcję z procesem stochastycznym, wyłaniającym się z pola losowego, sekwencyjnie zatrzymuje się i uruchamia, generując łańcuch Markowa w interaktywnym czasie losowym.

Ciągły losowy łańcuch czasowy Markova może zbiegać się do dyfuzji [35], jeśli obserwacja jest ruchem skokowym przechodzącym przez średnią sekwencję każdego z trzech stanów czasowych łańcucha wzdłuż Markova. Generator skoku łańcucha Markova porusza łańcuch, jeżeli każda obserwacja uśrednia trzy stany. W rozważanej obserwacji impulsowej, skorelowane trzy impulsy kolejno uśredniają każdy z trzech probabilistycznych impulsów obejmujących trzy stany. Tak więc, obserwacja losowego łańcucha Markova zapewnia zarówno potrójne korelacje stanów łańcuchowych pod Kołmogorowa 0-1 prawdopodobieństwa, jak i ich przejścia wzdłuż łańcucha. Średnia z prawdopodobieństw każdego z trzech stanów dostarcza wzór (2.1) stosowany do prawdopodobieństw przejściowych łańcucha Markova.

Ten model łańcuchowy Markova został zastosowany do reakcji chemicznych przechodzących do modelu dyfuzyjnego [35], który jest powszechnie przyjęty do modelowania różnych procesów chemicznych o różnej kinetyce. •

Linearny ruch Browna, opisany w dyfuzji Markowa, jest przykładem procesu stochastycznego.

Istnienie trajektorii procesu stochastycznego zaspokaja ograniczenie ruchu stochastycznego [18:44].

1.3.2. 1.3.2. Ocena procesu cięcia ułamków EF za pomocą kontroli impulsowej

Zdefiniujmy kontrolę nad przestrzenią akordowo $KC(\Delta, U)$ ciągłych funkcji krokowych na $u_t\ t \in \Delta$:

$$u_{-} \overset{def}{=} \lim_{t \to \tau_k - o} u(t, \%_{\tau_k}) \; u_{+} \overset{def}{=} \lim_{t \to \tau_k + o} u(t, \%_{\tau_k}) \qquad , (2.1)$$

które są różne na zestawie

$$\Delta^o = \Delta \setminus \{\tau_k\}_{k=1}^m \; k = 1, \ldots, m, \qquad , (2.1a)$$

i stosowane w procesie dyfuzji $\%_t$ od momentu do τ_{k-o} τ_k momentu, a następnie od momentu do momentu τ_k τ_{k+o}, realizując transformacje procesu $\%_t(\tau_{k-o}) \to \varsigma_t(\tau_k) \to \%_t(\tau_{k+o})$. n Proces wymiarowy posiada m takie transformacje.

W pobliżu momentu τ_k, pomiędzy skokiem sterowania, u_{-} a skokiem sterowania u_{+}, rozważamy *impuls sterujący*

$$\delta u_{\pm}(\tau_k) = u_{-}(\tau_{k-o}) + u_{+}(\tau_{k+o}). \qquad (2.2)$$

W poniższym sprawozdaniu oceniono wkład informacyjny EF przy takich przekształceniach.

Propozycja 2.1:

Entropia Funkcjonalna (1.1.10) w momentach przełączania $t = \tau_k$ sterowania (2.2) przyjmuje wartości

$$\Delta S[\%_t(\delta u_{\pm}(\tau_k)] = 1/2, \qquad (2.3)$$

i w miejscu $t = \tau_k$: przy i $\tau_{k-o} \to \tau_k$ $\tau_k \to \tau_{k+o}$, produkowane przez każdą z funkcji krokowych sterowania impulsowego w (2.1), jest szacowany przez

$$\Delta S[\%_t(u_{-}(\tau_k)] = 1/4, \; u_{-} = u_{-}(\tau_k) \; \tau_{k-o} \to \tau_k \qquad , (2.3a)$$

oraz

$$\Delta S[\%_t(u_{+}(\tau_k)] = 1/4, u_{+} = u_{+}(\tau_k), \tau_k \to \tau_{k+o}. \qquad (2.3b)$$

Dowód. Przeskok funkcji sterowania u_{-} w (2.1) z momentu do τ_{k-o} τ_k, działając na proces dyfuzji, może przerwać ten proces po chwili $\tau_{k-o} \to \tau_k$. Proces dyfuzji odcięcia ma ten sam wektor dryftu i matrycę dyfuzyjną co proces dyfuzji początkowej. Dodatek funkcjonujący dla tego punktu odcięcia ma postać [9]:

$$\varphi_s^{t-} = \begin{cases} 0, t \le \tau_{k-o} \\ \infty, t > \tau_k \end{cases}. \qquad (2.4)$$

Skok funkcji sterowania (u_+ 2.1) z τ_k do do może τ_{k+o} *po* chwili odciąć proces dyfuzji $\tau_k \to \tau_{k+o}$ z odpowiednim dodatkiem funkcjonalnym

$$\varphi_s^{t+} = \begin{cases} \infty, t > \tau_k \\ 0, t \le \tau_{k+o} \end{cases}. \quad (2.5)$$

W przypadku impulsu sterującego (2.2), dodatek działający w pobliżu nabiera formy $t = \tau_k$ *funkcji impulsowej*

$$\varphi_s^{t-} + \varphi_s^{t+} = \delta\varphi_s^{m}, \quad (2.6)$$

która podsumowuje (2.4) i (2.5).

Entropia funkcjonalna (1.1.10) wynikająca z (2.4-2.5) przyjmuje wartości

$$\Delta S[\tilde{x}_t(u_-(t \le \tau_{k-o}; t > \tau_k))] = E[\varphi_s^{t-}] = \begin{cases} 0, t \le \tau_{k-o} \\ \infty, t > \tau_k \end{cases}, \quad (2.7a)$$

$$\Delta S[\tilde{x}_t(u_+(t > \tau_k; t \le \tau_{k+o}))] = E[\varphi_s^{t+}] = \begin{cases} \infty, t > \tau_k \\ 0, t \le \tau_{k+o} \end{cases}, \quad (2.7b)$$

od 0 do ∞ nabycia absolutnego *maksimum* przy $t > \tau_k$, i z powrotem od ∞ 0, nabycia *absolutnego minimum* przy, i τ_{k-o} τ_{k+o}.

Funkcje mnożnikowe [6], związane z (2.4-2.5), są następujące:

$$p_s^{t-} = \begin{cases} 0, t \le \tau_{k-o} \\ 1, t > \tau_k \end{cases}, \; p_s^{t+} = \begin{cases} 1, t > \tau_k \\ 0, t \le \tau_{k+o} \end{cases}. \quad (2.8)$$

Impuls sterujący (2.2) zapewnia gęstość prawdopodobieństwa wystąpienia impulsu w formie mnożnikowej funkcji

$$\delta p_s^{m} = p_s^{t-} p_s^{t+}, \quad (2.9)$$

gdzie trzyma δp_s^{m} $\delta[\tau_k]$ - funkcja, która określa prawdopodobieństwo

$\tilde{P}_{s,x}(d\omega) = 0$ na $t \le \tau_{k-o}, t \le \tau_{k+o}$, i na $\tilde{P}_{s,x}(d\omega) = P_{s,x}(d\omega)$ $t > \tau_k$. (2.9a)

W procesie dyfuzji odcięcia, przejściowe prawdopodobieństwo (przy i $t \le \tau_{k-o}$ $t \le \tau_{k+o}$) zmienia się na zero, a stany $\tilde{x}(\tau_k - o), \tilde{x}(\tau_k + o)$ stają się niezależne, podczas gdy ich wzajemne korelacje czasowe *zostają rozwiązane*:

$$r_{\tau_k - o, \tau_k + o} = E[\tilde{x}(\tau_k - o), \tilde{x}(\tau_k + o)] \to 0. \quad (2.10)$$

$\Delta S[\not{\!\!P}_t(\delta u_{\pm}(\tau_k))]$ Przyrost entropii dodatku funkcjonalnego ($\delta\varphi_s^{m}$ 2.5), wytwarzanego w obrębie lub na granicy impulsu kontrolnego (2.2), określa równość

$$E[\varphi_s^{t-}+\varphi_s^{t+}]=E[\delta\varphi_s^{m}]=\int_{\tau_{k-o}}^{\tau_{k+o}}\delta\varphi_s^{m}(\omega)P_\delta(d\omega) \qquad , (2.11)$$

gdzie $P_\delta(d\omega)$ jest ocena prawdopodobieństwa impulsu $\delta\varphi_s^{m}$.

Integralną funkcją symetryczną δ $\delta\varphi_s^{m}$ pomiędzy powyższymi przedziałami czasowymi na granicy jest

$$E[\delta\varphi_s^{m}]=1/2P_\delta(\tau_k) \text{ na } \tau_k=\tau_{k-o}, \text{ lub } \tau_k=\tau_{k+o}. \qquad (2.12)$$

Impuls, wytwarzany przez deterministyczne sterowanie (2.2) dla każdego wymiaru procesu, jest z prawdopodobieństwem losowy

$$P_{\delta c}(\tau_k)=1, k=1,...,m \qquad (2.13)$$

w każdym τ_k miejscu.

Prawdopodobieństwo to posiada prawdopodobieństwo przejścia skokowo-dyfuzyjnego w (2.12) (zgodnie z [19]), które jest zachowywane podczas skoku. Dla każdego skoku warunek (2.4) prowadzi do $a^u(t,\not{\!\!P}_t)\to\infty, or \sigma(t,\not{\!\!P}_t)\to 0$, podczas gdy oba spełniają całkę (1.1.9).

Dlatego każdy skok zwiększa prędkość Markova do nieskończoności w ramach skończonego impulsu o stałym i τ_{k-o} τ_{k+o}.

Z (2.11)-(2.13) wynika oszacowanie przyrostu EF pod kontrolą impulsów (2.2) stosowane w $t=\tau_k$ formie

$$\Delta S[\not{\!\!P}_t(\delta u_{\pm}(\tau_k))]=E[\delta\varphi_s^{m}]=1/2 \qquad (2.14)$$

co dowodzi (2.3), podczas gdy impuls delta na poziomie $\delta\varphi_s^{m}\to\infty$ absolutnego maksimum do (2.14) w obrębie każdego impulsu odcinającego. k

Symetryczne wkłady entropii (2.6) w pobliżu $t=\tau_k$:

$$E[\varphi_s^{t-}]=\Delta S[\not{\!\!P}_t(u_-(t\le\tau_{k-o};t>\tau_k))] \qquad (2.15a)$$

$$E[\varphi_s^{t+}]=\Delta S[\not{\!\!P}_t(u_+(t>\tau_k;t\le\tau_{k+o}))] \qquad (2.15b)$$

oszacowanie relacji

$$\Delta S[\tilde{x}_t(u_-(t \le \tau_{k-o}; t > \tau_k))] = 1/4, u_- = u_-(\tau_k), \tau_k \to \tau_{k-o}, \quad (2.16a)$$

$$\Delta S[\tilde{x}_t(u_+(t > \tau_k; t \le \tau_{k+o}))] = 1/4, u_+ = u_+(t > \tau_k), \tau_k \to \tau_{k+o}, \quad (2.16b)$$

które dowodzą (2.3a,b).

Entropia funkcjonalna (1.1.10), zdefiniowana za pomocą miary gęstości prawdopodobieństwa Radon-Nikodym (1.1.3), posiada wszystkie właściwości rozpatrywanego procesu kontrolowanego odcięcia, gdzie oba $P_{s,x}$ $\tilde{P}_{s,x}$ są zdefiniowane. Tak więc korelacje cięcia (2.10) wyodrębniają entropię ukrytego procesu Informacja, która bezpośrednio mierzy każdy z punktów odcięcia $\delta -$:

$$\Delta I_k[\tilde{x}_t(\delta u(\tau_k))] = \Delta S[\tilde{x}_t(\delta u_{\pm}(\tau_k))] = 1/2. \quad (2.17)$$

Powszechnie znane środki informacyjne nie mogą zapewnić takich pomiarów. Zgodnie z definicją Entropii Funkcjonalnej (1.1.2), jest ona mierzona w warunkach naturalnych ln, gdzie każdy Nat jest równy $\log_2 e \cong 1.44 bits$.

Dlatego też definicja i pomiar EF nie korzysta z miary entropii Shannona.•

1.3.2.1. Corollaries

Z Propozycji 1.2 wynika, że:

a. Funkcja kontroli stopniowej $u_- = u_-(\tau_k)$, wdrażająca transformację $\tilde{x}_t(\tau_{k-o}) \to \varsigma_t(\tau_k)$, przekształca EF z minimum w ($t \le \tau_{k-o}$ 2.16a) na maksimum w $\tau_{k-o} \to \tau_k$ (2.17);

b. $u_+ = u_+(\tau_k)$ Funkcja kontroli stopniowej , wdrażająca transformację $\varsigma_t(\tau_k) \to \tilde{x}_t(\tau_{k+o})$, przekształca EF z maksimum w ($\tau_{k-o} \to \tau_k$ 2.17) na minimum w $\tau_k \to \tau_{k+o}$ (2.16b);

c. Funkcja kontroli impulsów $\delta u_{\tau_k}^{m}$, implementująca transformacje $\tilde{x}_t(\tau_{k-o}) \to \varsigma_t(\tau_k) \to \tilde{x}_t(\tau_{k+o})$, przełącza EF z minimum na maksimum i z powrotem z maksimum na minimum, podczas gdy maksimum funkcji Entropia w pobliżu $t = \tau_k$ pozwala kontroli impulsów na dostarczenie *maksymalnej ilości* informacji (2.17) z tych transformacji;

d. Korelacja cięcia pomiędzy punktami cięcia procesu (2.10) przecina *funkcjonalne połączenia* w tych dyskretnych punktach, które graniczą z pomiarem jądra Feller'a [11];

e. Stosunek tego środka do dodatku funkcjonalnego w postaci (1.1.7) pozwala EF (1.1.5) na ocenę *informacji o jądrze*. Akcja skoku (2.2) na procesie Markova, związana z "zabiciem jego dryfu", wybiera miarę Feller'a jądra [20, 21], natomiast odcięcie EF *stanowi miarę informacyjną* Feller'a jądra (2.17);

f. Kontrola stopniowa $u_- = u_-(\tau_k)$, przenoszenie EF z $\tau_{k-o} \to \tau_k$, maksymalizuje (chwilowo τ_k) minimalny przyrost informacji (doprowadzony do $t \to \tau_{k-o}$), warunek wykonania

$$\max_{\tau_k} \min_{\tau_{k-o}} \Delta I_k [\tilde{x}_t(\delta u(\tau_k))] \qquad ; (2.17a)$$

g. Stopniowa kontrola $u_+ = u_+(\tau_k)$, przenoszenie EF z $\tau_k \to \tau_{k+o}$, zabija dodatek funkcjonalny w momencie zatrzymania τ_{k+o}, minimalizując maksymalny przyrost informacji do końca tego przekształcenia, warunek wykonawczy

$$\min_{\tau_{k+o}} \max_{\tau_k} \Delta I_k [\tilde{x}_t(\delta u(\tau_k))] . \qquad (2.17b)$$

Taka transformacja związana z zabiciem procesu Markova w tempie przyrostu odpowiedniego dodatku funkcjonalnego $d\varphi_s^{ti} / \varphi_s^{ti}$ dla każdego pojedynczego wymiaru *i* [6].

Sterowanie $u_+ = u_+(\tau_k)$ przenosi szybkość zabitego procesu Markova na proces z prawdopodobieństwem (2.13), który jest zachowywany podczas skoku i rozpoczyna maksymalnie prawdopodobny (nielosowy) proces z wartością własną operatora dyfuzji [22]. Proces ten równoważy zabijanie w tym samym tempie [23].

Sterowanie krokowe, działając na wymiary wielowymiarowego procesu dyfuzji, sekwencyjnie zatrzymuje i uruchamia proces, zmieniając prawdopodobieństwa 0-1 każdego impulsu. Pozwala to na pomiar Informacji Informacji funkcjonalnej dla każdego wymiaru procesu wielowymiarowego. Element tnący matrycy korelacyjnej w tych momentach zapewnia niezależność od odcinających się frakcji, co prowadzi do ortogonalności ich matrycy korelacyjnej.•

Działanie kontrolne funkcji dodatku uszlachetniającego z funkcją znoszenia $a^u = a(x,t,u)$ jest równoważne z przejściowymi prawdopodobieństwami Markova (1.1.2) przekształcającymi funkcję znoszenia losowego $a^\omega = a(\omega)$ na funkcję znoszenia $a^{\bar{\omega}} = a(\bar{\omega})$ (Sec.1.1). Obydwa są równoważne ze zmianą środka EF w ramach działań "No-Yes". Powyższa transformacja prowadzi do skoku gęstości prawdopodobieństwa Markova $p(\omega)$ w Sekcji 1.1.1, który w Propozycji 2.1 przebiega pod δp_s^m kontrolą.

Każdy impuls obserwacyjny, działający na prawdopodobieństwo Markova, praktycznie przerywa EF, aż do momentu, gdy prawdziwy impuls sterujący przekształci entropię cięcia EF w jednostkę informacyjną. Ponadto, jak wynika z Propozycji, każdy skok zwiększa prędkość Markova, pozwalając na obserwowanie maksymalnych impulsów minimaxowych szybciej niż początkowy ruch Markova. W porównaniu do wszelkich obserwacji bezimpulsowych, to przyspiesza uzyskanie jednostki informacyjnej z obserwacji impulsowej.

1.3.3. 1.3.3. Działanie impulsowe w sprawie Entropii Integralnej

1.3.3.1. Entropia Integral Functional dla jednowymiarowego procesu Markova

Integrant EF w (1.1.10) jest *częściowo obserwowalny* przez pomiar tylko funkcji kowariancji na trajektoriach procesu.

Dla jednowymiarowego procesu Markova z funkcją dryfu $a = c\tilde{x}(t)$ przy danej funkcji nielosowej $c = c(t)$ i dyfuzji $\sigma = \sigma(t)$, Entropia Funkcjonalna (1.1.10) uzyskuje postać

$$S[\tilde{x}_t / \varsigma_t] = 1/2\int_s^T E[c^2(t)\tilde{x}^2(t)\sigma^{-2}(t)]dt \quad , (3.1.1)$$

od którego, przy $\sigma(t)$ i bez rzadkiej funkcji $c(t)$, otrzymujemy

$$S[\tilde{x}_t / \varsigma_t] = 1/2\int_s^T [c^2(t)\sigma^{-2}(t)E_{s,x}[x^2(t)]dt = 1/2\int_s^T c^2[2b(t)]^{-1} r_s dt \ . \quad (3.1.2)$$

Dla procesu dyfuzji Markova prawdziwe są następujące relacje:

$$2b(t) = \sigma(t)^2 = dr/dt = \dot{r} E_{s,x}[x^2(t)] = r_s, . \quad (3.1.3)$$

Pozwala to na *identyfikację* EF w obserwowanym procesie Markova $\tilde{x}_t = \tilde{x}(t)$ poprzez pomiar powyższych funkcji korelacyjnych, zastosowanie funkcji pozytywnej $u(t) = c^2(t)$ oraz *reprezentowanie* funkcji (1.1.10) poprzez regularną całkę zintegrowaną

$$S[\tilde{x}_t / \varsigma_t] = 1/2\int_s^T u(t)A(t,s)dt \quad (3.1.4)$$

z funkcjami nielosowymi

$A(s,t) = [2b(t)]^{-1} r_s = \&^{-1} r_s$ (3.1.4a) i ($u(t) = c^2(t)$ 3.1.4b)

N-wymiarowa forma integranta funkcjonalnego (3.1.4a, b) wynika bezpośrednio z powiązanych *n-wymiarowych* kowariancji (3.1.3), matrycy dyspersyjnej i zastosowania funkcji $u(t)$ *n-wymiarowej* .

Przy danej funkcji nielosowej $u(t)$ regularna całka (3.1.4) mierzy funkcję Entropii procesu Markova przy transformacji prawdopodobieństwa (1.1.2) z funkcją dodatku funkcjonalnego (1.1.7), gdzie liczba całkowita uśrednia funkcję dodatku funkcjonalnego.

Propozycja 3.1.

Integralna (3.1.4), spełniająca warunek zmienności (1.15) przy funkcji liniowej $c^2(t) = u\mathrm{g} = c^2\mathrm{g}$, tworzy

$$S[\tilde{x}_t/\varsigma_t] = 1/2\int_s^T u(t)o(t)dt \qquad , (3.1.5)$$

gdzie krańcowa funkcja (3.1.5a) jest minimalna

$$A(t, s_k^{+o}) = o(s)b_k(s_k^{+o})/b_k(t) = o(t), \qquad (3.1.5a)$$

który zmniejsza się wraz z czasem wzrostu $t = s_k^{+o} + o(t)$, przy $t \to T$ i ustalany zarówno na początku, jak $b_k(s_k^{+o})$ i na początku.

$$o(s) = A(s,s). \qquad (3.1.5b)$$

Ponieważ spełnienie tego warunku zmienności obejmuje przejściową transformację rozkładu prądu do rozkładu jądra Feller'a, $b_k(t)$ jest to przejściowa dyspersja przy tej transformacji, która rośnie wraz z czasem transformacji.•

Propozycja 3.2.

Entropy Integral (3.1.5) pod kontrolą impulsową przyjmuje $c^2(t,\tau_k) = \delta u_t(t-\tau_k)$ następujące wartości informacyjne:

a) przy impulsie przełączającym lokalizację środkową $t = \tau_k$:

$$S[\tilde{x}_t/\varsigma_t]_{t=\tau_k} = 1/2 \text{ Nats}, \qquad (3.1.6)$$

b) przy impulsie przełączającym lewe miejsce $t = \tau_k^{-o}$:

$$S[\tilde{x}_t / \varsigma_t]_{t=\tau_k^{-o}} = 1/4 Nats, \qquad (3.1.6a)$$

c) przy impulsie przełączającym - właściwa miejscowość $t = \tau_k^{+o}$:

$$S[\tilde{x}_t / \varsigma_t]_{t=\tau_k^{+}} = 1/4 Nats. \qquad (3.1.6b)$$

Dowód. Zastosowanie funkcji delta $c^2(t,\tau_k) = \delta u_t(t-\tau_k)$ do integralnego

$$\Delta S[\tilde{x}_t / \varsigma_t] |_{\tau_k^{-o}}^{\tau_k^{+o}} = 1/2 \int_{\tau_k^-}^{\tau_k^+} \delta u_t(t-\tau_k) o(t) dt, \tau_k^{-o} < \tau_k < \tau_k^{+o} \qquad , (3.1.7)$$

określa funkcje [24:678-681]:

$$\Delta S[\tilde{x}_t / \varsigma_t] |_{t=\tau_k^{-o}}^{t=\tau_k^{+o}} = \left\{ \begin{array}{l} 0, t < \tau_k^{-o} \\ 1/4 o(\tau_k^{-o}), t = \tau_k^{-o} \\ 1/4 o(\tau_k^{+o}), t = \tau_k^{+o} \\ 1/2 o(\tau_k), t = \tau_k, \tau_k^{-o} < \tau_k < \tau_k^{+o} \end{array} \right\}$$

Albo taki impuls odcinający $o(\tau_k)$ sprowadza ilość EF na jego środkową lokalizację $\Delta S[\tilde{x}_t / \varsigma_t]_{t=\tau_k} = 1/2 o(\tau_k) = 1/2$ Nats, a na granicach przedziałów $o(\tau_k)$, ilości EF są i $\Delta S[\tilde{x}_t / \varsigma_t]_{t=\tau_k^{-o}} = 1/4 o(\tau_k^{-o}) Nats$ $\Delta S[\tilde{x}_t / \varsigma_t]_{t=\tau_k^{+o}} = 1/4 o(\tau_k^{+o}) Nats$ odpowiednio.•

Wyniki te są zgodne z (2.2.3, 2.2.3a,b).

Odcięcie zapewnia entropię $3/4 Nats$, przenosząc się $1/4 Nats$ na właściwą granicę.

Suma miejsc impulsowych interwału cięcia $o(\tau_k)$:

$$\sum_{t=\tau_k^{-o}}^{t=\tau_k^{+o}} \Delta S[\tilde{x}_t / \varsigma_t]_t = 1/4 o(\tau_k^{-o}) + 1/2 o(\tau_k) + 1/4 o(\tau_k^{+o}) = o_k \qquad (3.1.9)$$

ocenia stały, niezmienny $1 Nat$ ułamek granicy światła i cienia EF w tym przedziale, który obejmuje ten przedział.

Wariantowe frakcje tnące wynikają z warunku zmienności (1.1.7) nałożonego na (3.1.4), który prowadzi do (3.1.9).

Prawdopodobieństwo impulsu 0-1 ma minimaksjalne prawdopodobieństwo i związaną z nim miarę entropii minimaksjalnej: to $\Delta S_{P=0} \to -\infty, \Delta S_{P=0} = 0$ znaczy dodatek przy każdym wirtualno-probabilistycznym cięciu EF, który integruje wirtualnego obserwatora z miarą entropii S_B.

1.4. ŚCIEŻKA INFORMACYJNA FUNKCJONALNA

Ścieżka informacyjna Functional (IPF) definiuje rozproszone działania wielowymiarowej funkcji delta na Entropy Functional (1.1.10) poprzez dodatek Functional dla wszystkich wymiarów:

$$I_{pm} = \delta_m \{S[\tilde{x}_t / \varsigma_t]|\} = 1/2E\{\int_s^T \delta_m [a(t,\tilde{x}_t)^T (2b(t,\tilde{x}_t))^{-1} a(t,\tilde{x}_t) dt)]\}. \qquad (4.4.1)$$

Powiązanie (4.4.1) sumuje dyskretne działania informacyjne $\Delta I_k[\tilde{x}_t(\delta u(\tau_k))]$ wzdłuż ścieżki interwałów procesu cięcia (3.1.9). W pewnym stopniu prowadzi to do

$$I_p = \lim_{m \to \infty} \sum_{k=1}^{m} \Delta I_k [\tilde{x}_t(\delta u(\tau_k))]. \qquad (4.4.2)$$

Definicja formalna (4.4.1) umożliwia reprezentację IPF przez całkę Furies [24] prowadząc do analizy częstotliwości z szeregiem Furies. IPF jest sumą *wyodrębnionych* informacji, która zbliża się do teoretycznej miary EF (1.1.10):

$$I_p = \lim_{m \to \infty} I_{mo} |_s^T = \lim_{m \to \infty} S_{mo} |_s^T \to S[\tilde{x}_t / \varsigma_t]_s^T, \qquad (4.4.3)$$

jeśli wszystkie przedziały czasowe są skończone $t_1 - s = o_1, t_2 - t_1 = o_2, ..., t_{k-1} - t_k = o_k, ..., t_m - t_{m-1} = o_m$, w zadowalającym $t_m = T$ stanie

$$(T - s) = \lim_{m \to \infty} \sum_{t=s,m}^{t=T} o_m(t). \qquad (4.4.4)$$

Zgodnie z (3.1.9) każdy interwał cięcia $o(\tau_k)$ zawiera niezmienną miarę entropii, która przekształca się w równoważną miarę informacyjną $\Delta I_k[\tilde{x}_t(\delta u(\tau_k))]$. The (I_p 4.4.3) limits the initially undefined upper time T of the EF integral (1.1.10), which brings direct connection of and I_p $T - s$, where each $o(\tau_k)$ limits the invariant discreet measure (3.1.9). Dlatego też, w nieskończonej sekwencji zintegrowanych przedziałów czasu, sekwencja ta ogranicza jedynie zerowy dyskretny środek:

$$\lim_{m \to \infty} o(t_m) \to 0, \qquad (4.4.5)$$

a suma takiej sekwencji jest skończona [24:130, 4.8].

Losowy zespół sekwencji, poruszający się w czasie (4.4.5), miałby nieskończoną prędkość przy każdej skończonej wielkości jego rozkładu przestrzennego.

Dodatek funkcjonalny (1.1.3), Entropia funkcjonalna (3.14) i związek (4.4.4) *łączą się bezpośrednio (1.1.10) z czasem T procesu.*

Realizacja (4.4.1), (4.4.4), (4.4.5) wymaga zastosowania kontroli impulsów w każdej chwili $(\tilde{x}s),(\tilde{x}s+o(s)),\ldots$ wzdłuż trajektorii procesu z warunkowym oczekiwaniem matematycznym (1.1.10).

Jednakże dla każdej *skończonej* liczby m tych przypadków, *integralna* informacja o procesie, składająca się z dyskretnych informacji mierzonych dla ułamków procesu, nie jest kompletna.

Właściwości: I_p

1. IPF mierzy informacje o połączeniach międzystanowych procesu cięcia ukryte przez korelacje państwowe, które nie są objęte tradycyjnym działaniem informacyjnym Shannon.

2. Ponieważ każda wartość cięcia $\Delta S_k[\tilde{x}_t(\delta u(\tau_k))] = \Delta I_k[\tilde{x}_t(\delta u(\tau_k))]$ maksymalizuje informacje o przerwach między kolejnymi cięciami, I_p mierzy całkowite (integralne) maksymalne informacje o tej ścieżce.

Kontrola cięcia zapewnia równy dostęp do informacji maxmin-minimax.

$$\max_{\tau_k} \min_{\tau_{k-o}} \Delta I_k[\tilde{x}_t(\delta u(\tau_k))] = \min_{\tau_{k+1}} \max_{\tau_k} \Delta I_k[\tilde{x}_t(\delta u(\tau_k))] \qquad (4.4.6)$$

na każdej drodze $t_{k-1} \to (\tau_{k-o} \to \tau_k \to \tau_{k+o}) \to t_k$ od cięcia t_{k-1} do następnego cięcia (t_k *Corollaries a-c).*

3. Jeśli każde k odcięcie "zabija" m korelację wymiarową procesu w danym momencie τ_{k+o}, to w $m = n$ relacjach (4.4.1-4.4.6) wymagane są nieskończone wymiary procesu.

4. W $m = n \to \infty, o_k = t_k - t_{k-1} \to \tau_k$, czasie procesu

$$(T - s) = \lim_{n\to\infty} \sum_{t=s,k=1}^{t=T,k=n} \tau_k \qquad (4.4.7)$$

zbliża się do podsumowania dyskretnych przedziałów czasowych, odcinając wszystkie korelacje na ścieżce.

5. Sekwencyjne cięcia przekształcają dyskretny wkład informacyjny IPF z każdego maksimum poprzez minimum do następnego maksimum informacji

$$\max_{\tau_k} \Delta I_k[\mathcal{R}_t(\delta u(\tau_k))] \to \min_{\tau_{k+o}} \Delta I_k[\mathcal{R}_t(\delta u(\tau_k))] \to \max_{\tau_k+1} \Delta I_k[\mathcal{R}_t(\delta u(\tau_{k+1}))], \quad (4.4.8)$$

gdzie każda następna maksymalna wartość zmniejsza się w momentach granicznych.

$$\max_{\tau_k+1} \Delta I_k[\mathcal{R}_t(\delta u(\tau_{k+1}))] < \max_{\tau_k} \Delta I_k[\mathcal{R}_t(\delta u(\tau_k))]. \quad (4.4.9)$$

Każda funkcja delta Dirac zachowuje swoje informacje o cięciu (3.1.8).

Wkład informacyjny w końcowym okresie $o_m\ \tau_{m+o}$ w momencie jego zakończenia, zgodnie z (4.4.2-4.4.4), spełnia następujące warunki

$$\min_{\tau_{m+o}} \Delta I_m[\mathcal{R}_t(\delta u(\tau_m))] \to 0, \quad (4.4.10)$$

która ogranicza sumę (4.4.3) w wysokości $m = n \to \infty$.

6. Ponieważ funkcja EF $S[\mathcal{R}_t / \varsigma_t]_s^T$ ogranicza wzrost w (4.4. $S_{mo}\,|_s^T$ 3), ogranicza ona IPF w (4.4.8), (4.4.9). W związku z tym IPF zbliża się do funkcjonalnego EF w czasie (4.4.7) przy nieograniczonym wzroście wymiarów procesu.

7. Ponieważ górny czas działania T zarówno całki EF, jak i IPF jest ograniczony przez (4.4.3), (4.4.4) i (4.4.10), całka entropii cięcia zbiega się w Path Functional, a oba są ograniczone nieograniczoną liczbą wymiarów.

8. Dla każdego z tych ograniczeń, miara EF, podjęta wzdłuż trajektorii procesu na czas $(T - s)$, ogranicza maksimum informacji o całym procesie, podczas gdy IPF wydobywa maksimum Ukrytych Informacji o procesie w tym samym czasie i przynosi więcej informacji niż tradycyjna miara Shannon Information dla wielu stanów procesu.

9. Gęstość informacji o impulsie tnącym

$$I_{ko_k} = I_k[\mathcal{R}_t(\delta u(\tau_k))] / \tau_k \quad (4.4.11)$$

rośnie do absolutnego maksimum przy $\tau_k \to 0$:

$$I_{ko_n} \to \infty. \quad (4.4.12)$$

Czas przejścia do każdej kolejnej EF Nat maleje. Każde takie Nat integruje wszystkie poprzednie Nats, koncentrując integralną informację w końcowym IPF Nat, który jest pochłaniany przez jądro Feller.

Końcowy, skończony, integralny impuls informacyjny zbliża się do impulsu Kronickera 0-1, generowanego w czasie skończonym $\tau_{k=n}$, który jest środkiem konserwującym (3.3.6).

Niezmienna miara prawdopodobieństwa dotyczy sond impulsowych na obserwowalnym procesie losowym, który posiada przeciwstawne prawdopodobieństwa tak-nie (ponieważ jednostka funkcji krokowej impulsu prawdopodobieństwa [25] zachowuje max-min). •

Wszystkie zintegrowane informacje zawierają jądro Feller, którego czas i energia oceniają wyniki [20].

Minimalny fizyczny przedział czasu ogranicza przedział czasu naświetlania $\delta t_{\tau} \cong 1.33\times10^{-15}$ sec określony przez długość fali świetlnej $\delta l_m \cong 4\times10^{-7} m$. Pozwala to na oszacowanie maksymalnej gęstości informacji (4.4.14) dla 1 Bita:

$$I_{ko_k} \cong \ln 2/1.33\times10^{-15} \cong 5.2116\times10^{+15} Nat/s. \qquad (4.4.13)$$

Lub, dla każdego impulsu niezmiennego $1 Nat$, maksymalna gęstość jest szacowana jako

$$I_{ko_{k1}} \cong 1/1.33\times10^{-15} \cong 7.5188\times10^{+15} Nat/s. \qquad (4.4.14)$$

Różnorodność ↓↑ fizycznych oddziaływań impulsowych łączy w sobie model informacji impulsowej, który EF-IPF integruje.

1.5. ŚRODKI EFFRG I ICH PORÓWNANIE Z INNYMI ŚRODKAMI DOTYCZĄCYMI ENTROPII

Pojęcie Informacji wywodzi *się* z probabilistycznej korelacji Entropii, której wycięcie powoduje powstanie fizycznego Informacyjnego Bitu bez konieczności użycia jakichkolwiek fizycznych cząstek.

EF przedstawia potencjalną (wirtualną) funkcję informacyjną procesu Markova do momentu zastosowania kontroli impulsów, niosącą wkład entropii odcinania impulsów, przekształcając ją w Informacyjną Ścieżkę Funkcjonalną (IPF) [26-28].

Przypadkowy proces Markova staje się źródłem każdego wkładu informacyjnego. Wzrost entropii cięcia stanów losowych dostarcza informacji ukrytych w korelacji tych stanów. Cięcie praktycznie generuje przejściowe gęstości prawdopodobieństwa $p_s^{t-}(0,1) \to p_s^{t+}(1,0)$ w (1.1) dla bieżących momentów t^-, t^+ procesu.

Te przejściowe prawdopodobieństwa pozwalają na *pominięcie* pełnego wdrożenia początkowego formalizmu (sekcja 1.1.1).

Impulsy prawdopodobieństwa Bayes'a stanowią miarę entropii dla niepewności każdego impulsu (Sec.1.3.2), którą EF integruje w całym procesie.

Prawdziwe odcięcie przekształca tę entropię w elementarną informację, bit. Wielokrotne, rzeczywiste działania typu No-Yes zamieniają EF na równoważną miarę IPF. IPF integruje informacje o impulsie w procesie informacyjnym.

Entropia funkcjonalna EF mierzona na trajektoriach nie jest objęta tradycyjną miarą entropii Shannona.

Element tnący w funkcjonalnej matrycy korelacji procesu w momentach cięcia zapewnia niezależność od frakcji odcinających proces. Prowadzi to do powstania ortogonalnej matrycy korelacji dla tych frakcji odciętych.

Cięcie prawdopodobieństwa wystąpienia zespołu losowego jest symetryczne.

EF łączy obserwowane prawdopodobieństwa *a priori* i *a posteriori* z obserwowanym przyrostem korelacji.

Miejmy stosunek prawdopodobieństwa *a posteriori* $P_t(\omega)$ do prawdopodobieństwa *a priori* $P_s(\omega_o)$: $P_t(\omega)/P_s(\omega_o) = p_{s,t}(\omega)$ dla elementarnych zdarzeń $\omega_o = (s, x)$ poprzedzających bieżącą obserwację zdarzeń $\omega = (t, x)$ o gęstości prawdopodobieństwa spełniającej zależność dla entropii

$$S_{s,t} = -\int_s^\tau \ln(p_{s,t}(\omega)) P_s(\omega_o) d\omega = -\int_s^\tau \ln(P_t(\omega)/P_s(\omega_o)) P_s(\omega_o) d\omega = 1/2 \int_s^\tau u^2(\bullet) \dot{r}_t / r_s dt, s < t < \tau \quad (5.1)$$

lub

$$-\int_s^\tau \ln(P_t(\omega)/P_s(\omega_o)) P_s(\omega_o) d\omega = 1/2 \int_s^\tau u^2(\bullet) \dot{r}_t / \mathrm{r}_s . \quad (5.2)$$

Oto $u^2(\bullet)$ początkowo niezdefiniowana funkcja, która ma wyrównać te całki.

Weźmy $u^2(t) = \delta(t-\tau)$ jako akcję cięcia równoważną funkcji delta $d\omega = \delta(\omega - \omega_o) d\omega_o$.

Zastosowanie tej funkcji do całki prawej wraz z funkcją delta do całki lewej (5.2) prowadzi po prawej stronie do stosunku przyrostu korelacji tylnej do korelacji poprzedniej ($\dot{r}_t / r_s \cong \delta r_t / r_s \delta t$ gdzie δt jest to przedział czasowy przyrostu korelacji przy działaniu odcięcia). Stosunek ten bezpośrednio ocenia relacje logarytmiczne dla prawdopodobieństwa *a priori* i *a posteriori* dla bieżących zdarzeń losowych ω_o, ω wzdłuż trajektorii $\tilde{x}(s,t)$:

$$\dot{r}_t / r_s = -2P_s(\omega_o)\ln(P_t(\omega)/P_s(\omega_o)) \tag{5.3}$$

I na odwrót, te prawdopodobieństwa mogą określić stosunek tych korelacji.

Przykład. W $P_t(\omega)/P_s(\omega_o) = 1/4$ $\dot{r}_t / r_s = -2 \times 3.6889 P_s(\omega_o)$ nim prowadzi do ujemnej pochodnej korelacji *a posteriori*, malejącej przy cięciu.

Połączenie gęstości prawdopodobieństwa z driftem i dyfuzją funkcji dodatków uszlachetniających (Np.1.1.4) pozwala na wykorzystanie tych funkcji do rozwiązania Ito Eqs. [29] w postaci

$$d\,\mathrm{x}_u = a(t,\mathrm{x}_u)dt + \sigma(t,\mathrm{x}_u)d\xi_{\mathrm{x}}, \sigma(t,\mathrm{x}_u)\sigma^T(t,\mathrm{x}_u) = 2b(t,\mathrm{x}_u). \tag{5.3a}$$

Powstałe połączenia poprzez (5.3a) prowadzą do sekwencji

$$p(\omega) \to \varphi_s^t(\omega) \to [a(t,\mathrm{x}_u), b(t,\mathrm{x}_u)] \to \mathrm{x}_u, \tag{5.4}$$

co określa stan Markova, x_u który może kontrolować inne stany Markova w tym procesie zamiast $p(\omega)$.

Proces Markova staje się samokontrolą poprzez zidentyfikowane samo-obserwujące się prawdopodobieństwa *a priori-a posteriori.*•

W procesie dyfuzji Markova każdy lokalny przedział czasowy spędza się w δt pobliżu każdego losowego $\tilde{x}$ spadku, a odległość od miejsca powstania ścieżki losowej jest zmniejszona. Takim procesem Markowa jest Levy Walk [18, Ref. 18:370].•

Porównajmy EF z definicjami entropii Boltzmanna:

$$S_B = k_B \log W \tag{5.5}$$

gdzie k_B jest stała Boltzmanna, a W to liczba dostępnych mikrostatów układu o stałej energii, objętości i liczbie cząstek.

I porównajmy EF z Boltzmann H-funkcj± o nazwie H-entropia:

$$H(t) = \int f(v,t)\log[f(v,t)]\mathrm{dv} \qquad (5.6)$$

który jest zdefiniowany dla rozkładu prędkości □: $f(v,□)$ integrujący w objętości v mikrostaty.

Entropia Boltzmanna (5. 5) nabywa formę entropii Gibbsa

$$S_G = k_B \sum_i p_i \log p_i \qquad (5.7)$$

kiedy p_i są prawdopodobieństwa znalezienia układu o stałej energii i objętości, lub stałej energii i ilości cząstek w stanie równowagi. Oba (5.5, 5.7) są niezależne od czasu, podczas gdy (5.6) zależy od czasu i objętości rozproszonych mikrostatów w równowadze.

Entropia (5.7) jest bezpośrednio związana z entropią Shannona dla danego rozkładu prawdopodobieństwa p_i stanów w równowadze lokalnej [30]:

$$H_B = -K \sum_i p_i \log p_i \,. \qquad (5.8)$$

Widać, że wzory (5.5, 5.7, 5.8) nie integrują przypadkowej entropii procesowej, podczas gdy miara entropii Boltzmanna H_B integruje w równowadze tylko deterministyczną prędkość mikrostatów procesowych (cząsteczek). Żadna z nich nie mierzy bezpośrednio czasu pomiaru. Integral [31] dotyczy układów hamiltonowskich, podczas gdy EF ma szersze zastosowania, w tym również niehamiltonowskie.

Miara entropii integralnej EF, która uśrednia zarówno prędkość (dryf), jak i dyfuzję obserwującego procesu Markova, różni się nie tylko od (5.6), *ale i od (5.5, 5.7, 5.8), podając również integralny czas nierównoważnej entropii mierzonego procesu. IPF mierzy informacje bezpośrednio na drodze interakcji impulsów, jednocześnie wycinając informacje.*

Uwagi 2.1.

Entropia różnicowa zdefiniowana na zbiorze zmiennych losowych X $p(\upsilon)$ o gęstości prawdopodobieństwa, jako forma Shannona entropii warunkowej:

$$H_\upsilon = E_X[-\ln p(\upsilon)] = -\int_X p(\upsilon)\ln p(\upsilon)d\upsilon, \qquad (5.9)$$

nie jest równa EF i nie jest niezmienna pod wpływem zmiany zmiennych i procesu.

Nie może być zatem środkiem entropii dla arbitralnego procesu ciągłego, który jest nieograniczony przez specjalne wymagania [32].

Rozszerzenie dyskretnej entropii Shannona do stałych rozkładów prawdopodobieństwa wymaga zachowania jej niezmiennej miary na każdym mierzonym procesie. Z tych powodów entropia Shannona (typ H_{υ}) z jej gęstością nie jest odpowiednia dla $p(\upsilon)$ procesów ciągłych i nie jest wystarczająca oraz nie ma zastosowania dla rozważanych procesów losowych zgodnie z [33].

EF pozwala na pomiar entropii integralnej procesu z losowo skorelowanymi stanami.

EF mierzy entropię dodatkowo do entropii Shannona skończonej probabilistycznej sekwencji wybranych przez proces stanów. Ujawnia to entropię ukrytą w powiązaniach wiążących wybrane stany w procesie losowym. Pomiar EF wzdłuż trajektorii procesu $\tilde{x}_t$ wymaga sekwencji przemian zmieniających funkcję dryfu dodatku funkcjonalnego, błyskawicznie konwertujących prawdopodobieństwo procesu Markova na prawdopodobieństwo procesu Browna i odwrotnie:

$$P_{s,x} \to \tilde{P}_{s,x}, \tilde{P}_{s,x} \to P_{s,x}. \qquad (5.10)$$

Takie przekształcenia non-stop przynoszą do EF natychmiastową warunkową miarę prawdopodobieństwa Browna, realizując bezpośredni i prawidłowy pomiar entropii procesu losowego za pomocą miary gęstości prawdopodobieństwa Radon-Nikodym [3,4] (p. 1.3.2).

Natychmiastowe działanie na dryfie funkcjonalnym wymaga znalezienia funkcji, która natychmiast wykonuje taką transformację. Wymóg ten spełnia funkcję delta Dirac. Jego dyskretna forma jest reprezentowana przez funkcje Heaviside'a step-up i step-down, które przecinają proces w małych odstępach czasu. Równoczesne cięcie każdego wymiaru procesu natychmiast realizuje te transformacje dla n trójwymiarowych procesów Markova pod wpływem wielu impulsów tnących.•

Uwagi 2.2.

Boltzmann H-function mierzy entropię procesu fizycznego, który tutaj modeluje dyfuzję Markowa przepływu cząstek narażonych na przypadkowe przemieszczenia przy zderzeniu z innymi cząstkami i cząsteczkami.

W teorii prawdopodobieństwa proces dyfuzji jest rozwiązaniem Ito Eq. (5.3a). Dyfuzja stochastyczna zawarta w "Ito's Jump Diffusion" ma wiele fizycznych zastosowań. (W Sekcji 2, stosujemy ją do impulsowego skoku losowego).

Funkcja EF integruje te prawdopodobieństwa wzdłuż trajektorii procesu dyfuzji Markova, co pozwala EF-IPF zintegrować zarówno właściwości probabilistyczne, jak i fizyczne tego procesu.

Fizyczna dyfuzja Markowa obejmuje kinetykę dyfuzji badaną w [34].

Wstępne wyniki proponowanych IPF z warunkami dyskretnych interakcji i interwałów czasowych znajdują się w [27].•

1.6. NAKŁADAJŠC PRAWO MINIMUMAXU. ZMIENNA LOGIKA IMPULSÓW. MIARA PRZYCZYN PROBABILISTYCZNYCH I INFORMACYJNYCH

W ramach procesu dyfuzji Markova (rozdział 3.2), impulsowe cięcie stopniowe generuje maksymalną ilość informacji, podczas gdy działanie stopniowe dostarcza minimalną ilość informacji od cięcia impulsowego do następnego impulsu stopniowego.

W obrębie każdego impulsu Markova, działanie tnące maksymalizuje entropię cięcia impulsu obserwacyjnego, podczas gdy reakcja, niosąc minimum cięcia maksymalnego, minimalizuje następującą entropię impulsu Markova.

Maksymalne cięcie impulsu Brak działania minimalizuje absolutną entropię, która przekazuje Tak działanie (zwiększając jego prawdopodobieństwo), co prowadzi do maksymalnej względnej entropii pomiędzy działaniami impulsowymi, które przekazują prawdopodobieństwo.

Wydobycie maksimum informacji o minimalnych impulsach i przeniesienie minimalnej entropii pomiędzy impulsami narzuca zasadę maxmin-minimax, polegającą na przekształceniu entropii procesowej w informację.

Gdy tylko wystąpi początkowy impuls 0-1, narzucona zostaje zasada minimax.

Problem zmienności, formułując dla tej zasady i jej rozwiązania [12], przynosi niezmienny przyrost entropii każdego z dyskretnych impulsów. Zachowuje to jego miarĊ prawdopodobieĔstwa i synchronizuje przylegáą lokalną miarĊ czasu dla wymiarów n-procesu w bezwzglĊdnej skali czasu.

W sensie fizycznym, sekwencja przeciwstawnych interaktywnych modeli działań odwracalnych mikrofluktuacji wytwarzanych w obserwowalnym, nieodwracalnym makroprocesie (jak działania pchająco-ciągnące tłoka poruszającego gaz w cylindrze). Prostszy przykład: Kiedy gumowa kulka uderza w podłoże, energia tego oddziaływania częściowo się rozprasza, zwiększając całkowitą entropię oddziaływania. Kolejny ruch odwrotny kuli utrzymuje mniejszą entropię, prowadząc do maksymalnej entropii odbijającej się kuli. Po dodaniu niewielkiej ilości energii, kompensującej interaktywne rozpraszanie, odbijanie będzie kontynuowane. Zasada maximin-minimax nie jest sprzeczna z Drugim Prawem Termodynamiki.

Obserwowanie odstępów czasowych między impulsami jest informacją o potencjale wyimaginowanym, ponieważ w tych odstępach nie stosuje się żadnych rzeczywistych podwójnych elementów sterujących. Zminimalizowane przyrosty entropii cięcia Funkcjonalność pomiędzy interwałami cięcia pozwala na przewidywanie każdego kolejnego cięcia z maksymalnym warunkowym prawdopodobieństwem. Zgodnie z tą zasadą, sekwencja obserwacji prawdopodobieństwa funkcjonalnego *a priori-a posteriori* rośnie, zapewniając entropię bayesowską, która *mierzy* prawdopodobieństwo przyczynowości. Kiedy rosnące prawdopodobieństwa a priori-a posteriori procesu zbliżają się do maksimum, przyczynowość *probabilistyczna* zostaje przekształcona w przyczynowość *fizyczną*. Logika obserwatora zależy od sekwencji wysyłania impulsów probabilistycznych wymaganych w obserwacji. Wiele symboli $\downarrow\uparrow$ zawiera wewnętrzną logikę probabilistyczną, która integruje środki EF-IPF.

Każda triada w polu, która mierzy niezależne zbiory zdarzeń, rozpoczyna niezależną obserwację poprzez określenie wstępnych warunków procesu obserwacji. EF-IPF procesów obserwacyjnych integruje logikę wielowymiarowych obserwacji. The sum of cutting Information contributions, extracted from the EF, approaches its theoretical measure (1.1.10) which evaluates the upper limit of the sum (4.4.6) of the observing logic.

Uwagi 2.3.

A.N. Kolmororov [97] zaproponował fundamentalne rozwiązanie dla ewolucji rozkładu prawdopodobieństwa przy Markowskim charakterze działania, które we współczesnym rozumieniu nazywane jest "przyspieszeniem czasowym δ" [98]. W tej aproksymacji procesów czas korelacji przypadkowego działania jest znacznie mniejszy niż czas reakcji. Albo w dyfuzji Markowa istnieje skorelowane przyspieszenie, które jest asymetryczne. Zgadza się to z zasadą maxmin na korelacji δ-cięcia impulsu z działaniem i reakcją, gdzie czas działania cięcia jest mniejszy niż czas reakcji czasowej. Prowadzi to do zwiększenia korelacji wzdłuż impulsów obserwacji procesu.•

Uwagi 2.4:

Wyniki [36] potwierdzają eksperymentalnie biologiczne istnienie zasady maxmin dla impulsu. Tak-Nie (0-1) lub (1-0).

II. MIKROPROCESOR W OBRĘBIE ŚCIEŻKI

2. POJAWIENIE SIĘ OBSERWATORA CZASOPRZESTRZENI KOSMICZNEJ, OGRANICZENIA I MIKROPROCESOR

2.1. OCENA IMPULSÓW W PROCESIE INTERAKTYWNEJ OBSERWACJI

2.1.1. Dyskretne działanie kontrolne na Entropię Funkcjonalne

Znajdźmy klasę funkcji $u_+^t = u_+(\tau_k^{+o})$ step-down $u_-^t = u_-(\tau_k^{-o})$ i step-up działających na dyskretny interwał $o(\tau_k) = \tau_k^{+o} - \tau_k^{-o}$, który zachowa dodatek procesu dyfuzji Markova i funkcje mnożnikowe w procesie cięcia każdego impulsu.

Lemma 1.1.

1. Przeciwstawne funkcje dyskretne i $u_-^t\ u_+^t$ w formie

$$u_-(\tau_k^{-o}) = \downarrow_{\tau_k^{-o}} \overline{u}_-, u_+(\tau_k^{+o}) = \uparrow_{\tau_k^{+o}} \overline{u}_+ \qquad (1.1)$$

spełniają warunki uzależnienia

$$[u_+^t - u_-^t] = U_a \text{ (a) lub } [u_+^t + u_-^t] = U_a \text{(b)} \qquad (1.1A)$$

i mnożnikowość

$$[u_+^t - u_-^t] \times [u_+^t + u_-^t] = U_m \qquad (1.1B)$$

na stronie

$$\mathrm{U}_a = U_m = \mathrm{U}_{am} = c^2 > 0, \qquad (1.1C)$$

gdzie skok instancji ma przedział $\downarrow_{\tau_k^{-o}}$ czasowy $\overline{u}_-$, a skok instancji $\uparrow_{\tau_k^{+o}}$ ma wysoką $\overline{u}_+$ relację (1.1A)(a) przy wartościach rzeczywistych

$$\overline{u}_- = 0.5\, \overline{u}_+ = 1, \overline{u}_+ = 2\overline{u}_-, , \qquad (1.2a)$$

i dla relacji (1.1A) b) rozpatrywane przedziały w wartościach rzeczywistych utrzymują się

$$\overline{u}_-^o = \overline{u}_+^o = 2. \qquad (1.2b)$$

2. Złożone funkcje

$u_t(u_{\pm}^{t1}, u_{\pm}^{t2}), u_{\pm}^{t1} = [u_+ = (j-1), u_- = (j+1)]$, $j = \sqrt{-1}$ (1.2c)

spełniają warunki (1.1aA), (1.1B) w postaci

$u_+ - u_- = (j-1) - (j+1) = -2$ $u_+ \times u_- = (j-1) \times (j+1) = (j^2 - 1) = -2$, ,

które jednak nie zachowują wartości dodatnich (1.1C).

Dlatego też posiada on $c^2 < 0$ i wyobraża sobie przeciwstawne, złożone funkcje

$u_t(-u_{\pm}^{t1}) = u_t(u_{\pm}^{t2}), u_{\pm}^{t2} = [u_+ = (j+1), u_- = (j-1)]$, (1.2d)

zadowalający (1.1bA)-(1.C).

Przy jednakowych wartościach bezwzględnych działań $|u_+^t| = |u_-^t|$, funkcje wyimaginowane

$u_+^t = j\sqrt{2}, u_-^t = -j\sqrt{2}$ (1.2d1)

spełniają tylko część mnożnikową, gdy $U_m = u_+^t \times u_-^t = -2$ miara dodatku impulsowego utrzymuje się $U_a = 0$

Dowody są proste.

Zakładając, że obie przeciwstawne funkcje mają zastosowanie na granicach przedziałów impulsowych $o(\tau_k) = (\tau_k^{+o}, \tau_k^{-o})$ w formach

$u_-^{t1} = u_-(\tau_k^{-o})$ i $u_+^{t1} = u_+(\tau_k^{-o})$ $u_-^{t2} = u_-(\tau_k^{+o})$ $u_+^{t2} = u_+(\tau_k^{+o})$. ., (1.2e)

przy $u_-^{t1} u_+^{t1} = c^2(\tau_k^{-o})$, $u_-^{t2} u_+^{t2} = c^2(\tau_k^{+o})$, $t = \tau_k^{+o}$, (1.2f)

wówczas wynika, że tylko do końca tego przedziału czasu przy $t = \tau_k^{+o}$ obu właściwościach Markova (1.1A,B) spełnia, zaś na początku $t = \tau_k^{-o}$, proces startu spełnia tylko (1.1A).•

Corollary 1.1.

1. Warunki 1.1A-1.1C oznaczają, że $c^2(\tau_k^{-o}), c^2(\tau_k^{+o})$ są to funkcje dyskretne (1.1a), (1.2f) okres włączania $\Delta_\tau = \tau_k^{+o} - \tau_k^{-o}$.

Wymagane są $\Delta_\tau = \delta_o$ przewody do funkcji dyskretnych, które dla $\delta^o u_t$ $\delta_o = (\tau_k^{+o} - \tau_k^{-o})$ uchwytów

$\delta^o u_{t=\tau_k} = [u_-(\tau_k^{-o}) - u_+(\tau_k^{+o})]/(\tau_k^{+o} - \tau_k^{-o})$ oraz wykorzystanie (1.1) i (1.2b) do sprowadzenia $\bar{u}_+^o = \bar{u}_+ = 2\ u_-(\tau_k^{-o}) = -1_{\tau_k^{-o}}\bar{u}_-, u_+(\tau_k^{+o}) = +1_{\tau_k^{+o}}\bar{u}_+$, na , $\bar{u}_- = 0.5\,\bar{u}_+ = 2$,

(1.3)

gdy pozytywna ocena $c^2 > 0$ oznacza równość

$$\delta^o u_{t=\tau_k} = [u_+(\tau_k^{+o}) - u_-(\tau_k^{-o})]/(\tau_k^{+o} - \tau_k^{-o}) > 0. \qquad (1.3a)$$

2. Dyskretna funkcja na $\Delta = (s_k^{+o}, \tau_k^{-o})$:

$$u_+(s_k^{+o}) = +1_{s_k^{+o}}\bar{u}_+, u_-(\tau_k^o) = -1_{\tau k}^{+o}\bar{u}_- \qquad (1.3b)$$

są multiplikatywne: $(u_-(\tau_k^{-o}) - u_+(s_k^{+o})) \times (u_-(\tau_k^{-o}) - u_+(s_k^{+o})) = [u_-(\tau_k^{-o}) - u_+(s_k^{+o})]^2$.

2a. Dyskretne funkcje (1.2e) w formie

$$\bar{u}_+ = j\bar{u}, \bar{u}_- = -j\bar{u}, \bar{u} \neq 0 \qquad (1.3c)$$

spełniają tylko warunek (1.1A), który dla funkcji (1.3b) posiada

$$[u_-(\tau_k^{-o}) - u_+(s_k^{+o})]^2 = -(j\bar{u})^2[-1_{\tau_k^{-o}} - 1_{s_k^{+o}}]^2 > 0. \bullet \qquad (1.3d)$$

Znajdźmy dyskretną analogię integralnych przyrostów w funkcji *dyskretnej* (1.3a) w postaci funkcji delta na δ_o :

$$\delta[u_-(\tau_k^{-o}), u_+(\tau_k^{+o})], u_-(\tau_k^{-o}) = -1_{\tau_k^{-o}}\bar{u}_-, u_+(\tau_k^{+o}) = +1_{\tau_k^{+o}}\bar{u}_+. \qquad (1.3e)$$

<u>Propozycja 1.2.</u>

1. Zastosowanie dyskretnej funkcji delta (1.3e) do EF zintegrowanej w formie (1.3.1.5) prowadzi do

$$\Delta S[\dot{x}_t o/\varsigma_t]\Big|_{t=\tau_k^{-o}}^{t=\tau_k^{+o}} = \left\{\begin{array}{l} 0, t < \tau_k^{-o} \\ 1/4u_-(\tau_k^{-o})o(\tau_k^{-o})/\tau_k^{-o}, t = \tau_k^{-o}, 1/4\downarrow 1_{\tau_k^{-o}}\bar{u}_{ko} \\ 1/2(u_-(\tau_k^{-o}) - u_+(\tau_k^{+o}))o(\tau_k)/(\tau_k^{+o} - \tau_k^{-o}), t = \tau_k, \tau_k^{-o} < \tau_k < \tau_k^{+o}, 1/2(\downarrow 1_{\tau_k^{-o}} - \uparrow 1_{\tau_k^{+o}})\bar{u}_{km} \\ 1/4u_+(\tau_k^{+o})o(\tau_k^{+o})/\tau_k^{+o}, t = \tau_k^{+o}, 1/4\uparrow 1_{\tau_k^{+o}}\bar{u}_{k1} \end{array}\right\} \quad (1.4)$$

gdzie

$$\overline{u}_{ko}=\overline{u}_{-}\times o(\tau_k^{-o})/\tau_k^{-o},\overline{u}_{km}=(\overline{u}_{+}-\overline{u}_{-})\times o(\tau_k)/(\tau_k^{+o}-\tau_k^{-o}),\overline{u}_{k1}=\overline{u}_{+}\times o(\tau_k^{+o})/\tau_k^{+o},$$
$$\overline{u}_{km}=1/2(\overline{u}_{+}-\overline{u}_{-})=0.75,o(\tau_k)=\tau_k^{+o}-\tau_k^{-o},o(\tau_k^{-o})/\tau_k^{-o}=0.5,o(\tau_k^{+o})/\tau_k^{+o}=0.1875\text{ , (1.5)}$$

i $|\overline{u}_{-}\times\overline{u}_{+}|=|1/2\times 2|=|\overline{u}_k|=|1|_k$ jest multiplikatywną miarą impulsu $(\downarrow 1_{\tau_k^{-o}}-\uparrow 1_{\tau_k^{+o}})\overline{u}_k$.

Pomiar środkowego przedziału w (1.4), (1.5) za pomocą pojedynczej jednostki informacji impulsowej $\overline{u}_k=|1|_k$, określa skończoną wielkość parametrów jednostki impulsowej $\overline{u}_{ko},\overline{u}_k,\overline{u}_{k1}$ w (1.5), które szacują wartość $\overline{u}_{km}$ na granicy jednostki:

$$\overline{u}_{ko}=0.25=1/3\overline{u}_{km},\overline{u}_{k1}=2\times 0.1875=0.375=0.5\overline{u}_{km}\bullet. \quad (1.6)$$

Dowody wynikają z Propozycji 1.3 poniżej.•

Wprowadźmy impuls jednostkowy entropii $\overline{u}_s=|1|_s$ z momentami poprzedzającymi $(s_k^{-o},s_k^{o},s_k^{+o})$ impuls $\overline{u}_k=|1|_k$, który mierzy odstępy czasu entropii impulsowej $\overline{u}_{sm}$.

Następnie znajdziemy przyrost entropii na $\Delta S[\tilde{x}_t/\varsigma_t]|_{s_k^+}^{\tau_k^{-o}}$ granicy impulsu w $\overline{u}_k$ poprzednim $\Delta_{\tau s+}=\delta_{sk\pm}=(s_k^{+o}-\delta_k^{\tau-})$ i późniejszym $\Delta_{\tau s-}=\delta_{skm}=(\delta_k^{\tau-}-\delta_k^{\tau+})$ momencie pod funkcjami impulsowymi z jednostką $\overline{u}_s=|1|_s$:

$$\delta^o u_{\tau=(s_k^{+o}-\delta_k^{\tau-})}=(u_+(s_k^{+o})-u_-(\delta_k^{\tau-}))(s_k^{+o}-\delta_k^{\tau-})^{-1}=\uparrow 1_{s_k^{+o}}\overline{u}-\downarrow 1_{\delta_k^{\tau-}}\overline{u}=[\uparrow 1_{s_k^{+o}}-\downarrow 1_{\delta_k^{\tau-}}]\overline{u}, \quad (1.7)$$

$$\delta^o u_{\tau=(\delta_k^{\tau-}-\delta_k^{\tau+})}=(u_-(\delta_k^{\tau-})-u_+(\delta_k^{\tau+}))(\delta_k^{\tau-}-\delta_k^{\tau+})^{-1}=\downarrow 1_{\delta_k^{\tau-}}\overline{u}-\uparrow 1_{\delta_k^{\tau+}}\overline{u}=[\downarrow 1_{\delta_k^{\tau-}}-\uparrow 1_{\delta_k^{\tau+}}]\overline{u}, \quad (1.8)$$

$$\delta^o u_{\tau=(\delta_k^{\tau+}-\tau_k^{-o})}=(u_+(\delta_k^{\tau+})-u_-(\tau_k^{-o}))(\delta_k^{\tau+}-\tau_k^{-o})^{-1}=\uparrow 1_{\delta_k^{\tau+}}\overline{u}-\downarrow 1_{\tau_k^{-o}}\overline{u}=[\uparrow 1_{\delta_k^{\tau+}}-\downarrow 1_{\tau_k^{-o}}]\overline{u}.$$
(1.9)

Tutaj $\overline{u}$ ocenia się każdy przedział impulsowy, który zgodnie z optymalną zasadą jest niezmienny.

Ponieważ EF funkcjonuje jako dodatek, stosowanie funkcji (1.7)-(1.9) prowadzi do dyskretnej sumy jego "przyrostów":

$$\Delta S[\tilde{x}_t/\varsigma_t]|_{s_k^+}^{\tau_k^{-o}}=\Delta S[\tilde{x}_t/\varsigma_t]|_{s_k^+}^{\delta_k^{\tau-}}+\Delta S[\tilde{x}_t/\varsigma_t]|_{\delta_k^{\tau-}}^{\delta_k^{\tau+}}+\Delta S[\tilde{x}_t/\varsigma_t]|_{\delta_k^{\tau+}}^{\tau_k^{-o}} \quad (1.10)$$

wzdłuż przedziału czasowego

$$\Delta_{\tau sk\pm} = s_k^{+o} - \delta_k^{\tau -} + \delta_k^{\tau -} - \delta_k^{\tau +} + \delta_k^{\tau +} - \tau_k^{-o} = s_k^{+o} - \tau_k^{-o} = \Delta_{\tau s}. \quad (1.10a)$$

Propozycja 1.3.

A. Kolejne przyrosty entropii funkcjonalnej (1.10) zbierane w odstępach czasu (1.10a), w ramach funkcji (1.7)-(1.9), przynoszą następujące wkłady entropii:

$$\Delta S[x_t / \varsigma_t]\Big|_{s_k^{+}}^{\delta_k^{\tau -}} = 1/2(u_+(s_k^{+o}) - u_-(\delta_k^{\tau -}))o(s_k^{+o} - \delta_k^{\tau -}))(s_k^{+o} - \delta_k^{\tau -})^{-1} = 1/2[\uparrow 1_{s_k^{+o}} - \downarrow 1_{\delta_k^{\tau -}}]\overline{u}_{ks} \quad (1.11)$$

w odstępie czasu

$$\overline{u}_{ks} = \overline{u}(o(s_k^{+o} - \delta_k^{\tau -})(s_k^{+o} - \delta_k^{\tau -})^{-1}; \quad (1.11a)$$

$$\Delta S[x_t / \varsigma_t]\Big|_{\delta_k^{\tau -}}^{\delta_k^{\tau +}} = 1/2(u_-(\delta_k^{\tau -}) - u_+(\delta_k^{\tau +}))o(\delta_k^{\tau -} - \delta_k^{\tau +}))(\delta_k^{\tau -} - \delta_k^{\tau +})^{-1} = 1/2[\downarrow 1_{\delta_k^{\tau -}} - \uparrow 1_{\delta_k^{\tau +}}]\overline{u}_{k\delta s}, \quad (1.12)$$

w odstępie czasu

$$\overline{u}_{k\delta s} = \overline{u} \times (o(\delta_k^{\tau -} - \delta_k^{\tau +}))(\delta_k^{\tau -} - \delta_k^{\tau +})^{-1} \quad (1.12a)$$

i

$$\Delta S[x_t / \varsigma_t]\Big|_{\delta_k^{\tau +}}^{\tau_k^{-o}} = 1/2(u_+(\delta_k^{\tau +}) - u_-(\tau_k^{-o}))o(\delta_k^{\tau +} - \tau_k^{-o})(\delta_k^{\tau +} - \tau_k^{-o})^{-1} = 1/2[\uparrow 1_{\delta_k^{\tau +}} - \downarrow 1_{\tau_k^{-o}}]\overline{u}_{k\delta}, \quad (1.13)$$

w ramach funkcji

$$[\uparrow 1_{\delta_k^{\tau +}} - \downarrow 1_{\tau_k^{-o}}]\overline{u}_{k\delta} = [\uparrow 1_{\delta_k^{\tau +}} + \uparrow 1_{\tau_k^{-o}}]\overline{u}_{k\delta}. \quad (1.13a)$$

Tutaj każdy interwał impulsowy nabiera specyficznej miary entropii przy znanym $\overline{u}_{k\delta}$, $\overline{u}_{k\delta s}$, $\overline{u}_{ks}$.

Znajdźmy ich.

Interwał $\overline{u}_{k\delta}$ $\overline{u}$ niezmienny w czasie trwania impulsu przybiera formę

$$\overline{u}_{k\delta} = \overline{u} \times (o(\delta_k^{\tau +} - \tau_k^{-o}))(\delta_k^{\tau +} - \tau_k^{-o})^{-1} = \overline{u} \times o(\delta_k^{\tau +})(\delta_k^{\tau +} - \tau_k^{-o})^{-1} + \overline{u} \times o(\tau_k^{-o})(\tau_k^{-o})^{-1}(\delta_k^{\tau +} - \tau_k^{-o})^{-1}\tau_k^{-o} \quad (1.14)$$

Relacja (1.14) prowadzi do interwału impulsów

$$\overline{u}_{k\delta} = \overline{u}_{k\delta o} + \overline{u}_{k\delta 1} \quad (1.14a)$$

z jego częściami

$$\overline{u}_{k\delta o}=\overline{u}\times(o(\delta_k^{\tau+}))(\delta_k^{\tau+}-\tau_k^{-o})^{-1}),\ \overline{u}_{k\delta 1}=\overline{u}_{ko1}\times\overline{u}_{ko2},\tag{1.14b}$$

$$\overline{u}_{ko1}=\overline{u}\times(o(\tau_k^{-o}))(\tau_k^{-o})^{-1},\overline{u}_{ko2}=\overline{u}^{-1}\times\tau_k^{-o}(\delta_k^{\tau+}-\tau_k^{-o})^{-1}\ .\tag{1.14c}$$

B. Interwały $\overline{u}_{ko1}$ i $\overline{u}_{ko2}$ są zwielokrotnionymi częściami interwału przyspieszenia impulsowego $\overline{u}_{k\delta 1}$, co odpowiada relacjom

$$\overline{u}_{k\delta o}=\overline{u}_{k\delta 1}=1/2\overline{u}_{k\delta},\ \overline{u}_{k\delta 1}=\overline{u}_{ko1}\ ,\tag{1.15}$$

gdzie impuls niezmienny $|\overline{u}_{k\delta}|=|1|_s$, działający w odstępie czasu $\delta_k^{\tau+}=2\tau_k^{-o}$, środki

$\overline{u}_{k\delta}=\overline{u}_{ks}$ o $|\overline{u}_{k\delta 1}|=1/2\overline{u}_{sm}$, (1 .15a)

i względne przedziały czasowe i $\overline{u}_{ko}$ odpowiednio są $\overline{u}_{k1}$

$$o(\tau_k^{-o})(\tau_k^{-o})^{-1}=0.5\ o(\tau_k^{+o})/\tau_k^{+o})=0.1875,\ .\tag{1.15b}$$

Sterowanie krokowe impulsem odbywa $\overline{u}_{k\delta}$ się w dwóch równych odstępach czasu:

$(\delta_k^{\tau+}-\tau_k^{-o})=\delta_k^{\tau+}/2$ (1.16a) i $\tau_k^{-o}=\delta_k^{\tau+}/2$. (1.16b)

W pierwszej (1.16a) części step up wychwytuje $[\uparrow 1_{\delta_k^{\tau+}}]$ przyrost entropii

$$\Delta S[\&/\varsigma_t]|_{\delta_k^{\tau+}}^{\tau_k^{-o}}=1/2[\uparrow 1_{\delta_k^{\tau+}}]\overline{u}_{-}=1/8[\uparrow 1_{\delta_k^{\tau+}}],\tag{1.16}$$

na drugim (1.16b), jego część mnożnikowa zniżkowa w (1.14b) przy $\overline{u}_{ko2}=\overline{u}^{-1}$ transferze entropii (1.16) do rozpoczęcia działania impulsowego $[\downarrow 1_{\tau_k^{-o}}]$, którego przecięcie mieści się w impulsie (1.4) przy $\overline{u}_{ko1}=1/2\overline{u}_{ko}$;

gdzie $\overline{u}_{k\delta 1}$ w (1.14b) mnoży się

$$\overline{u}[\uparrow 1_{\delta_k^{\tau+}}]\delta_k^{\tau+}/2\times\overline{u}^{-1}[\downarrow 1_{\tau_k^{-o}}]\tau_k^{-o}.\tag{1.16c}$$

Oba równe odstępy czasowe w (1,16b) znajdują się na granicy impulsów, gdzie przeciwne odwrotne przyrosty entropii są ortogonalne.

C. Zastosowane rozwiązanie *ekstremalne* (Propozycja I.2.1.), zmniejszające odstępy czasowe impulsów, przynosi minimalny przyrost (1.10a) i

(a)-trwałość kontynuacja sekwencji impulsów procesowych;

(b)- warunek zbilansowania wkładów na rzecz entropii;

c)-każda jednostka impulsu niezmiennego $\overline{u}_k = |1|_k$, dostarczana przez jednostkę entropii $\overline{u}_s = |1|_s$, *potroiła* informację *zwiększając gęstość informacji* w każdej kolejnej jednostce informacyjnej.•

Dowody.

Suma przyrostów addytywnych entropii pod wpływem impulsów stałych (1.7-1.9) spełnia warunek równowagi:

$$\Delta S[\wp_t/\varsigma_t]|_{s_k^+}^{\tau_k^{-o}} = \Delta S[\wp_t/\varsigma_t]|_{s_k^+}^{\delta_k^{\tau-}} + \Delta S[\wp_t/\varsigma_t]|_{\delta_k^{\tau-}}^{\delta_k^{\tau+}} + \Delta S[\wp_t/\varsigma_t]|_{\delta_k^{\tau+}}^{\tau_k^{-o}} =$$
$$1/2[\uparrow 1_{s_k^{+o}} - \downarrow 1_{\delta_k^{\tau-}}]\overline{u}_{ks} + 1/2[\uparrow 1_{\delta_k^{\tau-}} - \uparrow 1_{\delta_k^{\tau+}}]\overline{u}_{k\delta s} + 1/2 \uparrow 1_{\delta_k^{\tau+}} \overline{u}_{k\delta o} - 1/2 \downarrow 1_{|\tau|_k^{-o}} \overline{u}_{k\delta 1} = 0,$$

$$1/2 \downarrow 1_{|\tau|_k^{-o}} \overline{u}_{k\delta 1} \Rightarrow 1/4 \downarrow 1_{|\tau|_k^{-o}} \overline{u}_{ko} \qquad (1.17)$$

gdzie działanie przenosi przyrost entropii $\Delta S[\wp_t/\varsigma_t](\tau_k^{-o}) = 1/4 \downarrow 1_{|\tau|_k^{-o}} \overline{u}_{ko}$ na dyskretną lokalizację $|\tau|_k^{-o}$ poprzez działanie stopniowe $\downarrow 1_{|\tau|_k^{-o}} \overline{u}_{k\delta 1}$.

Wypełnienie relacji

$$[\uparrow 1_{s_k^{+o}} \overline{u}_{ks} - \downarrow 1_{\delta_k^{\tau-}} \overline{u}_{ks} + \uparrow 1_{\delta_k^{\tau-}} \overline{u}_{k\delta s} - \uparrow 1_{\delta_k^{\tau+}} \overline{u}_{k\delta s} + \uparrow 1_{\delta_k^{\tau+}} \overline{u}_{k\delta o} - \downarrow 1_{|\tau|_k^{-o}} \overline{u}_{k\delta 1}] = 0$$
$$[\uparrow 1_{s_k^{+o}} \overline{u}_{ks} + \uparrow 1_{\delta_k^{\tau-}} [\overline{u}_{k\delta s} - \overline{u}_{ks}] + \uparrow 1_{\delta_k^{\tau+}} [\overline{u}_{k\delta o} - \overline{u}_{k\delta s}] = \downarrow 1_{|\tau|_k^{-o}} \overline{u}_{k\delta 1}, \downarrow 1_{|\tau|_k^{-o}} \overline{u}_{k\delta 1} = -1/2 \downarrow 1_{|\tau|_k^{-o}} \overline{u}_{ko}$$

prowadzi do sumowania się impulsów:

$\overline{u}_{ks} - \overline{u}_{ks} + \overline{u}_{k\delta s} + \overline{u}_{k\delta s} - \overline{u}_{k\delta s} + \overline{u}_{k\delta o} - \overline{u}_{k\delta 1} = 0$ i $\overline{u}_{k\delta 1} = -1/2\overline{u}_{ko}$,

lub do

$$\overline{u}_{k\delta o} = \overline{u}_{k\delta 1}. \qquad (1.17a)$$

Impuls $[\uparrow 1_{\delta_k^{\tau+}} \overline{u}_{k\delta o} - \downarrow 1_{|\tau|_k^{-o}} \overline{u}_{k\delta 1}] = [\uparrow 1_{\delta_k^{\tau+}} + \uparrow 1_{|\tau|_k^{-o}}]\overline{u}_{k\delta}$ zawiera interwały $\overline{u}_{k\delta} = \overline{u}_{k\delta o} + \overline{u}_{k\delta 1}$, gdzie z (1.9), (1.13a) wynika, $\overline{u}_{k\delta}=\overline{u}$ a (1.17a) prowadzi do $\overline{u}_{k\delta o}=\overline{u}_{k\delta 1}=1/2\overline{u}$. (1.17b)

Interval

$$\overline{u}_{k\delta}=\overline{u}\times[(o(\delta_k^{\tau+}))(\delta_k^{\tau+}-\tau_k^{-o})^{-1})+(o(\tau_k^{-o}))(\tau_k^{-o})^{-1}(\delta_k^{\tau+}-\tau_k^{-o})^{-1}\tau_k^{-o}] \quad (1.17c)$$

składa się z komponentów: $\overline{u}_{k\delta}$

$$\overline{u}_{k\delta o}=\overline{u}\times(o(\delta_k^{\tau+}))(\delta_k^{\tau+}-\tau_k^{-o})^{-1}) \text{ i } \overline{u}_{k\delta 1}=\overline{u}_{ko1}\times\overline{u}_{ko2}/\overline{u}, \quad (1.17d)$$

gdzie

$$\overline{u}_{ko1}=\overline{u}\times(o(\tau_k^{-o}))(\tau_k^{-o})^{-1}, \overline{u}_{ko2}=\overline{u}^{-1}\times\tau_k^{-o}(\delta_k^{\tau+}-\tau_k^{-o})^{-1} .$$

Interwały $\overline{u}_{ko1}$ i $[\overline{u}_{ko2}/\overline{u}]$ są mnożnikowymi częściami interwału impulsowego $\overline{u}_{k\delta 1}$ objętego interwałem początkowym $|\tau|_k^{-o}$.

Z (1.17b) i stosunków (1.17d) wynika, że

$$\overline{u}_{k\delta o}=\overline{u}\times(o(\delta_k^{\tau+}))(\delta_k^{\tau+}-\tau_k^{-o})^{-1})=1/2\overline{u},$$

$$(o(\delta_k^{\tau+}))(\delta_k^{\tau+}-\tau_k^{-o})^{-1})=1/2 \quad (1.18)$$

oraz

$$\overline{u}_{ko1}=\overline{u}\times(o(\tau_k^{-o}))(\tau_k^{-o})^{-1}=1/2\overline{u} . \quad (1.18a)$$

To prowadzi do

$$(o(\tau_k^{-o}))(\tau_k^{-o})^{-1}=1/2, \quad (1.18b)$$

oraz od (1.18) do relacji

$$(\delta_k^{\tau+}-\tau_k^{-o})^{-1})=(\tau_k^{-o})^{-1}, \delta_k^{\tau+}-\tau_k^{-o}=\tau_k^{-o}, \ \tau_k^{-o}(\delta_k^{\tau+}-\tau_k^{-o})^{-1}=1, \quad (1.18c)$$

potem do

$$\tau_k^{-o}=1/2\delta_k^{\tau+}. \quad (1.18d)$$

Z (1.18c) wynika, że

$$\overline{u}_{ko2}=\overline{u}^{-1}. \quad (1.18f)$$

Zastosowanie sekwencji Eqs (1.7-1.9), przy stałej niezmiennej $\overline{u}$, prowadzi do

$$\overline{u} = u_{+}(s_k^{+o}) - u_{-}(\tau_k^{-o}), \tag{1.19}$$

$$\overline{u} = u_{+}(\delta_k^{\tau+}) - u_{-}(\tau_k^{-o}) \tag{1.19a}$$

przy $u_{+}(\delta_k^{\tau+}) - u_{-}(\tau_k^{-o}) = \overline{u}_{kb}$,

co daje niezmienne impulsy (1.19) i (1.19a).

Relacja

$$u_{+}(s_k^{+o}) + u_{-}(\tau_k^{-o}) = 2[u_{-}(\delta_k^{\tau-}) + (u_{+}(\delta_k^{\tau+})] = 0$$

wynikająca z sekwencji Eqs (1.7-1.9) prowadzi do

$$u_{-}(\delta_k^{\tau-}) = -u_{+}(\delta_k^{\tau+}), \tag{1.19b}$$

odwracanie i wzajemne neutralizowanie tych działań w powiązanych ze sobą momentach . $\delta_k^{\tau-} \cong \delta_k^{\tau+}$

Odstęp czasu między impulsami $\overline{u}_{k\delta}$, z i $\overline{u}_{k\delta o}$ $\overline{u}_{k\delta 1}$, rozpoczyna okres stosowania działania stopniowego $o(\tau_k^{-o})(\tau_k^{-o})^{-1} = 0.5$w (1.4) o $\overline{u}_{k\delta 1} = \overline{u}_{k\delta o} = 1/2\overline{u}_{k\delta}$.

Impuls zmienny $|\overline{u}_s| = |1|_s$, składający się z dwóch kroków$[\uparrow 1_{\delta_k^{\tau+}} \downarrow 1_{|\tau|_k^{-o}}]\overline{u}_{k\delta}$, mierzy odstępy czasowe

$$\overline{u}_{kb} = \overline{u}_{sm} = \overline{u}_s$$

na stronie

$$\overline{u}_{k\delta 1} = 1/2\overline{u}_{sm}. \tag{1.19c}$$

W warunkach (1.18c, d), ograniczających skok czasowy w (1.13a), skokowe działanie impulsu $\overline{u}_{k\delta}$stosuje się w dwóch równych odstępach czasu następujących po (1.19c). W pierwszym przedziale czasowym

$$(\delta_k^{\tau+} - \tau_k^{-o}) = \delta_k^{\tau+}/2$$

część step up of -action $\bar{u}_{k\delta}[\uparrow 1_{\delta_k^{\tau+}}]$capture entropy increment

$$\Delta S[\tilde{x}_t / \varsigma_t]|_{\delta_k^{\tau+}}^{\tau_k^{-o}} = 1/2[\uparrow 1_{\delta_k^{\tau+}}]\bar{u}_- = 1/8[\uparrow 1_{\delta_k^{\tau+}}]. \qquad (1.20)$$

W drugim przedziale czasu $\tau_k^{-o} = \delta_k^{\tau+}/2$przechwycona entropia (1,20) przez część mnożnikową (1,17c,d) dostarcza do działania cięcia $\bar{u}_{ko} = \bar{u}_- \times o(\tau_k^{-o})(\tau_k^{-o})^{-1}$równe wkłady

$$\Delta S[\tilde{x}_t / \varsigma_t]|_{\delta_k^{\tau+}}^{\tau_k^{-o}} = 1/4[\downarrow 1_{\tau_k^{-o}}]\bar{u}_- = 1/8[\downarrow 1_{\tau_k^{-o}}]. \qquad (1.20a)$$

Działanie kontrolne przy $[\downarrow 1_{\tau_k^{-o}}]\,\bar{u}_- = 0.5$przerwaniu zewnętrznej entropii korelacji w impulsie (1.4) przy $\bar{u}_{ko1} = 1/2\bar{u}_{ko}$.

<u>Komentarz 1.1</u>. Akcja $[\uparrow 1_{\delta_k^{\tau+}}]$odcina przechwyconą entropię od impulsu $\bar{u}_s = |1|_s$, natomiast mnożnikowa część krocząca (1.17b) przekształca przechwyconą entropię w akcję cięcia w (1.4) przy $\bar{u}_{ko2} = \bar{u}^{-1}$.•

Pod koniec $k$impulsu, działanie sterujące przekształca $\bar{u}_+$entropię (1.20) w odstępach czasu $\bar{u}_{kio} = \bar{u}_- \times (o(\tau_k^{+o})/\tau_k^{+o})$w informację.

$$\Delta I[\tilde{x}_t / \varsigma_t]|_{\delta_{k+}^{\tau+}}^{\tau_k^{+o}} = 1/4[\uparrow 1_{\tau_k^{-o}}]\bar{u}_{kio}\bar{u}_+ = 1/4 \times (-2\bar{u}_{kio})[\uparrow 1_{\tau_k^{-o}}] \qquad (1.21)$$

i dostarcza go do $k+1$impulsu.

(Jeśli pomiędzy tymi impulsami, przyrosty entropii na trajektorii procesu są nieobecne (odcięte)).

Prowadzi to do równania bilansu wkładów informacyjnych k-impulsów:

$$\Delta I[\tilde{x}_t / \varsigma_t]|_{\delta_k^{\tau+}}^{\tau_k^{-o}} + \Delta I[\tilde{x}_t / \varsigma_t]|_{\tau_k^{-o}}^{\tau_k} + \Delta I[\tilde{x}_t / \varsigma_t]|_{\tau_k}^{\tau_k^{+o}} = \Delta I[\tilde{x}_t / \varsigma_t]|_{\delta_{k+}^{\tau+}}^{\tau_k^{+o}}, \qquad (1.21a)$$

w którym odstępie czasu $\bar{u}_{kio}$ wkład informacyjny jest $\Delta I[\tilde{x}_t / \varsigma_t]|_{\tau_k}^{\tau_k^{+o}} = 1/4\bar{u}_{km}$ spełniony (1.4), przy $\bar{u}_+ = -2$których środkach$\bar{u}_{km} = 0.75$(1.5).

To przynosi relacje

$$0.125 + 0.75 + \bar{u}_{kio} = -2\bar{u}_{kio}, 0.125 + 0.75 + 3\bar{u}_{kio} = 0, \bar{u}_{k1} = 3\bar{u}_{kio} = 0.375 = \bar{u}_- \times o(\tau_k^{+o})/\tau_k^{+o}) \quad (1.22)$$

oraz

$o(\tau_k^{+o})/\tau_k^{+o} = 0.1875,$ (1.22a)

$\overline{u}_{ko} + \overline{u}_{km} + \overline{u}_{k1} = 1.25 = 5/3\overline{u}_{km}$ (1.22b)

z czego oraz (1.21a) wynika

$\Delta I[\%/\varsigma_t]|_{\tau_k}^{\tau_k^{+o}} = 3\Delta I[\%/\varsigma_t]|_{\delta_k^{\tau+}}^{\tau_k^{-o}}.$ (1.23)

Współczynnik $\overline{u}_{k1}/2\overline{u}_{kio} = 3/2$ przy $2\overline{u}_{kio} = 0.25$ ocenie części informacji przekazywanej do impulsu k $k+1$.

Zależności (1.17b,d), (1.18b,d,f), (1.19c) i (1.22a) *dowodzą* części A-B wniosku (w tym (1.16b)).•

Ponieważ $\overline{u}_- = 0.5$ jest to przedział czasowy cięcia impulsowego $\overline{u}_k$, pozwala on na ocenę sumy addytywnej wkładu entropii cięcia dyskretnego (1,4) podczas całego impulsu przy użyciu $(\downarrow 1_{\tau_k^{-o}} - \uparrow 1_{\tau_k^{+o}}) = \delta_k$ $\overline{u}_- = \overline{u}_k$:

$\Delta S[\%/\varsigma_t]|_{\tau_k^{-o}}^{\tau_k^{+o}} = 1/4\overline{u}_k/2 + 1/2\overline{u}_k + 1/4\times 3/2\overline{u}_k = \overline{u}_k.$ (1.24)

To określa miarę informacji o odcięciu impulsu

$\Delta S[\%/\varsigma_t]_{\delta_k} = \Delta I[\%/\varsigma_t]_{\delta_k} = (\downarrow 1_{\tau_k^{-o}} - \uparrow 1_{\tau_k^{+o}})\overline{u}_k = |1|\overline{u}_k, \overline{u}_k = |1|_k \; Nat$ (1.24a)

równa się $\cong 1.44$ Bitowi, który generuje entropia cięcia w tym przypadkowym procesie.

Powyższy pojedynczy impuls jednostkowy $\overline{u}_k = |1|_k$ mierzy względne odstępy informacyjne

$\overline{u}_{ko} = 1/3\overline{u}_{km}$, , $\overline{u}_{km} = 1$ $\overline{u}_{kio} = 1/3\overline{u}_{km} = \overline{u}_{ko}$ i $\tau_k^{+o}/\tau_k^{-o} = 3.$ (1.24b)

Z relacji

$\overline{u}_{ko1} = 1/2\overline{u}_{sm}$ i jest $\overline{u}_{ko1} = 1/2\overline{u}_{ko} = 1/6\overline{u}_{km}$ on następujący

$\overline{u}_{km} = 3\overline{u}_{sm}$, (1.25)

która pokazuje, że jednostka impulsowa potroiła $\overline{u}_k = |1|_k$ informacje dostarczane przez jednostkę entropii $\overline{u}_s = |1|_s$ lub interwał $\overline{u}_k$ kompresuje trzy interwały $\overline{u}_s$.

Zgodnie z zasadą skrajności, każdy impuls posiada niezmienną wielkość przedziału proporcjonalną $|\overline{u}_k| = |1|_k$ do średniej wielkości przedziału impulsowego $o(\tau)$ z informacjami $\overline{u}_{km}$, które mierzą $o(\tau)$, i odwrotnie, czas $o(\tau)$ mierzy te informacje.

2.2. KONTYNUACJA SEKWENCJI IMPULSÓW

Warunek zmniejszania się wraz z $t - s_k^{+o} = o(t) \to 0$ sekwencją narastania i ściskania $t \to T\ s_k^{+o} \to \tau_{m-1}^{+o}, k = 1,2....m$ prowadzi do uporczywej kontynuacji sekwencji impulsowej z przekształceniem poprzedniej entropii impulsowej na informację o następującym impulsie: $\overline{u}_s = |1|_s \to \overline{u}_k = |1|_k$. Kolejność rosnących i skompresowanych informacji wzrasta przy

$$\overline{u}_{k+1} = |3\overline{u}_k| = |1|_{k+1}. \qquad (1.25a)$$

Trwała kontynuacja sekwencji impulsów łączy odstępy pomiędzy kolejnymi impulsami $(\overline{u}_{ks}, \overline{u}_{k\delta s}, \overline{u}_{k\delta o})$ których wyimaginowana (wirtualna) prognoza$[\uparrow 1_{s_k^{+o}} - \downarrow 1_{\delta_k^{t-}} + \uparrow 1_{\delta_k^{t+}}]u$ funkcji entropiuje przyrosty (1.11), (1.12), (1.10).

Informacje przekazywane w każdym przedziale czasowym cięcia δ_{k-1}, δ_k, $k, k+1, ..., m$: $\Delta I[\text{\textit{x}}_t / \varsigma_t]_{\delta_{k-1}}, \Delta I[\text{\textit{x}}_t / \varsigma_t]_{\delta_k}, ...$ określić przedział czasowy $\tau_k^{-o} - \tau_{k-1}^{+o} = o_s(\tau_k)$, kiedy każdy przyrost entropii

$$\Delta S[\text{\textit{x}}_t / \varsigma_t] |_{\tau_{k-1}^{+o}}^{t \to \tau_k^{-o}} = 1/2uo(\tau_k) = \overline{u}_s \times o_s(\tau_k)$$

dostarcza każdy $\Delta I[\text{\textit{x}}_t / \varsigma_t]_{\delta_k}$ satysfakcjonujący

$$\overline{u} \times o(\tau_k) = \Delta I[\text{\textit{x}}_t / \varsigma_t]_{\delta_k} \text{ przy } \overline{u} \times o(\tau_k) = \overline{u}_k(\tau_k^{+o} - \tau_k^{-o}).$$

W związku z tym, interwał impulsowy

$$\overline{u}_k = \Delta I[\text{\textit{x}}_t / \varsigma_t]_{\delta_k} / (\tau_k^{+o} - \tau_k^{-o}) \qquad (1.26)$$

mierzy gęstość informacji na każdym z nich $\delta_k = \tau_k^{+o} - \tau_k^{-o}$, która jest kolejno zwiększana w każdym kolejnym Bicie.

Stosunki (1.25a, b), (1.26) *dowodzą* części C wniosku 1.3.•

Taki Bit zawiera trzy części:
-Pierwsza z nich zapewnia zwielokrotnione działanie (1,16c) poprzez uchwycenie entropii procesu losowego;
-Drugi zapewnia impulsowe odcięcie entropii procesowej;
-Trzecia to informacja, która dostarcza impulsową kontrolę stopnia zaawansowania, a następnie przekazuje do najbliższego impulsu.
Pozwala to na zachowanie połączenia informacyjnego pomiędzy impulsami i zapewnia ciągłą kontynuację sekwencji impulsów w czasie procesu T.
Rolki 1.2.
A. Suma dodatnia funkcji dyskretnych (1.4) w odstępach impulsowych określa miarę informacji impulsowej równej Bitowi, wygenerowanej z funkcji entropii cięcia w procesie losowym.
Funkcja "step-down" generuje $1/8+0.75=0.875Nat$, z czego wydaje pieniądze $1/8$ Nat na korelację cięcia przy wychodzeniu 0.75 Nat z cięcia. Funkcja step-up trzyma się podczas $1/8$ Nat cięcia, 0.75 Nat $0.5Nat$ z którego przenosi się 0.675 Nat na następny impuls, pozostawiając go w 0.125 Nat k impulsie. Impuls ten ma $1/8+0.75+1/8=1Nat$ sumę $1.25Nat$, z której pochodzi $1/8$ Nat przechwycony przyrost entropii z poprzedniego impulsu. Impuls ten faktycznie generuje $0.75Nat \cong 1Bit$, zaś akcja step-up, za pomocą $1/8Nat$, przenosi $2/8Nat$ informacje do następnego impulsu k, przechwytując $1/8Nat$ od impulsu entropii pomiędzy k $k+1$ impulsami informacyjnymi (w odstępie czasu $o_s(\tau_k)$).
B. Z całkowitego maksimum 0.875Nat, impuls obcina minimum tej maksymalnej 0.75 Nat zasady minimaxu wykonawczego, która zatwierdza warunek zmienności (I.1.7) i wyniki (I.2.17a,b).
Przenosząc całościowo $0.375Nat$ na następny impuls, $k+1$ impuls k ten dostarcza jej maksimum $1/3\times0.75Nat$ z informacji o cięciu, realizuje zasadę maksimum minimalnego cięcia.
C. Tak więc każdy bit tnący jest aktywną *jednostką informacyjną dostarczającą* informacje z poprzedniego impulsu i dostarczającą informacje do następnego impulsu.
Obejmują one: informacje sterowania kroczącego, dostarczane poprzez przechwycenie zewnętrznej entropii procesu losowego; informacje o

kroczeniu, które powyższe sterowanie odcina od procesu losowego; informacje dostarczane przez sterowanie kroczące impulsem, które po przekazaniu do najbliższego impulsu utrzymuje połączenie informacyjne pomiędzy impulsami zapewniające ciągłą kontynuację sekwencji impulsów.

D. Ilość informacji, która skrapla się w każdej sekundzie sekwencji cięcia rośnie trzykrotnie, co sekwencyjnie zwiększa gęstość informacji o bitach. Przy niezmiennych przyrostach impulsu (1.4), każdy ściska $\overline{u}_k$ trzy poprzednie interwały, a $\overline{u}_{k-1}$ następnie zwiększa sekwencyjnie zarówno gęstość interwału $\overline{u}_k$, jak i gęstość tych przyrostów dla każdego $k+1$ impulsu.•

Wreszcie, IPF w stanie (1,25a), sumując na niezmiennych odstępach czasu impulsów (1,24b), przybiera postać $I_p = \lim_{m\to\infty}\sum_{k=1}^{m}\Delta I_k \times [\tau_k], \Delta I_k = \Delta I_{k=1}3^{m-1}, \tau_k = \tau_{k=1}3^{-(m-1)}, I_p = \lim_{m\to\infty}\sum_{k=1}^{m}\Delta I_{k=1}3^{m-1}\times\tau_{k=1}3^{-(m-1)} = \lim_{m\to\infty}\sum_{k=1}^{m}\Delta I_{k=1}\times\tau_{k=1}$ skończoną, która w przypadku środka informacji o impulsie niezmiennym przynosi $\Delta I_{k=1} = |1|_k = 1Nat$ $I_p = \lim_{m\to\infty}\sum_{k=1}^{m}|1|_k \times \tau_{k=1} = \lim_{m\to\infty} m|1|_k \times \tau_{k=1}$.

(1.27)

2.3. POWSTAJĄCY MIKROPROCESOR

W miarę jak Bajki a posteriori prawdopodobieństwo rośnie wzdłuż obserwacji, sąsiednie impulsy ↓↑ i ↓↑ może się łączyć.

Dyskretne połączenie generuje interaktywny skok ↑ w granicach impulsu.

Miejsce połączenia na trajektorii obserwacyjnej identyfikuje prawdopodobieństwo wystąpienia impulsu i entropię.

Połączenie spotyka się powodując działanie z reakcją, nakładając przyczynę i skutek oraz ich prawdopodobieństwa.

Mogłoby to obejmować nieprzewidywalne wydarzenia w ramach połączenia, jak samo połączenie.

(J.A. Wheeler i R. Feynman, przytoczeni w tym Wprowadzeniu [6.7], pokazują, że kiedy akcja i symetryczna (przyległa) reakcja łączą się, mikroprocesor wznosi się z klasycznego pola Maxwella).

Wzdłuż obserwacji, rysując sąsiadujące działania impulsowe ↓i reakcje↑ rozdzielają korelacje, czyniąc je ortogonalnymi. To również czyni je ortogonalnymi skorelowane ze sobą przedziały czasowe zdarzeń.

Skoki inicjują kolejne ruchy entropii tych akcji.
Ruchome trajektorie antysymetryczne inicjują sprzężoną dynamikę w obrębie impulsu skokowego.
Matematycznie skok zwiększa dryf Markova (prędkość) do nieskończoności (Sec.1.1.3.2). Rozpoczynające się skokowe↑ działanie oddziałujące z przeciwstawnym działaniem ↓impulsu granicznego inicjuje wewnętrzny proces impulsowy $\tilde{x}_{o_k} = \tilde{x}(t \in o(\tau_k)))$ zwany mikroprocesem.

Mikroproces powstaje podczas cięcia w mikrokresach czasowych impulsów łączących.
Skok ↑inicjuje ekstremalny gradient entropii na ortogonalnych przedziałach czasu, identyfikując wirtualny promień obrotu czasu podczas jego ortogonalnego przemieszczenia.
Uwagi 2.3.

W procesie submarkowskim [37, 38], potencjalna ujemna krzywizna jądra odsłania konwergencję dryfów Markowa, co może doprowadzić do połączenia.•

2.3.1. 2.3.1. Koniugowane przyrosty entropii w mikroprocesie

Mikroprocesor rozwija się w funkcji skokowej $u_{\pm}^{t1}$, $u_{\pm}^{t2}$ w obrębie impulsu granicznego z funkcją skokową $u_t(u_-^t, u_+^t) = c^2(t \in o(\tau_k))$ na stałym odstępie impulsów $o(\tau_k)$ w obrębie impulsu dyskretnego (1. 4).

Funkcje $u_+^t = u_+(\tau_k^{+o})$ impulsowe step-down $u_-^t = u_-(\tau_k^{-o})$ i step-up, działające w dyskretnym przedziale $o(\tau_k) = \tau_k^{+o} - \tau_k^{-o}$ spełniającym (1.1A-1.1C) i (1.2a-1.2d), generują przyrosty EF (2.1):

$$\Delta S_- = \Delta S_-[u_-^t], \Delta S_+ = \Delta S_+[u_+^t], \qquad (3.1)$$

które zachowują dodatek i właściwości multiplikacyjne w procesie Markova.

(Ale łączące się działania mogą nie posiadać jednocześnie obu tych nieruchomości Markova).

Tutaj, funkcja krokowa ($u_{\pm}^{t1}$ 1.1c) jest analogiem $\overline{u}_{k\delta 1}$(1.14b), która mnożona jest w (1.16c) w miejscu $\delta_k^{\tau+}/2$ początku momentu impulsowego τ_k^{-o}.

Przeciwstawne funkcje $u_{\pm}^{t1}(t^*)$ skoków ↑↓, począwszy od początku procesu o względnym czasie

$$t^* = [m\pi / 2 \times \delta t^{\pm *} / o(\tau_k)], \delta t^{\pm *} \in (\delta t_{ok}^{\pm} \to 1/2\,o(\tau_k)) \,, \qquad (3.2)$$

trzymać kierunki przeciwstawnych impulsów

$$u_{\pm}^{t1} = [u_+ = \uparrow_{t_o^{*-}} (j-1), u_- = \downarrow_{t_o^{*+}} (j+1)] \qquad (3.3)$$

(Mnożenie (1,16c) zastosowane do funkcji (3,3), prowadzi do powstania impulsu niezmiennego przy $\delta_o[t_o^{*-}, t_o^{*+}] = \delta t^* < o(\tau)$ $\overline{u}_k = |1|_k$ końcu miejscowości τ_k^{-o}.)

Funkcje (3.3), trzymanie $u = c^2 < 0$(1.2d), przynosi wyobrażalny u i minimalny odstęp czasu

$$o = (\delta_k^{\tau+}/2)^2 = (\tau_k^{-o})^2 . \qquad (3.3a)$$

Przyrosty mikroprocesowe w odstępach czasu o nie posiadają właściwości Markova (1.C), ale posiadają (1.1B).

Skoki (3.3) inicjują względne przyrosty różnicowe entropii:

$$\frac{\delta S}{S} / \delta t^* = u_{\pm}^{t1}, \; [u_+ = \uparrow_{t_o^{*-}} (j-1), u_- = \downarrow_{t_o^{*+}} (j+1)] \,, \qquad (3.4)$$

co w pewnej granicy prowadzi do równań różniczkowych:

$$\dot{S}_+(t^*) = (j-1) S_+(t^*), \dot{S}_-(t^*) = (j+1) S_-(t^*) \,. \qquad (3.5)$$

Nałożony (3.3) z symbolem j ortogonalności do mikroprocesorowych przyrostów entropii obraca je.

Rozwiązania (3.5) opisują mikroprocesor z przeciwległymi sprzężonymi funkcjami entropii t^* w czasie względnym:

$$S_+(t^*)=[exp(-t^*)(\mathrm{Cos}(t^*)-jSin(t^*))]|_{t_o^{*-}}^{1/2o(\tau_k)}, S_-(t^*)=[exp(t^*)(\mathrm{Cos}(t^*)+jSin(t^*))]|_{t_o^{*+}}^{1/2o(\tau_k)} \quad (3.6)$$

z warunkami początkowymi $S_+(t_o^{*-})$, $S_-(t_o^{*+})$ w chwili obecnej

$$t_o^{*+}=t_o^{*-}=[m\pi/2\delta t_{ok}^{\pm}] \ . \quad (3.6a)$$

Szeroki zakres funkcji skokowej $u_{\pm}^{t1}$ $\delta t_o^{\pm}/\mathrm{o}(\tau_k)=0.2+0.005=0.205$: względem interwału $\mathrm{o}(\tau_k)$ i interwału początku impulsu $\tau_k^{-o}/\mathrm{o}(\tau_k)=0.25$ względem tego interwału określa względny moment $\delta t_{ok}^{\pm}=\delta t_o^{\pm}/\tau_k^{-o}=\pm 0.82$ uruchomienia tej funkcji.

Od tego momentu następują rozwiązania numeryczne (3.6) w momencie czasu $\delta t_{ok}^{\pm}=\pm 0.82$:

$$\begin{aligned} &S_+(t_o^+)=[exp(-\pi/2\times 0.82)(\mathrm{Cos}(\pi/2\times 0.82))-jSin(\pi/2\times -0.82))]\approx 0.2758\times 1, \\ &S_-(t_o^-)=[exp(\pi/2\times -0.82)(\mathrm{Cos}(-\pi/2\times -0.82)+jSin(-\pi/2\times -0.82))]\approx 0.2758\times 1 \end{aligned} . \quad (3.7)$$

Rozwiązania liczbowe według momentów czasu

$t^{*-}=-\pi/2\times 1/2\mathrm{o}(\tau_k)/\mathrm{o}(\tau_k)=-\pi/4$ oraz ($t^{*+}=\pi/2\times 1/2\mathrm{o}(\tau_k)/\mathrm{o}(\tau_k)=\pi/4$ 3.8)

są

$$\begin{aligned} &S_+(t^{*-})=S_+(t_o^{*-})\times\exp(-\pi/4)[\mathrm{Cos}(\pi/4)-jSin(\pi/4)], \\ &S_-(t^{*+})=S_-(t_o^{*+})\times\exp(-\pi/4)[\mathrm{Cos}(-\pi/4)+jSin(-\pi/4)]=S_-(t_o^{*+})\times\exp(-\pi/4)[\mathrm{Cos}(-\pi/4)-jSin(\pi/4)] \end{aligned} \quad (3.9)$$

Te funkcje wektorowe w przeciwnych momentach (3.6a) posiadają przeciwstawne znaki swoich kątów $m\pi/4$ z wartościami:

$$S_+(t^{*-})\cong 0.2758\times 0.455\cong +0.125, S_-(t^{*+})\cong 0.2758\times 0.455\cong -0.125. \quad (3.10)$$

Funkcja ($u_{\pm}^{t2}$ 1.2d), rozpoczynając te przeciwstawne przyrosty, obraca je pod kątem $\varphi_-^2-\varphi_+^2=\pi/2$, który wyrównuje przyrosty i zaczyna oplatać oba równe przyrosty z ich kątami w przedziale $t=\tau_k\, m0$:

$$\begin{aligned} &S_-^2(t=\tau_k+0)=\delta S_-^1(t=\tau_k-0)\times\downarrow_{\tau_k+0}\pi/2=S_-^1(t=\tau_k-0)\times\exp(\pi/2\times t_{\tau_k+0}^{*+})[\mathrm{Cos}(\pi/2\times t_{\tau_k+0}^{*+})+\mathrm{jSin}(\pi/2\times t_{\tau_k+0}^{*+}), \quad (3.11) \\ &S_+^2(t=\tau_k+0)=\delta S_+^1(t=\tau_k-0)\times\uparrow_{\tau_k+0}\pi/2=S_-^1(t=\tau_k-0)\times\exp(-\pi/2\times t_{\tau_k+0}^{*-})[\mathrm{Cos}(-\pi/2\times t_{\tau_k+0}^{*-})+\mathrm{jSin}(-\pi/2\times t_{\tau_k+0}^{*-}) \end{aligned}$$

w momentach

$$t^{*\pm}_{\tau_k+0} = [\mathrm{m}\pi \times 2\delta t^{\pm}_{1k}], \delta t^{\pm}_{1k} = \delta t^{\pm}_{1} / 1/2\tau_k \cong 0.4375, \delta t^{\pm}_{1} = \pm(0.5 - \delta t^{k1}_{\pm}),$$
$$\delta t^{k1}_{\pm} = \tau_k^{-o} / \tau_k + \delta t^{ko}_{\pm} / \tau_k = 0.25 + 0.03125 = 0.2895 \tag{3.12}$$

gdzie $\delta t^{ko}_{\pm} / \tau_k \cong 32^{-1}$ocenia różnice pomiędzy funkcjami przełączanymi z chwili $u^{t2}_{\pm} = [u_+ = (j+1), u_- = (j-1)]\, t = \tau_k - 0$na chwilę $t = \tau_k$. (Różnice te wynikają z (2.24)).

Uzyskane wartości $t = \tau_k + 0$są następujące

$$S^2_-(t = \tau_k + 0) = 0.125 \exp(\pi / 2 \times 0.4375) \times 1 \cong 0.25, S^2_+(t = \tau_k + 0) = 0.125 \exp(\pi / 2 \times 0.4375) \times 1 \cong 0.25 \tag{3.13}$$

które, będąc w tym samym kierunku, sumują się w tej okolicy:

$$S^o_{\mathrm{m}} = 2S^2_{\mathrm{m}}[(\delta t^{ko}_{\pm} / \tau_k)] \cong \mathrm{m}0.5\,. \tag{3.14}$$

Zaplątanie, począwszy od entropii (3.13), trwa do entropii (3.14), aż do przecięcia wszystkich zaplątanych przyrostów entropii.

Tak więc, splątanie zaczyna się pod kątem $(\pi/2) \times 0.4375 < \pi/4$zajmuje względny przedział czasu od impulsu $\delta t^{ko}_{\pm} / \tau_k \cong 0.03125$do końca pod kątem$\pi/2$.

Ponieważ tylko pod kątem $\pi/2$zaczyna się przedział przestrzeni w ramach impulsu, oznacza to, że *splątanie zaczyna się przed utworzeniem przestrzeni, a kończy wraz z jej rozpoczęciem.*

Tutaj i $\tau_k = 1/2o(\tau), o(\tau) = 1Nat$

$$\delta t^{ko}_{\pm} = 0.03125 \times 1/2o(\tau) = 0.015625 o(\tau) = \varepsilon_{ok}\,. \tag{3.14a}$$

Co więcej, przedział czasowy w obrębie splątania umożliwia tworzenie przestrzeni jest odwracalny.

Uwagi 2.4. Potencjalną ścieżką podczas tworzenia zarówno splątania jak i przestrzeni może być *tunel - skrót* w czasoprzestrzeni przewidywany przez ogólną względność. Ale prawdziwa krzywizna *kosmiczna nie istnieje w tym momencie.* Może się ona pojawić dopiero po zaplątaniu przez moment utworzenia Bitu na końcu impulsu. Tak więc, krzywizna kosmiczna może powstać na końcu mikroprocesu *(analog procesu kwantowego),* gdy Bit, jako elementarna jednostka makroprocesu, wyłoni się.

Ponieważ splątanie nie ma miary przestrzeni, zaplątane stany mogą być wszędzie w przestrzeni. •

Miejscowość ocenia $t = \tau_k$ m0 0_k-vicinity of action of inverse opposite functions (3.9), których oznaki sugerują oznaki przyrostów w (3.14) i w następujących formułach.

Kolejny skok funkcji skokowej funkcji↓ zmienia przyrost (3.14) zgodnie z Eqs

$$S_{\text{m}}(\tau_k^{+o}) = S_{\text{m}}^{o}(\delta t_{\pm}^{ko} / \tau_k) \times \exp(t_{\tau_k^{+o}}^{*+}), t_{\tau_k^{+o}}^{*+} = [\pi / 2\delta t_k^{*o}], \delta t_k^{*o} \in (\delta t_{1k}^{*o} \to \tau_k^{+o} / \tau_k), \quad (3.15)$$

w odstępach czasu

$$\delta t_{1k}^{*o} = \delta t_{1k}^{\pm} / 1/2\tau, \delta t_{1k}^{\pm} = \pm(0.5 - \delta t_{\pm}^{k1}),$$

$$\delta t_{\pm}^{k1} = \delta t_{\pm}^{ko} / \tau_k + \tau_k^{+o} / \tau_k = 0.25 + 0.03125 = 0.2895, \delta t_{1k}^{\pm} = \delta t_1^{\pm} / 1/2\tau_k \cong 0.4375 \cdot\cdot$$

z wynikającą z tego wartością

$$S_{\text{m}}(\tau_k^{+o}) = \text{m}0.5\exp(\pi / 2 \times 0.4375) = \text{m}0.5 \times (\cong 2) \cong \text{m}1, \quad (3.16)$$

która mierzy całkowitą entropię impulsu

$$\bar{u}_k = |1|_k = 1 Nat. \quad (3.17)$$

Trajektorie (3.10-3.16) opisują antysymetryczną sprzężoną dynamikę mikroprocesora w obrębie impulsu↑↓skokowego, który jest odwracalny i generuje zaplątane przyrosty entropii (3.16) aż do momentu przecięcia impulsu.

Uwagi 2.5. Z zależności (3.4) i równania zmienności Jacobi-Hamiltonian $\partial S / \partial t = -\tilde{H}$ wynika, że mikroprocesor Hamiltonian otrzymuje postać".

$$\tilde{H}(t^*) = -u_{\pm}^{t2} S(t^*). \quad (3.17a)$$

Że Eq. przyznaje, że sprzężony Hamiltonian z rzeczywistymi i wyimaginowanymi częściami:

$$\tilde{H}(t^*) = -[(j+1)S + (j-1)S] = -[(\dot{S}_+(t^*) / S_+(t^*) + \dot{S}_-(t^*) / S_-(t^*)] S(t^*) \quad (3.17b)$$

W splątaniu:

$S_+(t^*+) = S_-(t^*+), S = S_+(t^*+) + S_-(t^*+) = 2S_+(t^*+) = 2S_-(t^*+)$

a Hamiltonian zdobywa widok

$$\dot{H}(t^*+) = -[(\dot{S}_+(t^*)/2 + \dot{S}_-(t^*)/2] = -\dot{S}(t^*+) \qquad (3.17c).\bullet$$

Obcięcie zaplątanego złącza w chwili obecnej pokrywa $\tau_k^+ \cong 0_k + \tau_k^{o+}$ je na równi z wkładem informacyjnym

$$S_{\mathrm{m}}^o[\tau_k^+] = \Delta I[\tau_k^+] \cong 1.44\,\mathrm{bit} \qquad (3.18)$$

które każdy $\overline{u}_k$ impuls wytwarza.

Interaktywna akcja ↑tego impulsu z mikroprocesorowym skokiem ↓ dostarcza entropii na 0_k-vicinity momentu cięcia:

$$S_c^*(\tau_k^+) = \exp 0_k = 1\ . \qquad (3.19)$$

Impulsowa $[\uparrow_{\tau_k^{+o}} \overline{u}_+^o]$akcja step-up (w (3.6)) generuje bit informacyjny z mikroprocesorowej entropii odwracalnej.

Działania skokowe zapewniają minimalne dyskretne przemieszczenie (3.3a,3.2), które obraca entropię w przeciwnych przyrostach. Skok interaktywny generuje parę losowych działań interaktywnych na impulsie granicznym, które są równie prawdopodobne, odwracalne w ramach prawdopodobieństwa wielu losowych działań interaktywnych. Przesunięcie krzywej inicjuje mikroproces w obrębie impulsu granicznego, uruchamiając superpozycję i splątanie sprzężonych frakcji entropii w przedziale czasu rozpoczynającym się od skoku.

Zaplątanie zaczyna się przed utworzeniem przestrzeni przesunięcia, a kończy się wraz z rozpoczęciem przesunięcia przestrzennego, stanowiąc niewielką część impulsowego odwracalnego przedziału czasu. •

2.3.2. 2.3.2. Obrotowa sprzężona dynamika mikroprocesora

Funkcje etapów początkowych inicjują $u_{\pm}^{t1}$ przyrosty entropii w odstępach $o(\tau_k - 0)$ czasu $t = \tau_k - 0$:

$\delta S_+[u_+^{t1}] = \delta S_+^1(t=\tau_k - 0)) = \delta S_+^1(t=\tau_k^{-o}) \uparrow_{\tau_k^{+o}} (j-1), \delta S_-[u_-^{t1}] = \delta S_-^1(t=\tau_k - 0) = \delta S_-^1(t=\tau_k^{-o}) \downarrow_{\tau_k^{-o}} (j+1)$.
(3.20)

$u_\pm^{t2}$ Funkcje krokowe (1.2d) rozpoczynające się od $t=\tau_k - 0$ przekazania przyrostów entropii w odstępie czasu $o(\tau_k)$ przez moment $t=\tau_k$:

$\delta S_+[u_+^{t2}] = \partial S_+^2(t=\tau_k) = \partial S_+^2(t=\tau_k - 0)) \uparrow_{\tau_k} (j+1), \delta S_-[u_-^{t2}] = \partial S_-^2(t=\tau_k) = \partial S_-^2(t=\tau_k - 0)) \downarrow_{\tau_k} (-j+1)$.
(3.21)

u_+^{t1} Funkcja złożona włącza mnożenie funkcji $\delta S_+^1(t=\tau_k^{-o})$ na kąt $\varphi_+^1 = -\pi/4$, a funkcja u_-^{t1} włącza mnożenie funkcji na $\partial S_-^1(t=\tau_k^{-o})$ kąt $\varphi_-^1 = \pi/4$ na moment $t=\tau_k - 0$.

To przynosi przyrosty entropii

$\delta S_+^1(t=\tau_k - 0)) = \delta S_+^1(t=\tau_k^{-o}) \times \uparrow_{\tau_k^{+o}} -\pi/4, \delta S_-^1(t=\tau_k - 0)) = \delta S_-^1(t=\tau_k^{-o}) \times \downarrow_{\tau_k^{+o}} \pi/4$. (3.22)

Analogicznie, funkcje skokowe $u_\pm^{t2}$, począwszy od przyrostów $t=\tau_k - 0$ entropii (3.22) na kątach $\varphi_-^2 = \pi/4$ przez moment $t=\tau_k$ i na kątach $\varphi_+^2 = -\pi/4$ przyrostów entropii przez moment $t=\tau_k$:

$\delta S_-^2(t=\tau_k) = \delta S_-^2(t=\tau_k - 0) \times \downarrow_{\tau_k} \pi/4, \delta S_+^2(t=\tau_k) = \delta S_+^2(t=\tau_k - 0) \times \uparrow_{\tau_k} -\pi/4$. (3.23)

Różnica kątów pomiędzy funkcjami w (3.22): $\varphi_+^1 - \varphi_-^1 = -\pi/2$ pokonuje przedział czasowy $o(\tau_k - 0) = \tau_k^{-o} + 1/2 o(\tau_k)$.

Następnie sterowanie $u_\pm^{t2}$, począwszy od przeciwnych przyrostów (3.23), włącza je na przyrostach entropii wyrównujących $\varphi_-^2 - \varphi_+^2 = \pi/2$ kąt (3.23).

To uruchamia *zaplątanie się krotności* entropii i ich kątów *w* odstępie czasu $o(\tau_k)$ (w środku impulsu $(t=\tau_k)$:

$\delta S_+^2(t=\tau_k) = \delta S_-^2(t=\tau_k) = \delta S_{\mathrm{m}}^2$. (3.24)

Sterowanie $\overline{u}_- = 0.5$, obracanie funkcji wektorowej położonej w czasie na początku impulsu:

$$u_-^t = u_-(\tau_k^{-o}) : \xleftarrow{\tau_k^{-o}, \bar{u}_- = 0.5,} \delta\varphi_1 = 0 \quad (3.25)$$

na kąt $\delta\varphi_1 = \varphi_+^1 - \varphi_-^1 = \pi/2$, przekształca go na wektor przestrzenny $u_+(\tau_k - 0) = \uparrow_{\tau_k - o} \bar{u}_+ = 1$ podczas skoku z chwili na $t = \tau_k^{-o}$ chwilę $t = \tau_k - 0$ na interwał $o(\tau_k - 0)$ w (3.22).

Następnie funkcja wektorowa $\downarrow_{\tau_k} \bar{u}_-^o = 2$, zaczynając od funkcji wektorowej $t = \tau_k - 0$ z odstępem czasowym, $\bar{u}_-^o = 2$, przeskakuje do funkcji wektorowej $\uparrow_{\tau_{k+0}} \bar{u}_+^o = 2$, tworząc w odstępie czasowym impuls czasoprzestrzenny dodatku. $o(\tau_k + 0) = 1/2o(\tau_k) + \tau_k^+$

$$u_m = [\downarrow_{\tau_k + 0} \bar{u}_-^o] + [\uparrow_{\tau_k^{+o}} \bar{u}_+^o]. \quad (3.26)$$

Pierwsza część (3.26) wyrównuje (3.24) w przedziale $\bar{u}_- \times 1/2o(\tau_k)$ *czasoprzestrzennym*, a następnie łączy się, sumując je, $\bar{u}_- \times o(\tau_k + 0)$ co finalizuje splątanie.

Ostatnia część impulsu (3,26) cięcie zabija zaplątane przyrosty w przerwie w momencie końcowym $\bar{u}_+ \times \tau_k^+ \ \tau_k^+$. W punkcie 2.3.4 przedstawiono szczegółowo relację czas-przestrzeń i jej środki.

Relacje (3.1-3.26) prowadzą do następujących specyficznych cech mikroprocesora.

3.1a.Funkcje etapowe $u_\pm^{t1}$ inicjują mikroprocesor $\tilde{x}_{\delta k1} = \tilde{x}(t \in o(\tau_k - 0))$ na początku impulsowego, dyskretnego interwału $o(\tau_k - 0)$ z jedynie przyrostami dodatków (3.2). Przeciwległe funkcje krokowe $u_\pm^{t2}$ kontynuują mikroproces $\tilde{x}_{\delta k2} = \tilde{x}(t \in o(\tau_k + 0))$ $o(\tau_k + 0)$ w odstępie czasu zarówno z przyrostami dodatków, jak i przyrostami mnożnikowymi (3.3) zachowując właściwości procesu Markova.

3.1b.Impuls czasoprzestrzenny (3.17) w ramach procesów $o(\tau_k + 0)$ interwałowych splątania się przyrostów (3.25) mikroprocesu $\tilde{x}_{\delta k2} = \tilde{x}(t \in o(\tau_k + 0))$ sumujących te przyrosty na $o(\tau_k)$ miejscu $t = \tau_k$:

$$S_m^o = 2\delta S_m^2[(o(\tau_k)]. \quad (3.27)$$

Następnie zabija przedsiębiorstwa (3,27) w momencie końcowym $\tau_k^{o+} \to \tau_k^+$:

$S^o_{\text{m}}[\tau_k^+] = 0$. (3.27a)

Mikroproces, wytwarzający przyrost entropii (3.27) w przedziale impulsów, jest odwracalny przed zabiciem, co przekształca przyrosty w równy wkład informacyjny.

$S^o_{\text{m}}[\tau_k^+] \Rightarrow \Delta I[\tau_k^+]$, (3.27b)

Ilość ta zależy od entropii łączących się impulsów uruchamiających mikroprocesor.

Informacja pojawiająca się w końcowym przedziale czasu impulsu powoduje wtrysk energii z regulacją stopniową$[\uparrow_{\tau_k^{+o}} \bar{u}_+^o]$.

Wstrzykiwanie energii może być wynikiem pośredniego oddziaływania impulsu z otoczeniem.

Od momentu zakończenia impulsu rozpoczyna się *nieodwracalny* proces informacyjny.

3.1c. Przeniesienie początkowego czasowo położonego wektora na równoważny wektor przestrzenny $\uparrow_{\tau_k - o} \bar{u}_+$ przekształca *impuls przejściowy*, począwszy od skoku czasu τ_k^{-o} w przedziale $\bar{u}_- = 0.5$ do utworzenia odstępu z $\bar{u}_+ = 1$. Przeciwny wektor przestrzenny $\downarrow_{\tau_k} \bar{u}_-^o = 2$, działający na względny przedział czasu $1/2o(\tau_k)/(\tau_k^{+o} - \tau_k^{-o}) = 0.5$ $\downarrow_{\tau_k} \bar{u}_-^1 : \bar{u}_-^1 = 2 \times 0.5 = 1$, tworzy funkcję czasoprzestrzenną, która, jako odwrotny odpowiednik przeciwnej funkcji $\uparrow_{\tau_k - o} \bar{u}_+$, neutralizuje ją do zera. Zarówno czas trwania $\bar{u}_+ = 1$ tych funkcji, jak i ich $\bar{u}_- = 0.5$ koncentracja w przedziale przejściowym $\tau_k - (\tau_k - 0) = 0_k$.

W ramach całego impulsu pozostały tylko funkcje krokowe$[\downarrow_{\tau_k^{-o}} \bar{u}_-]$ na odcinku czasu $\bar{u}_- = 0.5$ i funkcja krokowa $[\uparrow_{\tau_k^{+o}} \bar{u}_+^1] \bar{u}_+^1 = \bar{u}_+ \times \tau_k^+ = 2_{\tau_k^+}$ na odcinku czasoprzestrzennym.

Określa to wielkość impulsu $1-0$ dyskretnego za pomocą mnożnikowej miary $U_m =|0.5\times 2|=|1|_k = \overline{u}_k$ generującej bit informacyjny.

Dlatego też funkcje i $u_+(\tau_k - 0) = \uparrow_{\tau_k - o} \overline{u}_+ \, u_-(\tau_k) \downarrow_{\tau_k} \overline{u}_-^o$ są przejściowe podczas tworzenia tego mikroprocesu impulsowego i tworzenia przestrzeni czasowej $\%_{\delta k} = \%t \in 1/2o(\tau_k), h_k \in 2_{\tau_k^+})$ z końcowym przyrostem entropii (3.27) i logiką wirtualną. Mikroproces przechodzi od entropii w momencie końcowym $\tau_k^{o+} \to \tau_k^+$: -lokalności (3.27) do informacji rzeczywistej (3.27b).

2.3.3. 2.3.3. Funkcje prawdopodobieństwa mikroprocesora

Amplitudy funkcji prawdopodobieństwa procesu $S_m^*(\tau_k^{+o}) =| S_+^* |=| S_-^* |= 1$ są równe i niezależne:

$$p_{+a} = 0.3679, p_{-a} = 0.3679 \quad (3.28)$$

To prowadzi do

$$p_{+a} p_{-a} = p_{\pm a}^2 = 0.1353, S_{ma}^* = -\ln p_{a\pm}^2 = 2,$$

lub na $S_{ma}^* = 2$, do

$$p_{a\pm} = \exp(-2) = 0.1353 , \quad (3.28a)$$

gdzie

$$S_{ma}^* = S_m^*(\tau_k^{+o}+) + S_c^*(\tau_k^+ +) \quad (3.28b)$$

zawiera komponenty interaktywne przy τ_k^{+o} + następnym k impulsie.

Funkcje $u_+ = (j-1), u_- = (j+1)$, zadowalające (1.IA), spełniają właściwość dodatku w interwale rozruchu impulsowego $o[t_o^m]$, uruchamiając antysymetryczne frakcje entropii.

$u_+ = (1+j), u_- = (1-j)$ Funkcje przeciwstawne, spełniające (1.IB) do końca impulsu przy $\uparrow_{\tau_{k+}^{+o}} \overline{u}_\pm$, zaplątaniu się tych frakcji entropii w $|1/2\times 2|=|\overline{u}_k|=|1|_k$ przedziale przestrzeni impulsowej $\overline{u}_\pm = \pm 2$.

Plączące się frakcje posiadają równe prawdopodobieństwa impulsowe (3,28), które wskazują na pojawienie się obu splątanych frakcji antysymetrycznych jednocześnie z odstępem przestrzeni startowej.

Interaktywne amplitudy prawdopodobieństwa p_{+a}, p_{-a} satysfakcjonującej $p_{\pm a}$ zależności mnożnikowej $p_{\pm a} = \sqrt{p_{+a} p_{-a}}$.

Jednakże suma prawdopodobieństw nieinteraktywnych: nie jest $p_{+} + p_{-} = \exp(-S_{+}^{*}) + \exp(-S_{-}^{*}) = p_{\pm} \neq \mathrm{p}_{a\pm}$ zgodna z nią.

Sumaryczne prawdopodobieństwo $p_{\pm am} = 0.7358$ składników nieinteraktywnych entropii jest nierówne prawdopodobieństwu oddziaływania $p_{\pm a}$.

Prawdopodobieństwa interakcji w impulsie przejściowym na $[\uparrow 1_{\tau|_k^-} \downarrow 1_{\tau|_k^+}]\overline{u}_k$ τ_k-lokalności naruszają ich właściwości addytywne, ale zachowują dodatek przyrostów entropii.

Mikroprocesor impulsowy na odcinku końcowym zachowuje zarówno właściwości addytywne, jak i multiplikatywne tylko dla entropii.

Podstawowe relacje entropii impulsu i prawdopodobieństwa są równoważne z relacjami amplitudy prawdopodobieństwa w mechanice kwantowej (QM) Jednak prawdopodobieństwo cięcia impulsowego p_{+}, p_{-} jest prawdopodobieństwem zdarzeń losowych w ukrytych korelacjach, podczas gdy amplitudy prawdopodobieństwa p_{+a}, p_{-a} są atrybutami mikroprocesora zaczynającego się w obrębie impulsu cięcia.

To odróżnia rozpatrywany mikroproces od powiązanych równań QM, rozpatrywanych dla cząstek fizycznych.

Wielokrotne impulsy integrują entropię mikroprocesorową wzdłuż obserwowanych rozkładów losowych.

Przy minimalnej entropii impulsowej ½ Nat rozpoczynającej wirtualnego obserwatora, każda następna początkowa entropia impulsowa samoczynnie $S_{\pm}(t_o) = 0.25 Nat$ generuje entropię $S_{ma}^{*} = 0.5 Nat$.

Tak więc, mikroprocesor wirtualnego obserwatora w przestrzeni czasowej zaczyna się z dużym prawdopodobieństwem $p_{a\pm} = \exp(-0.5) = 0.6015$.

Prawdopodobieństwo $p_{a\pm} = 0.1353$ jest względne w stosunku do warunków początkowych impulsu, które oceniają pojawienie się w czasie rzeczywistego impulsu (spełniającego (3,26)), który *zmniejsza* jego początkową entropię na Nat. $S^*_{\text{m}a} = 2$

Niezmienna miara impulsu, spełniająca minimax, zachowuje $p_{a\pm}$ wzdłuż mikroprocesora czasowego dla wielu impulsów czasowych. Osiągając prawdopodobieństwo pojawienia się impulsu, impuls czasoprzestrzenny potrzebuje zwielokrotnienia inwariantu $m_p = 0.6015 / 0.1353 \cong 4.4457 \approx 5$ $p_{a\pm} = 0.1353$, który przewiduje a priori prawdopodobieństwo reaktywnego działania impulsu.

Interwał przestrzenny, rozpoczynający przesunięcie przemieszczenia, rozpoczyna się w przedziale zaplątania (3,15a) o prawdopodobieństwie

$$P^*_\Delta(\delta t^{kl}_\pm) = \exp(-|S^*_{\text{m}}(\delta t^{kl}_\pm)| \, P^*_\Delta(\delta t^{kl}_\pm) = 0.821214, \tag{3.28b}$$

na stronie

$$\delta t^{kl}_\pm = 0.2895, S^*_{\text{m}}(\delta t^{kl}_\pm) = \text{m}0.125\exp(\pi / 2 \times \delta t^{kl}_\pm) = \text{m}0.1969415, \tag{3.28c}$$

i kontynuuje podczas przesunięcia, rozciągając się na przestrzenną część multiplikatora impulsów po zakończeniu przesunięcia.

Dlatego też każdy odwracalny mikroprocesor w obrębie impulsu generuje niezmienny przyrost entropii, co umożliwia sekwencyjne minimalizowanie niepewności początkowej obserwacji.

Przypisanie entropii minimalnej niepewności pomiaru $h^o_\alpha = 1/137$ - fizycznego parametru strukturalnego energii [30], który zawiera równowartość energii stałej Plank'a, prowadzi do zależności:

$$S^*_{\text{m}a} = 2h^o_\alpha, p_{\pm a} = \exp(-2h^o_\alpha) = 0.98555075021 \to 1, \tag{3.29}$$

Ocenia to prawdopodobieństwo wystąpienia rzeczywistej siły fizycznej impulsu sprzężenia niezależnie od wybranych frakcji entropii.

Początkowo ortogonalne, nieinteraktywne frakcje entropii, $S^*_{+a} = h^o_\alpha$ $S^*_{-a} = h^o_\alpha$ przy wzajemnych interaktywnych działaniach, spełniają zależność multiplikacyjną

$$S^*_{\mathrm{m}a} = (h^o_\alpha)^2[\mathrm{Cos}^2(\overline{u}t) + Sin^2(\overline{u}t)]\Big|_{t_o^{\mathrm{m}}}^{t=1/2\tau} = (h^o_\alpha)^2 = inv \qquad (3.30)$$

które przy zbliżaniu się $S^*_{\mathrm{m}a} = (h^o_\alpha)^2 \to 0$ $p^*_{\pm a} = \exp[-(h^o_\alpha)^2] \to 1$.

Oddziaływanie impulsowe sąsiaduje z początkową ortogonalną sumą geometryczną ułamków entropii w sumie liniowej $2h^o_\alpha$.

Rozpoczęcie sprzężenia fizycznego z podwójnym parametrem strukturalnym h^o_α tworzy początkową informację potrójną z prawdopodobieństwem (3.29).

Mikroprocesor inicjuje połączenie, które rozpoczyna się skokowym mnożeniem na granicznym czasie impulsu zgodnie z (1.16b) następującym po nim przemieszczeniem (3.3a) podczas połączenia. Oba wynikają ze skrajności EF. Losowe scalenie mikroprocesorowe" okazuje się niemożliwe do deterministycznego przewidywania QM.

Mnożenie narusza właściwość Markova (1.1B) prowadząc do skomplikowanego sterowania (1.2c), które uruchamia mikroprocesor w obrębie przemieszczenia i obraca początkowe sprzężone przyrosty entropii.

Mikroproces (2.3.3) powstaje w wyniku wielokrotnych oddziaływań, począwszy od prawdopodobieństwa (3.28), odwrotnej entropii $S^*_{\mathrm{m}a} = 2i$ *wtrysku związanej z tym przypadkowej energii. Przy rosnącym prawdopodobieństwie do 1, energia ta zwiększa się o równoważną entropię, co prowadzi do wyrównania informacji Bit.*

Aspekt energetyczny znajduje się w rozdziale 2.6, gdzie Równość Jarzyńskiego (JE)[39]*, zastosowana do rozwijającego się mikroprocesu, mierzy energię termodynamiczną łączącą JE ze środkiem informacyjnym tego procesu.*

Tak więc, ten rozwijający się mikroproces przedstawia stochastyczny proces kwantowy z rozwijającą się termodynamiką i ścieżką do Makrodynamiki Informacyjnej [40].

Wyniki pokazują, że szczelina okienna interakcji z otoczeniem otwiera się tylko dwukrotnie na granicy impulsów: na początku między momentami $\delta_k^{\tau+}/4$ i w momencie, gdy τ_k^{-o} *przepływ entropii z dostępem do energii jest impulsowy, oraz na końcu szczeliny, gdy zaplątana entropia z dostępem do energii zamienia się w równoważną informację.*

2.3.4. 2.3.4. Zależność między zakrzywionym czasem a równoważną długością przestrzeni w obrębie impulsu

Miejmy dwuwymiarowy impuls prostokątny o prostokącie prostokątnym mierzonym w jednostce długości w p czasie $[\tau]$i prostokątnym $h$mierzonym w jednostce długości w przestrzeni$[l]$, z prostokątną miarą

$$M_i = p \times h. \tag{3.31}$$

Problem: Posiadanie miary zwykłej części impulsu, $\mathrm{M}_p$aby *znaleźć* wysokie $h$na równych miarach obu części:

$$\mathrm{M}_p = \mathrm{M}_h \text{ i } \mathrm{M}_p + \mathrm{M}_h = M_i. \tag{3.32}$$

Z (3.42) wynika, że

$$\mathrm{M}_h = 1/2M_i = 1/2p \times h. \tag{3.33}$$

Zakładając, że impuls ma tylko równe części proste$1/2p$, mierzy on $\mathrm{M}_p = (1/2p)^2$.

Następnie z $\mathrm{M}_p = (1/2p)^2 = \mathrm{M}_h = 1/2p \times h$niego wynika

$$h/p = 1/2. \tag{3.34}$$

Znajdźmy jednostkę długości $[l]$zakrzywionej jednostki czasu obracającej się pod kątem za $[\tau]\,\pi/2$pomocą zależności

$$2\pi h[l]/4 = 1/2p[\tau] \quad \text{(3.35a)}, \quad [\tau]/[l] = \pi h/p. \tag{3.35}$$

Zastępstwo (3.34) prowadzi do proporcji mierzonych jednostek:

$$[\tau]/[l] = \pi/2\ . \tag{3.36}$$

Relacja (3.36) podtrzymuje ortogonalność tych jednostek w układzie współrzędnych czasoprzestrzeni, ale ponieważ początkowe relacje

(3.32) są liniowe, relacja (3.36) reprezentuje liniowe połączenie jednostek czasoprzestrzeni (3.35).

Skoki impulsów zakrzywiają jednostkę czasu w (3.8). Zgodnie z Propozycją 1.3, niezmienna entropia impulsu zakłada mnożenie, rozpoczynając rotację.

Mikroprocesor, wbudowany w ruch obrotowy zakrzywiający czas impulsu, przylega do początkowej prostopadłej osi współrzędnych czasu i przestrzeni (rys.1a).Impuls zakrzywiający ilustruje rys.1b.

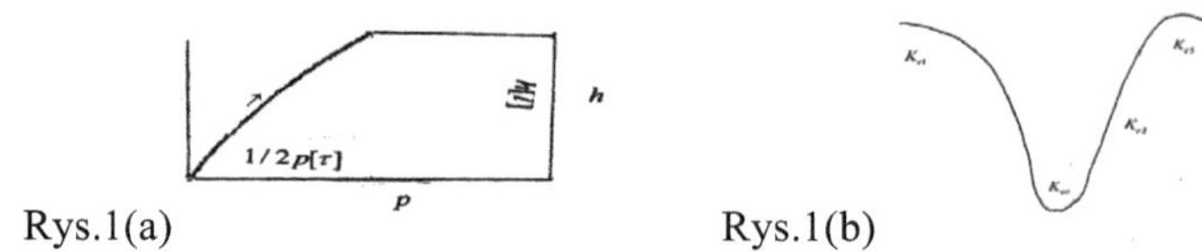

Rys.1(a) Rys.1(b)

Rys.1(a). Ilustracja początkowa $h[l]$ miary współrzędnych przestrzeni impulsowej w czasie krzywej współrzędnych $1/2p[\tau]$ w ruchu przejściowym.

Rys.1(b). Impuls krzywizny z krzywizną części impulsowej stopniowanej K_{e1}, krzywizną K_{eo} części tnącej, krzywizną K_{e2} części przenoszonej impulsowo i krzywizną części końcowej tnącej całą entropię impulsową.

Impulsy, zachowując środki mnożnikowe i dodatkowe, mają wspólny stosunek $h/p=1/2$, którego część krzywoliniowa $p=1/2$ przynosi uniwersalny stosunek (3,36), co jest zgodne z Lemma 1,1, (1,2a).

Przy powyższym założeniu, miara M_h nie istnieje, dopóki nie zakrzywi się jej jedyny czas $1/2p$ w momencie przejścia impulsu. To przejście jest mierzone tylko w czasie. Poniższe przejście impulsowe jest mierzone zarówno we współrzędnych czasowych jak i przestrzennych $1/2ph$.

Zgodnie z (3.33), środek M_h pojawia się tylko w przypadku połowy całkowitej wartości tego impulsu M_i.

Impuls przejściowy może rozpocząć się na granicy impulsów wirtualnych $\downarrow\uparrow$, gdzie przejście, zakrzywiając czas $\delta t_p = 1/2p$ w trakcie skoku impulsowego $\delta t_p \to 0$, prowadzi do

$$M_p \to 0 \text{ przy } M_h \Rightarrow M_i = p \times h. \qquad (3.37)$$

Jeśli impuls wirtualny ↓↑ ma równe przeciwstawne funkcje $u_-(t), u_+(t+\Delta)$, at $\overline{u}_+ = \overline{u}_-$, warunek addytywny dla środka (1.2a): $U_a(\Delta) = 0$ jest naruszony, a impuls posiada tylko miarę mnożnikową $U_m(\Delta) \neq 0$ w stosunku (1.2C): $U_m(\Delta) = U_{am}$ która jest skończona tylko przy $\overline{u}_+ = \overline{u}_- \neq 0$.

Jeśli któryś z nich $\overline{u}_+ = 0$ *lub* $\overline{u}_- = 0$, zarówno mnożnikowy $U_m(\Delta) = 0$ jak i dodatek $U_a(\Delta) = 0$ znikają.

$\overline{u}_- \neq 0$, Miara $U_a(\Delta)$ jest skończona i pozytywna, a w szczególności $\overline{u}_- = 1$ prowadzi do zachowania miar $U_a(\Delta) = 1$ $U_{amk} = | U_a |_k$.

Skok impulsowy na $o[t_o^m] \to \delta t_p \to 0$ krzywych przestrzeń "plisowania igły" na przejściu do skończonej formy impulsu. Miara prawdopodobieństwa Bayes'a może pokonać tę lukę przejściową.

Ponieważ entropia (I. 3.2.1) jest proporcjonalna do przedziału czasu korelacji, którego krzywizna impulsowa jest dodatnia $K_s = h[l]^{-1}$, ta zakrzywiona entropia jest dodatnia.

Nacięcie igłą krzywoliniową zmienia znak krzywizny, przekształcając tę entropię w informację.

2.4. KRZYWIZNA IMPULSU

Zewnętrzna kontrola kroków niesie ze sobą entropię, która dokonuje oceny:

$$\delta^i_{ue} = 1/4(u_{io} - u_i), \tag{3.38}$$

gdzie $u_{io} = \ln 2 \cong 0.7 Nat$ jest całkowita entropia impulsu i $u_i \cong 0.5 Nat$ jest jego częścią tnącą.

Ta sama entropia-informacja przenosi każdy impuls sterowania step-down i step-up, podczas gdy oba regulatory przenoszą $\delta^i_{ueo} \cong 0.1 Nat$.

Ocenia on w szerokim zakresie informacje o przecięciu każdego pojedynczego impulsu kontrolnego, które niesie impuls:

$$\delta^i_{ue} \cong 0.05 Nat\ . \tag{3.38a}$$

Aby utworzyć informacje, początkowa część krocząca i część krocząca przenoszą entropię do końcowej części zabijającej, generując informacje. Te trzy części przenoszą odpowiednio środki entropii:
$\delta^{i}_{ue1} \cong 0.025Nat, \delta^{i}_{ue2} \cong 0.02895Nat, \delta^{i}_{ue3} \cong 0.01847Nat$. (3.38b)

Pierwsza zależność w (3,38b) pozwala oszacować krzywiznę K_{e1} części impulsowej Euklidesa, związanej z entropią curryingową $0.25Nat$ i jej przyrostem δK_{e1}:

$$K_{e1} = (r_{e1})^{-1}, r_{e1} = \sqrt{1+(0.025/0.25)^2} = m1.0049875, \\ K_{e1} \cong -0.995037, \delta K_{e1} \cong -0.004963 \quad (3.39)$$

Krzywizna części tnącej szacuje relacje między krzywizną a krzywizną

$$K_{eo} = (r_{eo})^{-1}, r_{eo} = m\sqrt{1+(0.1/0.5)^2} = 1.0198, \\ K_{eo} \cong -0.98058, \delta K_{eo} \cong -0.01942 \quad (3.39a)$$

Relacje krzywiznowe przeniesionej części szacują

$$K_{e2} = (r_{e2})^{-1}, r_{e2} = \sqrt{1+(0.02895/0.25)^2} \cong 1.0066825, \\ K_{e2} \cong +0.993362, \delta K_{e2} \cong 0.006638 \quad (3.39b)$$

co jest przeciwieństwem części zniżkowej.

Część końcowa przecinająca wszystkie entropie impulsowe szacuje krzywizny

$$K_{e3} = (r_{e2})^{-1}, r_{e3} = \sqrt{1+(0.01847/\ln 2)^2} \cong \pm 1.014931928, \\ K_{e3} \cong +0.99261662, \delta K_{e3} \cong -0.00738338$$

Tak więc impuls entropii jest zakrzywiony z trzema różnymi wartościami krzywizny (Rys.1b).

Wartości te szacują krzywiznę każdego impulsu trzymającego niezmienne entropie.

Pojawiają się one przy minimalnym odcięciu entropii przenoszącej impulsy, a prawdopodobieństwo $S_{ki} = 0.5$ *a priori pojawia się* po $p_{a\pm} = \exp(-0.5) = 0.6015$ zaobserwowaniu tego prawdopodobieństwa przez wiele impulsów pomiarowych. m_p

Ponieważ impuls prostokątny, tnący korelację czasową, ma miarę $\mathrm{M} = |1|_M$, impuls krzywizny, tnący korelację krzywizny, określa miarę

$$r_{iM} = \mathrm{M} \times K_{ei}. \qquad (3.40)$$

Impuls prostokątny, nie tnący korelacji czasowych, posiada krzywiznę Euklidesa $K_{iM} = 1$.

W związku z tym, impuls z pomiarem zarówno czasu jak i przestrzeni $|M_{io}| = \pi$, który może pojawić się w przejściowej krzywiźnie impulsowej części tnącej

K_{eo}, określa środki korelacji

$$r_{icM} = \mathrm{M}_{io} \times K_{eo}. \qquad (3.40a)$$

W momencie pojawienia się impulsu z pojawiającą się współrzędną przestrzenną, przyrost korelacji zakrzywionego impulsu mierzy stosunek miar dla korelacji zakrzywionej do jednej tylko z korelacją czasową: $r_{icM} / r_{iM} = \pi / |1| K_{ei} / K_{eio}$

(3.40b)

Liczenie (3,40b) prowadzi do

$r_{icM} / r_{iM} \cong 3.08$.

Względny przyrost korelacji:

$$\Delta r_{iM} / r_{iM} = (r_{iM} + r_{icM}) / r_{iM} = 1 + r_{icM} / r_{iM} \cong 4$$

zgadza się z (2.12), co do limitu:

$$\lim_{\Delta r(\Delta t), \Delta t \to 0} [\Delta r_{iM} / r_{iM}) = \dot{r}_{icM} / r_{iM}$$

wnosi równoważny wkład do integralnego funkcjonalnego IPF (I.4.4.7), który rośnie wraz ze wzrostem powyższego wskaźnika.

Środek $|M_{io}| = |[\tau] \times [l]| = \pi$ zaspokaja stosunki

$$[\tau] = \pi / \sqrt{2}, [l] = \sqrt{2} \text{ przy } [\tau]/[l] = \pi / 2. \qquad (3.40c)$$

Skrócenie odstępów czasu między cięciami trzykrotnie zwiększa gęstość (1,26) każdej niezmiennej korelacji krzywej dla impulsu minimax (1,25), zachowując jego miarę (3,40).

Ponieważ każdy wirtualny impuls tnący zachowuje swoją wirtualną miarę (3,40b), związana z nim wirtualna korelacja czasowa jest w stanie utworzyć przestrzeń podczas splątania, która mierzy potrójną gęstość.

W przypadku impulsu niezmiennego, który ściska krzywiznę impulsu, zwiększa się prawdopodobieństwo zarówno przedziału czasu cięcia, jak i powstającej współrzędnej przestrzennej.

Miara impulsu . $M_{io} = r_{icM} \times (K_{eo})^{-1}$ określa korelację pomnożoną przez odwrotną krzywiznę impulsu. Ale ponieważ $M_{io} = inv = \pi$, to wynika z bezpośredniego związku korelacji z krzywizną $r_{icM} = \pi K_{eo}$; z rosnącym wzrostem korelacji krzywizny, i odwrotnie. Wzrost gęstości impulsu wraz ze skracaniem odstępów czasowych cięcia zwiększa odstępy czasowe dla niezmiennej miary impulsu, ale zmienia korelację tylko ze zmieniającą się krzywizną. Ponieważ wzrost IPF przy rosnącej gęstości towarzyszy rosnącej krzywiźnie impulsów obrotowych, korelacje te również rosną.

Po zakumulowaniu energii te krzywe informacyjne oceniają grawitację informacji impulsowej.

2.5. W JAKI SPOSÓB SKOK TNĄCY OBSERWACJI OBRACA CZAS MIKROPROCESORA I TWORZY INTERWAŁ PRZESTRZENNY

Każda obserwacja, przetwarzając interaktywne impulsy, odcina korelację rozkładów losowych.

Wirtualne korelacje krzywizny cięcia impulsu oceniają entropijną miarę krzywizny, która z rosnącym prawdopodobieństwem ostatecznie doprowadza informacyjno-fizyczną krzywiznę do rzeczywistego impulsu.

Zakrzywiony skok korelacji cięcia obraca odstęp czasu impulsu uruchamiając mikroprocesor impulsowy. Skok ten inicjuje mnożnikowe działanie impulsu $\uparrow_{\delta_k^+} \downarrow_{\tau_k^{-o}}$ na krawędzi instancji uruchamiającej τ_k^{-o}. Zastosowany do przeciwnych wyimaginowanych sprzężonych entropii obraca je z ogromną prędkością kątową [41] aż do splątania. Krawędź interwału τ_k^{-o} determinuje zarówno przesunięcie szerokości skoku, jak i krzywiznę tworzącą się w trakcie obrotu. Zakrzywiony przedział czasu w $\delta t_{\pm}^{ko} / \tau_k \cong 0.03125$ stosunku do czasu impulsu, powstającego podczas splątania, *włącza się na początku przestrzeni przed zakończeniem splątania pod kątem* $\pi / 2$... To ilustruje rys.1a.

Tak więc czas, a następnie odstępy czasu wyłaniają się w oddziaływującym impulsie jako przedział fazowy, którego probabilistyczne funkcje częstotliwości zamykają ułamkowe prawdopodobieństwo pola dostępnego dla obserwacji. Negatywna krzywizna zakrzywionego impulsu (rys. 1b) przyciąga obserwowaną pozytywną krzywiznę oddziałującego impulsu. Przyci±ganie w oddziaływuj±cych impulsach wirtualnych mierzy przyrost entropii oddziaływaj±cych krzywych jako analogię do grawitacji wirtualnej. Ujemna krzywizna prawdziwego impulsu przyciąga energię z przypadkowego pola niezbędnego do stworzenia informacji, która powoduje przyciąganie grawitacyjne.

Tak więc *przyciąganie grawitacji zaczyna się od stworzenia przestrzeni w miejscu splątania.*

Szczegóły poniżej.

Interaktywny mikroprocesor impulsowy obraca się w ruchu przelotowym utrzymując działanie przelotowe ↑.

Działanie to, zaczynając od kąta obrotu |π/4|, inicjuje zaplątanie się sprzężonych entropii.

Ruch obrotowy, działanie rotacyjne ↑ pod dodatkowym kątem, zbliżenie |π/4|, przekazuje działanie ↓, które rozlicza impuls przejściowy, który finalizuje splątanie pod kątem| π/2|.

Impuls przejściowy utrzymuje działania czasowe ↑↓ w przeciwieństwie do impulsu pierwotnego ↓↑, który ma na celu wygenerowanie sprzężonego splątania, związanego na przykład z rotacją w lewo i w prawo (m).

Impuls przejściowy, oddziałując z przeciwległymi skorelowanymi splątaniami m, odwraca go na ±.

Interakcyjny ruch wzdłuż granicy impulsów kończy się odcięciem korelacji impulsowej, która niesie ze sobą potencjalne wymazanie, stając się rzeczywistością z dostarczaniem energii zewnętrznej. Ponieważ impuls "entropii" jest wirtualny, działanie przejściowe w ramach tego impulsu ↑↓ jest także wirtualne, a jego interakcja z tworzącym się korelującym splątaniem jest odwracalna, podobnie jak przestrzeń i atrakcyjna entropia grawitacji.

Uwagi 2.6.

Interakcje czasowe to pojawiające się działania początkowego pola prawdopodobieństwa interakcji zdarzeń na początku mikroprocesów losowych. Z tego pola wyłania się pierwsza korelacja czasowa, a następnie współrzędne przestrzenne w pobliżu środka impulsu, co umożliwia dostarczenie energii tego pola.

W obrębie pola prawdopodobieństwa pojawiający się czas początkowy ma dyskretną miarę prawdopodobieństwa, spełniającą prawo Kołmogorowa. •

Tak więc interakcje czasowe posiadają dyskretną sekwencję impulsów przenoszących entropię, z której wyłania się przestrzeń w sekwencji: interakcje-korrelacje-przestrzeń czasowa. Sekwencja impulsów replikuje częstotliwości obserwacji, tworząc funkcję falową. Forma informacyjna równania Schrodingera została ustalona w [17] i opublikowana w [42].

2.6. INTERAKCYJNE KRZYWIZNY DZIAŁAŃ ZWYŻKOWYCH I ZNIŻKOWYCH ORAZ ZAPAMIĘTYWANIE NIECO

Każdy impuls (rys.1a) o działaniu step-down ma krzywiznę ujemną (3.39,3.39a) odpowiadającą przyciąganiu, reakcja step-up ma krzywiznę dodatnią (3.39b) odpowiadającą odpychaniu, środkowa część impulsu o krzywiznie ujemnej przenosi przyciąganie pomiędzy tymi częściami. W wirtualnych obserwacjach sondażowych rosnące prawdopodobieństwa Bayes'a zwiększają realność oddziaływań przynoszących energię.

Kiedy proces zewnętrzny wchodzi w interakcję z impulsem entropii, wstrzykuje on energię przechwytującą entropię kończącego działanie impulsu (Sec.2.3.4). Wzajemne oddziaływanie z innym (wewnętrznym) procesem generuje reakcję zstępującą jego impulsu, modelując bit 0-1 (rys.2A B).

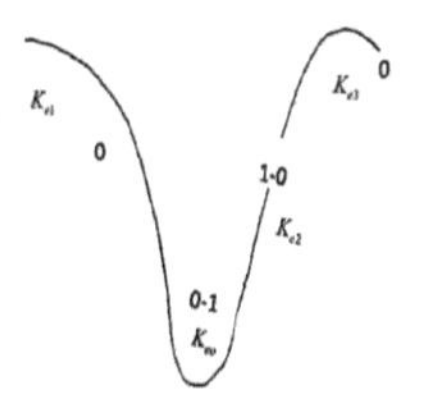

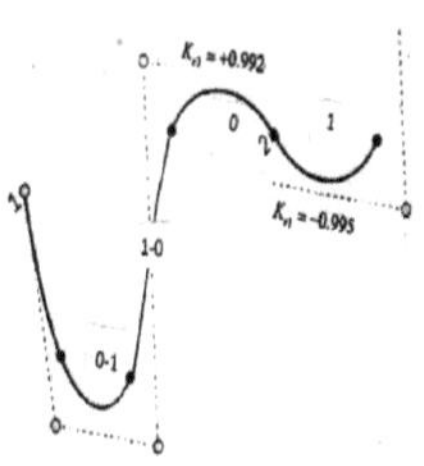

Rysunek 2A Rysunek 2B

Impuls wirtualny (Rys.2A) rozpoczyna działanie kroczące z prawdopodobieństwem 0 jego potencjalnej części tnącej; część środkowa impulsu ma impuls przejściowy z logiczną zmianą 0-1; działanie kroczące zmienia go na 1-0 trzymając przy końcu oddziaływującą część 0, która po interaktywnym cięciu kroczącym przekształca entropię impulsu w bit informacyjny.

Na rys. 2B, impuls z rys. 2A, począwszy od instancji 1 z prawdopodobieństwem 0, przechodzi w instancji 2 podczas oddziaływania do oddziałującego impulsu o ujemnej krzywiźnie $-K_{e1}$ tego działania zstępującego, która jest odwrotna do krzywizny $+K_{e3}$ działania zstępującego ($-K_{e1}$jest analogiczna do krzywizny działania zstępującego na początku impulsu z rys. 2A). Odwrotna zakrzywiona interakcja zapewnia różnicę czasowo-przestrzenną (barierę) pomiędzy 0 i 1 działaniem, niezbędną do utworzenia Bitu. Gdy proces interaktywny dostarcza energii Landauera [43] z maksymalnym prawdopodobieństwem (pewnością) 1, to interaktywne działanie impulsu step-up kończące stan końcowy zapamiętuje Bit. Taka pewna interakcja wstrzykuje energię pokonując lukę przejściową, łącznie z barierą na drodze do utworzenia Bitu.

Skokowe działanie krzywizny procesu zewnętrznego (naturalnego) $+K_{e3}$jest równoważne z potencjalną entropią$e_o = 0.01847 Nat$, która niesie entropię$\ln 2$całkowitej entropii impulsu 1 Nat.

Współdziałająca część step-down wewnętrznego impulsu procesowego" niezmienna entropia 1 Nat ma potencjalną entropię $1 - \ln 2 = e_1$. Faktycznie, to step-down przeciwstawne działanie interakcji przynosi entropię $-0.25 Nat$ $-0.025 Nat$o oddziaływaniu antysymetrycznym, które przenosi impuls szeroko $e_w \cong -0.05Nat$ z całkowitą entropią $-0.3Nat$, która jest równoważna $-e_1$.

Tak więc, podczas oddziaływania impulsów, początkowa entropia energetyczna zmienia się na $W_o = k_B\theta_o e_o$ $W_1 = -k_B\theta_1 e_1$, ponieważ oddziaływujące części impulsów mają odpowiednio przeciwstawne i negatywne krzywizny; pierwsza odpycha, druga przyciąga energie. W celu wymazania Bitu odpowiadającego wewnętrznej, minimalnej entropii impulsu $e_{10} = \ln 2$, potrzebna jest energia Landauera $W = k_B\theta \ln 2$.

Jeśli interaktywny proces wewnętrzny zaakceptuje ten bit przez zapamiętanie (poprzez wymazanie), powyższa energia Landauera powinna zrekompensować różnicę tych energii: $W_o - W_1 = W_B$ w formie bilansu

$$k_B\theta_o e_o + k_B\theta_1 e_1 = k_B\theta \ln 2. \qquad (3.41)$$

Zakładając, że interaktywny proces dostarcza energii W_B w momencie pojawienia t_1 się oddziałującego Bita, otrzymujemy $k_B\theta_1(t_1) = k_B\theta(t_1)$.

To powoduje, że (3.41) tworzy się

$$k_B\theta_o 0.01847 + k_B\theta(1-\ln 2) = k_B\theta \ln 2,\ \theta_o / \theta = (2\ln 2 - 1)/0.01847 = 20.91469199\,. \qquad (3.42)$$

Przeciwnie zakrzywiona interakcja zmniejsza stosunek powyższych temperatur do przyrostu $\ln 2/0.0187 - (2\ln 2 - 1)/0.01847 = 16.61357983$, ze stosunkiem

$$(2\ln 2 - 1)/\ln 2 \cong 0.5573. \qquad (3.42a)$$

Impuls naturalny o maksymalnej gęstości entropii oddziaływujący $e_{do} = 1/0.01847 = 54.14185$ z wewnętrznym impulsem zakrzywionym przenosi minimalną gęstość entropii $e_{d1} = \ln 2/0.01847 = 37.52827182$.

Stosunek tych gęstości $k_d = e_{do}/e_{d1} = 1.44269041$ jest równy

$$k_d = 1/\ln 2 \qquad (3.43)$$

który identyfikuje pojedynczy impuls 1 mierzony bitami lub $k_d\, 1Nat$.

Dlatego też wskaźnik ten umożliwia wytworzenie impulsu informacyjnego $1Nat = 1.44bit$.

Tutaj oddziaływująca krzywizna, zamykająca gęstość entropii (3,43), obniża energię początkową i związane z nią temperatury w powyższym stosunku. Z tego wynika

Warunki tworzące trochę w interakcji z zakrzywionym impulsem

1. Przeciwstawne impulsy krzywizny w przejściu interaktywnym wymagają zachowania stosunku entropii 1/ln2.

2. Proces interakcji powinien posiadać energię Landauera do momentu zakończenia interakcji.

3. Impuls oddziałujący powinien posiadać niezmienną miarę $M = [1]$ entropii 1 Nat, której metryka topologiczna zachowuje przeciwne krzywizny.•

Ostatni z nich wynika z prawa mini-max maksymalnego impulsu w jego działaniach krokowych, które generują niezmienny [1]Nat's time-space measure' topological metric π (obracający się 1/2 okręgu) zachowując przeciwne krzywizny.

Wyniki [44] dowodzą, że proces fizyczny, w którym entropia niezmienna jest mierzona dla każdej objętości przestrzeni fazowej (np. minimalna objętość fazy $v_{eo} \cong 1.242$ na wymiar procesowy [41]), opisany powyżej topologiczny niezmiennik charakteryzuje i spełnia Drugie Prawo Termodynamiczne. Pokazuje on również, że "malejąca entropia i ujemna produkcja entropii powstaje w dowolnych współrzędnych", stosowanych w układach samoorganizujących się.

Energia W_B, która dostarcza proces zewnętrzny (naturalny), wymaże entropię zarówno ruchów przyciągających, jak i odpychających, pokrywając energię obu ruchów, które kończą się w stanach zatrzymania impulsowego. Wymazana entropia całkowitego odcięcia impulsu jest zapamiętywana jako informacja równoważna, kodując Bit impulsu w stanie końcowym impulsu.

Końcowa logika naturalnej akcji step-up przechwytuje jej entropię, poruszając się wzdłuż pozytywnej krzywizny akcji, przechodzi do negatywnej krzywizny akcji step-down, a poprzez pokonanie luki entropia-informacyjnej [28] uzyskuje równe informacje, które kompensują koszty logiczne ruchów.

W ten sposób atrakcyjna logika impulsu niezmiennego, przetwarzającego swoją entropię na informację w ramach impulsu, spełnia funkcję *logicznego demona Maxwella* (MD) w mikroprocesorze.

Topologiczna przenikalność w oddziaływaniach krzywoliniowych

Impuls procesu zewnętrznego utrzymuje swoją przechodnią 1*Nat* entropię aż do momentu, gdy jego końcowa zakrzywiona część wchodzi w interakcję, tworząc bit informacyjny podczas interakcji.

Teoretycznie, gdy maksimum entropii osiągnie minimum na końcu impulsu, może dojść do interakcji, przekształcając entropię w informację poprzez pozyskanie energii z procesu interaktywnego.

Uwagi 2.7

Każda korelacja cięcia na EF timespace extremal wytwarza impuls Kronickera, a sekwencja tych korelacji przechodzi przez te impulsy wzdłuż topologii ekstremum.

EF integruje entropię każdego impulsu, a IPF integruje informacje o impulsach, które pokrywa każdy przyrost energii. Prowadzi to do tego, że impulsy zużywają energię wzdłuż krawędzi IPF. To topologiczne przejście zachowuje zarówno geometryczne jak i entropijne miary przechodzących impulsów Kronickera.
Specyfika topologiczna definiuje wariant Eulera w zależności od ilości otworów w przestrzeni topologicznej, które określają wymiar przestrzeni wyróżniający tylko przestrzenie topologiczne.
Euler entropia [93] mierzy, ile jest dziur w złamanej skrajni.
EF-IPF integruje kolektor skrajnie tnące, pokrywający impulsy Kronickera, a dynamika obrotowa łączy sekwencyjnie kolektor w jednym wymiarze skrajnym (rozdział 5.2). Gdy prawdopodobieństwo zbliża się do jednego, tylko jeden zakrzywiony impuls Kronickera utrzymuje entropię EF, której topologiczna entropia Eulera jest zerowa.
Rozważane przejście topologiczne przebiega przez zakrzywiony impuls Kronickera, który mierzy jego promień krzywizny Euklidesa. To topologiczne przejście, łączące topologię impulsu z krzywizną,

zachowuje zarówno geometryczne jak i entropijne miary impulsu Kronickera.
Krzywizna liczenia tego impulsu Kronickera jest asymetryczna (Rys.2).
Ponieważ końcowa entropia Bayes'a pozostawia tylko jeden impuls, zanim napływająca energia przekształci tę entropię w równoważną informację, to entropia Bayes'a pokrywa się z impulsową entropią topologiczną. Przed wtryskiem energii na szczelinę entropia-informacja, tylko logika Bayesowska utrzymuje pojedynczy impuls. A ta logika krzywizny asymetrycznej mierzy niesymetryczną logikę entropii. Ta logika asymetryczna zostanie zapamiętana jako logika informacyjna poprzez wstrzyknięcie energii na krawędzi szczeliny. Tak więc, wymazanie logiki asymetrycznej predestynuje ją do utworzenia bitu.•
Topologiczna przelotowość wariantu ma punkt dublowania (podstawa przelotowa), w którym jedna gęsta forma zmienia się na formę sprzężoną podczas ortogonalnego przejścia czasu uderzenia.
W okresie przejściowym inwariant utrzymuje swoją miarę (Rys.1b) zachowując swoją całkowitą energię, podczas gdy gęstość tych energii zmienia się.
Przejście topologiczne oddziela (na podstawie przechodniej) zarówno pierwotną formę gęstą, jak i jej formę koniugatową gęstą, natomiast przejście to zmienia formę koniugatową na ortogonalną.
W momencie przełączenia skok krzywej czasowej zmienia się w krzywą przestrzenną (rys. 1a) z potencjalnymi narastającymi falami przestrzennymi w powyższym mikroprocesorze.•

W odróżnieniu od tradycyjnego Demona Maxwella, który wykorzystuje różnicę energii w formie temperatury [45], podejście to ujawnia Demona Maxwella poprzez naturalnie powstałą różnicę krzywizn.

Tworzenie impulsu przejściowego z uwikłanymi qubitami prowadzi do możliwości zapamiętania ich jako bitu kwantowego. Wymaga to najpierw zapewnienia asymetrii zaplątanych kwantów, która uruchamia antysymetryczne oddziaływanie poprzez główne działanie impulsu step down, ↓oddziaływujące z przeciwnym działaniem ↑rozpoczęcia impulsu przejściowego. $-0.025\times 2=-0.05 Nat$ To pierwotne uderzenie antysymetryczne zaczyna zakrzywiać zarówno główne impulsy obserwacyjne, jak i przejściowe z K_{el} ; $-0.995037, 0.025 Nat$ zamknięciem krzywizny, podczas gdy początkowe działanie step-up impulsu przejściowego generuje zamknięcie K_{e2} ; $+0.993362$ $e_o = 0.01847 Nat$ krzywizny. $(0.025\text{-}0.01847) Nat$ Oszacowania różnicowe entropii mierzące całkowitą asymetrię głównego impulsu $0.00653 Nat = S_{as}$.

Zaplątane qubity w impulsie przejściowym oceniają objętość entropii 0,0636 Nat, który spędza swoją entropię na przeniesieniu minimalnej objętości fazy zaplątania $v_{eo} \cong 1.242$ do szczeliny entropia-informacja; natomiast oddziaływanie pierwotne przynosi minimalną entropię $0.05 Nat$ rozpoczynając zaplątaną korelację krzywej. W ten sposób skorelowane splątanie po krzywej może zostać zapamiętane $(0.05 - 0.0656) Nat$ w informacjach równoważnych dwóch qubitów. Środkowa część impulsu głównego generuje krzywiznę K_{e2} ; $+0.993362$, która zamyka entropię $0.02895 Nat$. Różnica $0.02895 - 0.025 = 0.00395 Nat$ dodaje asymetrię do początkowej entropii przejściowej, podczas gdy $0.02895 - 0.01845 = 0.0105 Nat$ szacuje różnicę pomiędzy końcową asymetrią impulsu głównego i końcową asymetrią impulsu przejściowego.

Przy początkowej entropii zakrzywionego impulsu przejściowego $0.05 Nat$, końcowa entropia oszacowań asymetrii impulsu przejściowego(w Nat): $0.0653\text{-}0.0105\text{-}0.00395=0.05085$.

Zapamiętanie tej asymetrii wymaga kompensacji ze źródła równoważnej energii. Może ona być dostarczana przez przeciwstawne działania przejściowego zstępującego $\downarrow$i głównego oddziałującego zstępującego działania $\uparrow$kończącego impuls przejściowy. Działanie to spowoduje powstanie potrzebnej krzywizny na końcu głównego impulsu, dodając $0.0653 - 0.05085 = 0.01445, 0.01445 - 0.0105 = 0.00395$ 0.05085 do entropii sumy krzywizny impulsu przejściowego. Inna część 0.0105 przyniesie różnicę krzywizny entropii $0.02895 - 0.01845 = 0.0105$ o łącznej wartości 0.0653.

$0.05085 Nat = s_{as}$ Tak więc, jest entropia asymetrii objętości entropii $s_{ev} = 0.0636$ impulsu przejściowego, podczas gdy $0.0653 Nat = S_{as}$ jest entropia asymetrii impulsu głównego.

Ta asymetria generuje taką samą objętość zaplątanej entropii, jaką przenoszone jest działanie krokowe głównego impulsu w celu oddziaływania z impulsem zewnętrznym.

Tak więc, s_{as} jest informacją "koszt demoniczny" dla uwikłanej korelacji, którą zamyka zakrzywienie impulsu przejściowego.

Asymetryczna krzywizna impulsu przejściowego, utrzymująca zaplątaną objętość, zamyka zaplątaną korelację. Zamiast bezpośredniej oceny tej korelacji, pozwala na zapamiętanie informacji o dwóch kwubitach w impulsie o miarze 1 Nat.

Ocena ta jest zamknięta na [46], uzyskana w inny sposób i potwierdzona doświadczalnie.

Kiedy prawdopodobieństwo posteriori jest zamknięte na rzeczywistość, impulsowa pozytywna krzywizna działania step-up, oddziaływująca z łączącymi się negatywnymi krzywiznami działania step-down impulsu, przepływa przez prawdziwą interaktywną energię, którą otaczają przeciwne asymetryczne działania krzywizn.

Podczas oddziaływania krzywoliniowego ta pierwotna wirtualna asymetria kompensuje asymetryczne zakrzywienie prawdziwego impulsu zewnętrznego, a ta rzeczywista asymetria jest zapamiętywana poprzez wymazanie przez dostarczoną energię zewnętrzną Landauera.

Końcowe działanie impulsu zewnętrznego tworzy klasyczny bit z prawdopodobieństwem

$P_k = \exp[-(0.0636)^2] = 0.99596321$.

Ponieważ splątanie w impulsie przejściowym tworzy objętość entropii 0.0636, potencjalna zapamiętana para qubitów ma takie samo prawdopodobieństwo.

Dlatego też, zarówno zapamiętany klasyczny bit, jak i para kwubitów występują w procesie probabilistycznym z dużym prawdopodobieństwem, ale mniejszym niż 1.

Pytanie brzmi, jak zapamiętać entropię zawartą w skorelowanym splątaniu, która w naturalny sposób utrzymuje tę entropię i dlatego ma takie samo prawdopodobieństwo?

Jeżeli impuls przejściowy, powstały w trakcie interakcji, ma tak duże prawdopodobieństwo, to jego krzywizna utrzymuje potrzebną asymetrię i powinien być zachowany dla wielokrotnego kodowania z rozpoznaną różnicą położenia obu splątanych qubitów.

Informacja o zapamiętanych qubitach może być wytworzona poprzez oddziaływanie, które generuje qubity w materialnym urządzeniu (przewodnik-przekaźnik), które zachowuje krzywiznę impulsu przejściowego w Czarnej skrzynce, analogicznie do [47].

Przy takiej niezmiennej interakcji, wiele połączonych przewodów zapamiętuje kod qubitów.

Niezbędna pamięć impulsów o zakrzywieniu przejściowym zamyka entropię $0.05085 Nat$.

<u>Odstępy czasowe interakcji zakrzywionej</u>

Jeśli naturalne działanie w przestrzeni zakrzywia wewnętrzną część interaktywną, wspólne interaktywne działanie w przestrzeni czasowej mierzy jego interaktywny wpływ.

Jeśli interakcja $-0.025 Nat$ w chwili t_o tworzy krzywiznę wewnętrzną $K_{e1} ; -0.995037$ zamykającą się w chwili $t_{o1} = 0.01845 Nat$, interakcja w przestrzeni czasowej mierzy różnicę tych przedziałów.

$|t_{o1}| - t_o / |t_{o1}| - t_o | \cong 0.1449 \; 0.0250 - 0.01847 = 0.00653 Nat.$

W tym przypadku, wewnętrzne zakrzywione interakcje przyciągają energię naturalnego interaktywnego działania.

Do momentu pojawienia t_1 się oddziałującego bitu, współczynnik (3.43) wybiera część impulsu informacyjnego $i_{11} \cong (1.44 - \ln 2) \times 0.5573 \cong 0.2452 bit$, który oddziaływanie krzywej odejmuje od wewnętrznego impulsu' Bit.

Interakcja antysymetryczna obejmuje środkową część wewnętrznego impulsu z asymetrią krzywizny $K_{e2} \cong +0.993362$, która obejmuje entropię. $0.02895 Nat.$

Różnica $0.02895 - 0.025 = 0.00395 Nat$ dodaje asymetrię do początkowej entropii przejściowej, natomiast $0.02895 - 0.01845 = 0.0105$ szacuje różnicę między ostateczną asymetrią impulsu głównego a zakończoną asymetrią impulsu przejściowego.

Biorąc pod uwagę informacje o asymetrii $i_{13} \cong 0.0105 \times 1.44 = 0.015 bit$, otrzymujemy informacje

$i_f \cong 0.2452 - 0.015 \cong 0.23 bit$ (3.44)

ocenę całkowitego niesymetrycznego przyrostu zakrzywionej interakcji. Jest to darmowa informacja tworzona poza Bitem, która mierzy przyciąganie oddziaływania asymetrycznego. Ilość ta po prostu ocenia około 1/3/Bit. Jeśli Żadna część oddziałującego impulsu nie pojawi się przy t_o, a część Tak pojawi się przy t_1, wtedy niezmienny oddziaływujący impuls wyda $1 - \ln 2 + \ln 2 = 1$ Nat na bit tworzenia ($\ln 2 Nat$).

Jeśli wzajemne oddziaływanie naturalnego procesu na proces wewnętrzny dostarczy energii W_B w momencie t_1, energia ta wymaże bit i zapamięta go zgodnie z relacjami równowagi.

Interaktywny impuls wydaje ~1 Nat na tworzenie i zapamiętywanie bitów $\ln 2$ przechowujących wolne informacje $(1 - \ln 2) \cong 0.3 Nat$. Zakrzywiona topologia oddziałujących impulsów zmniejsza wymagany stosunek energii, zgodnie z powyższą zależnością równowagi. W ten sposób interwał czasowy $t_o - t_1$ tworzy bit i wykonuje funkcję *Demon Maxwella* (MD).

Uwagi 2.8. Interakcja dwóch impulsów Kronickera tworzy krzywą analogiczną do potencjału aksonu neuronowego. Interakcja ta przewiduje równania Hodgkina-Huxleya [96].

Drugi oddziaływujący impuls na rys. 2B jest analogiczny do potencjału aksonowego, którego próg modeluje pomiędzy barierą impulsu, a stosunkami porównawczymi przedziałów czasowych na rys. 2.B:

$(|t_{o1}| - t_o) / |(t_{o1}| + t_o|) \cong 0.1449$ jest zamknięta w stosunku do stosunku względnego dla aksonu: $(|T_{o1}| - T)_o / (|T_{o1}| + T_o) \cong 0.13$. •

Ponieważ ruch w obrębie wewnętrznego impulsu kończy się w stanach zatrzymania impulsowego, proces termodynamiczny dostarczający tę energię powinien zatrzymać się w tym stanie. Dlatego też wymazana entropia odcinająca impulsy zapamiętuje równoważne informacje $1.44 bit$ w stanie końcowym impulsu. W logice sondowania obserwatora końcowego, takie zakrzywione oddziaływanie, poruszające się wzdłuż krzywizny ujemnej swojego ostatniego działania *a priori* step-up, pokonuje tę lukę, poruszając się wzdłuż krzywizny dodatniej *a posteriori* step-down $-e_1$. Uzyskuje ona informacje, które kompensują logiczny koszt ruchu. Tak więc, atrakcyjna darmowa logika informacyjna impulsu niezmiennego, zamieniająca jego entropię na informację w impulsie, spełnia funkcję *logiczną* (MD) w mikroprocesorze. Koordynacja zewnętrznej skali czasowo-przestrzennej obserwatora z jego wewnętrzną skalą czasowo-przestrzenną ma miejsce wtedy, gdy zewnętrzna skokowa akcja zewnętrzna oddziałuje z wewnętrznym termodynamicznym przedziałem czasowo-przestrzennym obserwatora, który w zakrzywionej interakcji mierzy różnicę czasu (3.44).

Współczynnik prowadzi do $[\tau]/[l]=\pi/2\,\Delta l_{10}=2\Delta t_{10}/\pi, \Delta l_{10}\cong 0.00415 Nat$.

W ten sposób, krzywizna wirującego impulsu zamyka jego czas i przestrzeń.

Współdziałający skok wstrzykuje energię, przechwytując entropię działania końcowego impulsu. Ta interakcja modeluje bit 0-1. Przeciwnie zakrzywiona interakcja zapewnia różnicę czasowo-przestrzenną (barierę asymetryczną) pomiędzy działaniem 0 i 1, niezbędną do utworzenia Bitu.

Interaktywny impuls "step down state ending" zapamiętuje Bit, gdy interaktywny proces obserwatora dostarcza energii Landauera z maksymalnym prawdopodobieństwem.

W obrębie mikroprocesu (sekcja 2.3.3.1) rozwija się proces termodynamiczny, który generuje przeciwstawne skoki, tworząc powyższy impuls przejściowy.

Zarówno proces mikroprocesorowy jak i termodynamiczny rozwijają się wraz z procesem obserwacji.

Zastosowanie równości Jarzyńskiego (JE) nieodwracalnego przejścia termodynamicznego [39] do energii przemiany w informacji oraz wykorzystanie wyników jej eksperymentalnej weryfikacji [48], prowadzi do tego, że JE w postaci

$$e^{\Delta F/k_B\theta} - < e^{W/k_B\theta} >= \gamma. \qquad (3.45)$$

Tutaj ΔF przyrost swobodnej energii potrzebnej do wytworzenia energii W, γ jest parametrem weryfikacji, który określa sumę prawdopodobieństw, że $P_\Sigma \Rightarrow \gamma$ w eksperymentach obserwowana jest trajektoria odwrotna.

Na $\gamma = 1$, JE spełnia dokładnie:

$$e^{\Delta F/k_B\theta} - < e^{W/k_B\theta} >= 1, P_\Sigma = 1. \qquad (3.45a)$$

Proces termodynamiczny, zaspokajający JE dla wszystkich jego stanów sekwencji, nieodwracalnie ewoluuje w mikroprocesorze umożliwia generowanie kwubitów lub bitów.

Ilość informacji $I_{\delta t}$ przy cięciu krzywoliniowym ma odpowiednik darmowej energii $\Delta F = \Delta F_{\delta t}$ do wytworzenia energii W_t w ustalonym czasie δ_t, satysfakcjonująca zależność

$$\Delta F_{\delta t} = k_B \theta I_{\delta t}. \qquad (3.45b)$$

Średnia energia wykładnicza $< \exp W / k_b \theta >$, gromadzona w czasie naturalnych interakcji w odstępach czasu δT_t, mierzy całkowity przyrost $\Delta S_{\delta t}$ EF (1,10):

$$< \exp W / k_b \theta >= \exp \Delta S_{\delta t}. \qquad (3.45c)$$

Ponieważ EF liczy także zakrzywione impulsy probabilistyczne, średnia energia obejmuje zakrzywione impulsy. Wykasowanie tej entropii przez wysokiej jakości energię źródła naturalnego przynosi nierzadko informacje $I_{\delta t}$ o zakrzywionych impulsach podczas $\delta_t < \delta T_t$.

$\Delta F_{\delta t}$ Wpływ energii impulsu pozwala na δ_t przekształcenie entropii $\Delta S_{\delta t}$ w równoważną informację $I_{\delta t}$.

Zastąpienie $I_{\delta t}$ od (3.45b) i $\Delta S_{\delta t}$ od (3.45c) JE (3.45a):

$$\exp I_{\delta t} - \exp \Delta S_{\delta t} = 1, \qquad (3.45d)$$

sprowadza równoważność JE w obu wzorach na przejście entropii do informacji z dużym prawdopodobieństwem $P_\Sigma = 1$.

Podczas procesu termodynamicznego, wolna energia kompensuje energię rozpraszania entropii.

Poprzez pojawienie się w czasie rzeczywistym na odcinkach cięcia $\delta_t\, I_{\delta t}$ pojawia się z dużym prawdopodobieństwem $P_\Sigma = 1$ pewna logika, która przynosi entropię (odnosi się $\Delta S_{\delta t} = 0$ do $\ln(P_\Sigma = 1) \Rightarrow \Delta S_{\delta t} = 0$).

Zastępstwo, które w poprzednim równaniu prowadzi do tego $\exp I_{\delta t} - 1 = 1, I_{\delta t} = \ln 2$, że jest równoważne z darmową energią $\Delta F_{\delta t} = k_B \theta \ln 2$.

Termodynamiczna konwersja entropii na informację Bit występuje podczas zbliżania się prawdopodobieństwa, gdy entropia skacze od ln2 do zera, a związana z nią informacja od zera do ln2.

Podczas gdy pierwszy skok uruchamia mikroprocesor z jego termodynamiką, drugi przeciwny skok następuje, gdy prawdopodobieństwo zbliża się do jednego.

Potwierdza on nasze wstępne oświadczenie o połączeniu entropii oraz informacje i stan ich przekształcenia.

Równoważność JE w obu wzorach na przejście do informacji wymaga niezmiennej $I_{\delta t} = 1Bit$,jednostki informacji na impuls, aby skompensować energię Maxwell Demon w przedziale czasowym przejścia.

Tak więc, aby zaspokoić MD, informacje wytwarzane przez każdy przedział czasu impulsu powinny być niezmienne, utrzymując stałą jednostkę (Bit, Nat) w $I_{\delta t}$.

Potwierdza ona, że zasada minimaximum impulsów ekstremalnych (EP) spełnia wymogi JE w zakresie przekazywania informacji impulsowych lub odwrotnie. Każdy przedział czasu impulsu umożliwia kodowanie niezmiennej jednostki informacji.

Albo PE wynika z JE w procesie fizycznym, którego interaktywny przedział czasowy jest odpowiednikiem informacji impulsowej odcinającej korelację przenoszącą powyższą energię.

Przedziały czasowe korelacji cięcia utrzymują informacyjny odpowiednik tej energii, a każdy interwał czasowy interakcji przynosi entropijny odpowiednik energii $\Delta F_{\delta t}$, który kompensuje MD podczas wytwarzania informacji podczas interakcji.

W interaktywnym procesie losowym, którego sekwencja cięć spełnia EP, każdy impuls koduje korelację cięcia, a wszystkie informacje o korelacji cięcia procesu kodują proces informacyjny spełniający prawo minimumax, które jest niezależne od wielkości i krzywizny każdego impulsu.

Ponadto, z dużym prawdopodobieństwem $P_{\Sigma}=1$, odwrotnie sprzężone trajektorie oddziałujących impulsów w mikroprocesorze są częścią naturalnego procesu interakcji.

To dokładnie spełnia początkowe warunki JE [48, 49].

Ewoluujący mikroprocesor zaczyna się z prawdopodobieństwem (sekcja 2.3.3) i relacyjną entropią stanów odwrotnych $S^{*}_{ma}=2$.

Jednostki entropii 0-1 (bit potencjalny) impulsu mikroprocesorowego łączą wewnętrzną korelację impulsu, natomiast jednostki entropii 01-0-1 (qubit potencjalny) wiążą splątanie mikroprocesora.

Takie wielokrotne mikroprocesy, które generuje obserwacja, utrzymują statystyczny proces termodynamiczny, w którym JE automatycznie mierzy energię tych dyskretnych jednostek impulsowych.

Relacje (3.45b,3.45c, 3.45d) po raz pierwszy w [50] zastosowały JE do pomiaru energii w ramach mikroprocesu impulsowego (kwantowego) łączącego JE z kodowaniem środka informacyjnego tego procesu w korelacji cięcia. Oddziaływania losowe na drodze do generowania informacji w sposób naturalny uśredniają rozpraszającą pracę mikroprocesora impulsowego w termodynamice JE.

Zakrzywiona termodynamika impulsowa na obracających się trajektoriach mikroprocesorowych opisuje powstawanie fizycznych mikrojednostek kodujących kubity, bity.

Ostatni impuls tnący procesu informacyjnego koduje całość informacji zintegrowanych w jego IPF.

W ten sposób JE umożliwia pomiar energii jednostki informacyjnej entropii zarówno w statystycznym mikroprocesorze termodynamicznym, jak i w kodującym mikroprocesie termodynamicznym.

Podejście to różni się od innych aplikacji JE poprzez uśrednianie pracy w JE w trakcie ewoluujących obserwacji, podczas gdy inne potrzebują wielu eksperymentów i specyficznych procedur uśredniania ich wyników.

<u>Wielokrotne interakcje generują kod procesu interakcji w następujących warunkach:</u>

1. Każdy impuls posiada niezmienną miarę prawdopodobieństwa-entropię, spełniającą warunki Bita.

2. Interaktywny proces impulsowy, który dostarcza kod, jest częścią rzeczywistego procesu fizycznego, który utrzymuje tę niezmienną miarę entropii-energii. Proces ten zapamiętuje Bit i tworzy proces informacyjny złożony z wielu zakodowanych bitów. Przyciągając wolną informację, budują one dynamiczną strukturę informacyjną procesu.

(Na przykład, woda, chłodzenie oddziałujące krople gorących olejów w znalezionym stosunku temperatur, umożliwia wydatkowanie energii swoich składników chemicznych do kodowania struktur chemicznych składników. Albo energia kinetyczna wody będzie niosła bity wielu kropli jako powstający dynamiczny przepływ informacji.

Taki proces fizyczno-chemiczny dostarcza energii potrzebnej do wygenerowania kodu.)

3. Budowanie kodu wielobitowego wymaga trzykrotnego zwiększenia gęstości informacji o impulsie, przy czym każdy kolejny impuls działa na proces interakcji (rozdział 2.1.1).

Aby utworzyć kod Bitów, każdy wytwarzający Bit interaktywny impuls powinien odpowiadać trzem impulsom o wartości π, tzn. częstotliwość impulsu interaktywnego powinna wynosić f=1/3 π=~0,1061.•

Odstęp 3π daje możliwość łączenia impulsów trzech bitów w trójkącie jako elementarna jednostka makro. Zwalcza on hałas i nadmiarowość zarówno wewnętrznych jak i zewnętrznych procesów.

Naturalne kodowanie łączy pamięć z czasem zapamiętywania, kompensując koszty cięcia poprzez interwały czasowe kodowania.

Proces kodowania, zachowując informacje o cięciu niezmiennym, łączy wiele bitów lub kubitów w niezmiennej, nieodwracalnej termodynamice, gdzie każda taka dyskretna jednostka informacyjna mierzy energię JE. Masa mnożnikowa M na krzywej impulsu równa się gęstości względnej Nat/Bit=1,44 co określa M=1,44/K_{e2}. Przy K_{e2}=0,993362, otrzymujemy masę względną M=1,452335645.

Przeciwnie zakrzywiona interakcja obniża energię potencjalną, w porównaniu z innymi interakcjami do generowania nieco.

Wielokrotne interakcje krzywoliniowe tworzą topologiczny kod Bitów, który sekwencyjnie tworzy ruchomą spiralną strukturę [16].

Jak znaleźć niezmienny miernik energii, który każdy Bit zawiera w sobie, uruchamiając Demona Maxwell'a?

Ponieważ jego minimalna energia jest $W = k_B \theta \ln 2$, możliwe jest znalezienie takiej temperatury, θ_1^o która jest równa odwrotnej wartości k_B. Jeśli proces interakcji niesie ze sobą taką temperaturę, to jego minimalna energia posiada

$W_1^o = \ln 2 \, przy \, \theta_1^o = 1/k_B$, (3,46)

który jest równy niezmiennej przestrzeni czasowej Nat miary bitu fizycznego, lub jego miary logiki entropii.

Oceńmy w temperaturze θ_1^o i $k_B = 8617 \times 10^{-5} \text{eV}/\text{K}$ kelwinowej $K = 20/293 = 0.0682259386^{oC/K}$

odpowiednik 20^{oC}. Następnie $\theta_1^o = 588.19 \times 10^5/\text{eV}$.

Jeśli założymy, że ta pierwotna energia naturalna przynosi eV ilość odpowiadającą kwantom światła: $e_q = 1240 \text{eVnm}, 1\text{nm} = 10^{-9} m$ wtedy dojdziemy do $\theta_1^o = 588.19 \times 10^5 \times 1.240 \times 10^3 / e_q \times 10^{-9} m \cong 72.9356^{oC/m} / e_q$.

Albo każdy kwant przynosi gęstość temperatury $\theta_1^o = 72.9356^{oC/m}$, która jest w miarę realna.

Dzięki temu θ_o^o oddziaływujący impuls dostarczy energii, $W_1^o = \ln 2$ aby stworzyć jego część.

Zgodnie z relacją bilansową, proces zewnętrzny w tym procesie θ_o^o utrzymuje temperaturę $\theta_o^o = 20.914691199 \theta_1^o = 1525{,}42^{oC/m}$ przynoszoną przez kwanty. Energia ta utrzymuje niezmienną miarę impulsu $|1|_M = 1 Nat$ o metrycznej wartości π, lub każdy taki impuls ma gęstość entropii $1 Nat / \pi$. Bit wchodzącego w interakcję impulsu ma minimalną gęstość energii równoważną $\ln 2 / \pi = 0.22$ temperaturze θ_1^o.

W dynamice poznawczej [15] pozwala ona na wydatkowanie energii ln2 na wymazanie bitu obserwacyjnego i zapamiętanie równoważnej wielkości poznawczej równej bitowi Landauera przez bity informacyjne neuronów.

Dzięki takiej energii, informacja przyciągająca-grawitacja imituje darmową informację $0.23bit$ *umożliwia przyciąganie akcji.*

Dlatego też interakcja krzywoliniowa dynamicznie koduje Bity w *procesie naturalnym*, rozwijając strukturę informacyjną Rys.3 procesu informacyjnego.

Rosnąca krzywizna impulsów podczas rotacji zwiększa gęstość Bita.

Wirujący proces termodynamiczny z minimalną energią Landauera wykonuje naturalne zapamiętywanie każdego naturalnego Bita.

W procesie wycinania informacji inwariantu nieodwracalna termodynamika mierzona za pomocą fragmentarycznych równań Hamiltona i matrycy dyfuzyjno-kinetycznej [26], gdzie $I_f = L_t X_t, L_t = 2b_t$ jest I_f dyfuzyjno-kinetycznym przepływem, X_t jest siłami termodynamicznymi b_t i jest matrycą dyfuzyjną. Przy przepływie $L_t \geq 2b_t$ kinetycznym przenosi się na dyfuzyjny, przy $2b_t$ $L_t \leq 2b_t$ przepływie dyfuzyjnym przenosi się na kinetykę, gdzie transformacja zachodzi na małe ε-lokalności impulsu granicznego. Warunki te występują w [34], gdzie przy przejściu kinetycznym Hamiltonian obejmuje przyrosty potencjałów chemicznych oddziałujących bytów fizykochemicznych.

Dlatego też JE z połączeniami z nieodwracalną termodynamiką i kinetyką opisuje przyrosty temperatury, entropię, energię, dyfuzję i składniki fizykochemiczne w różnych procesach termodynamicznych w ramach współdziałających impulsów i ich współdziałającej makrodynamiki.

Makrodynamika informacyjna opisuje je wszystkie za pomocą równoważnych parametrów informacyjnych.

2.7. CELOWE WIĄZANIE

Z równań zmienności ekstremalnej EF [26] wynika równanie na siłę entropii na trajektorii ekstremalnej:

$$X_{o1}(\tau_k^1, t_k) = (2\mathbf{a}_o / t_k)^2 \exp(2\mathbf{a}_o) x(\tau_{k1}^o). \quad (3.47)$$

W tym przypadku przy stałym stanie $x(\tau_{k1}^{o})$i niezmiennym impulsie $\mathbf{a}_o$ stosunek odwrotny $(2\mathbf{a}_o / t_k)$maleje w każdym odstępie czasu t_k pomiędzy impulsami. A siła rośnie w funkcji kwadratu odwrotnych przedziałów czasu.

Na granicy, przy $t_k \to 0$, (3,57) generuje nieskończoną siłę:

$$\underset{t_k \to 0}{Lim} X_{o1}(\tau_k^1, t_k) \to \infty .$$

Wiąże się to z potencjalnym połączeniem działań interaktywnych najbliższych impulsów i uruchomieniem mikroprocesora. Oznacza to, że mikroprocesor wynika z zasady zmienności EF.

Nawet na trajektorii obserwacji probabilistycznych, wcześniejsze działanie mogłoby ominąć mikroprocesor impulsów probabilistycznych. Taka obserwacja łączy w sobie działanie i jego wynik.

Związany z tym makroproces, uśredniając mikroprocesor takiego impulsu, przekracza ten impuls, łącząc jego działania *a priori* i *a posteriori*.

Zjawisko to, powstające na makrotrajectorii informacyjnej, może pojawić się w Obserwatorze jako przetwarzanie mózgu informacyjnego, gdzie staje się znane jako *celowe wiązanie* [51].

III. DYNAMICZNE PROCESY INFORMACYJNE OKREŚLANE PRZEZ SKRAJNE FUNKCJE EF I IPF

3.1. POŁĄCZENIE EF-IPF

Ponieważ IPF Functional integruje skończoną ilość informacji i jest zbieżny z Entropy Functional, EF pokrywa zarówno wkład informacji końcowych, jak i przyrosty entropii pomiędzy nimi.

Oto wyjaśnienie, w jaki sposób EF-IPF działa na rzecz n-wymiarowego procesu Markova zbliżającego się do nieskończoności. IPF at $n \to \infty$integruje nieograniczoną dyskretną sekwencję frakcji odcinających EF-IPF.

Trudnym matematycznym zadaniem jest zintegrowanie dyskretnych frakcji i rozwiązanie klasycznego problemu zmienności dla IPF, w celu znalezienia ciągłej ekstremalnej Dynamiki Informacji.

EF opisuje potencjalną integralną informację Funkcjonalność procesu Markova do momentu zastosowania impulsu wysokiego prawdopodobieństwa. Przenosząc przyrosty odcięcia, jest on przekształcany w fizyczny IPF.

Maksymalny limit IPF zbliżający się do EF na uniknięcie $o(t \to T) \to 0, n \to \infty$bezpośredniego dostępu do procesu losowego Markova.

Skrajna część tej całki opisuje dynamiczny proces$x(t)$, który przybliża losową transformację do $\tilde{x}_t$tego, który $\varsigma_t$ocenia dynamiczne przejście do jądra Feller'a.

Proces niesie ze sobą $x(t)$informacje, zebrane przez maksymalny IPF w momencie$n \to \infty$, i opisuje informacje IPF dynamiczny makroproces zmniejszający się w każdym z następujących przedziałów czasowych

$$\Delta_t = (t - s) \to o(t). \qquad (1.1)$$

Przyrost EF na końcu przedziału $o_m \to 0$zbliża się do zera, zadowalając pod względem limitu:

$$\lim_{t_m=T} \Delta S_m[\tilde{x}_t(\tau_m \to t_m))] \to 0. \quad (1.2)$$

IPF pobiera skończoną ilość integralnych informacji o wszystkich interwałach cięcia, zbliżając się do $S[\tilde{x}_t/\varsigma_t]$ wartości cięcia.

Sekwencyjne cięcia w czasie $(T-s)$ przerywają korelacje procesów i połączenia funkcjonalne EF, przekształcając początkowy proces losowy w ograniczoną sekwencję niezależnych stanów.

IPF wyodrębnia proces ekstremalny, który zbliża się do trajektorii ekstremalnych EF, podczas gdy IPF gromadzi informacje zbliżające się do źródła, które jest mierzone przez EF.

Tylko impuls Tak-Nie Działania, uwalniające informacje z EF, czynią informacje IPF wykonalnymi dla obserwatora w postaci Bitów. Bity te umożliwiają komunikację impulsową z następującym procesem obserwacyjnym zintegrowanym przez EF.

3.2.OSZACOWANIE PROCESU EKSTREMALNEGO

Matematyczne oczekiwania wobec dryfu Markowa w stochastycznym równaniu (rozdział 1.1.1):

$$E[a] = \dot{\bar{x}}(t) = E[c\tilde{x}(t)] = cE[\tilde{x}(t)] = c\bar{x}(t) \quad (2.1)$$

Przybliża zwykłą różnicę poziomów.

$$\dot{\bar{x}}(t) = c\bar{x}(t), \quad (2.2)$$

którego wspólne rozwiązanie polega na uśrednieniu losowego ruchu przez dynamiczny proces *makroprocesorowy* $\bar{x}(t)$:

$$\bar{x}(t) = \bar{x}(s)\exp ct, \bar{x}(s) = E[\tilde{x}(s)]. \quad (2.3)$$

W ramach dyskretnych $o(t) = \delta_o$, przeciwstawnych kontroli u_+, u_-, satysfakcjonujących relacji (Sec.2.1):

$$c^2 = |u_+u_-| = c_+c_- = \bar{u}^2, c_+ = u_+, c_- = u_-, |u_+u_-| = \bar{u}^2$$

są przeciwieństwem dyskretnego, sprzężonego kompleksu:

$$u_+ = j\bar{u}, u_- = -j\bar{u}. \quad (2.4)$$

Warunki 2.1.1A,B z pkt 2.2.1 są spełnione na poziomie

$\bar{u}=-2j$. (2.4a)

gdy

$u_+u_- = j\bar{u}(-j\bar{u}) = \bar{u}^2, -j\bar{u}-(+j\bar{u}) = -2j\bar{u}\ \bar{u}^2 = -2j\bar{u}, \bar{u} = -2j$, . (2.4b)

Kontrole są prawdziwe, gdy

$u_+ = j(-2j) = 2, u_- = -j(-2j) = -2$. (2.5)

Zależności (2.3), (2.4) spełniają dwa sprzężone równania różniczkowe

$\dot{x}_+(t) = j\bar{u}x_+(t), \dot{x}_-(t) = -j\bar{u}x_-(t)$ (2.6)

opisujący mikroproces $(x_+(t), x_-(t))$ podlegający kontroli (2.4, 2.5) w odstępach czasu $\Delta_t = t-s$, $\Delta_t \to o(t)$.

Rozwiązania z (2.6) przyjmują następujące formy

$\ln x_+(t) = Cu_+t, \ln x_-(t) = Cu_-t, x_+(t) = C\exp(j\bar{u}t), x_-(t) = C\exp(-j\bar{u}t), C = x_-(s^{+o}) = x_+(s^{+o})$, (2.7)

$x_+(t) = x_+(s^{+o})(\mathrm{Cos}\,\bar{u}t + j\mathrm{Sin}\bar{u}t), x_-(t) = x_-(s^{+o})(\mathrm{Cos}(\bar{u}t - j\mathrm{Sin}\bar{u}t)$. (2.7a)

Funkcja korelacji dla mikroprocesorowego roztworu sprzężonego (2.7a) w $Cos^2(\bar{u}t)+\mathrm{Sin}^2(\bar{u}t)=1$ ładowniach

$r(x_+(t), x_-(t)) = r_s = x_+(s^{+o}) \times x_-(s^{+o})$. (2.7b)

Podczas tej stałej korelacji, sprzężone entropie antysymetryczne (2.3.6) oddziałują ze sobą, wytwarzając przepływ entropii (2.3.16).

Korelacja (2.7b) zależy od interakcji na granicy impulsu w momentach $\delta^{+o}/4, \delta^{+o}/2$.

Zastosowanie wzoru [1:27] na korelację pomiędzy momentami prowadzi do $\delta^{+o}/4, \delta^{+o}/2$

$r_s = \sqrt{(\delta^{+o}/4)(/\delta^{+o}/2)}\ r_s = \sqrt{0.5}$, . (2.7c)

W ramach tej korelacji działa impuls $[1_{\delta_k^{t+}/4}^{\delta_k^{t+}/2}]\bar{u}_k$, $\bar{u}_k = |\pm 1|_k$ który obejmuje obie przeciwstawne sprzężone kontrole natychmiast.

Jeśli prawdziwa kontrola, ograniczająca napływ entropii przy tej korelacji, nie zrekompensuje jej, korelacja stanów nie zostanie rozwiązana, a stany, niosące obie przeciwstawne kontrole, utrzymają się podczas korelacji procesu.

Te skorelowane stany mogą być stanami splątania się ukrytego mikroprocesora w obrębie luki entropii-informacji równoważącej działania antysymetryczne.

Rozwiązania (2.7a) opisują mikroproces w tych przedziałach czasowych $o(t) \to o(\tau_n^{-o})$ porównywalny z makroprocesem impulsowym (2.3) uśrednionym (2.7a).

Mikroproces staje się wewnętrzną częścią procesu dynamicznego, minimalizując dystans czasowy (1.1.1), gdy przedziały czasowe spełniają optymalny czas (Prop.2.12) biegnący pomiędzy informacjami o wyłączeniu impulsu przy

$$\tau_k^{-o} / \tau_k^{+o} = 3, \delta_k = \tau_k^{+o} - \tau_k^{-o} = 2\tau_k^{-o}, \tau_k^{-o} = 3\delta_k / 2. \qquad (2.8)$$

Oznacza to, że mikroprocesor (2,7a) wyobrażał sobie, że odstępy czasowe pomiędzy impulsami potroją dyskretne odstępy czasowe odcięcia:

$$\Delta_k = 3\delta_k, \qquad (2.8a)$$

Dynamic process $x(t)$ detewrmines solution of (2.3) under real control (2.5) starting at moment $t = t^e$: $x_{\pm}(t^e) = x(s^+)\exp(u_{\pm}t^e)$, $t^e = s_k^{+o} b_k(t) / b_k(s_k^{+o})$, $u_{\pm} = \pm 2$. (2.9)

Proces ten przybliża skraj funkcji Entropii w każdym z nich $\Delta_t = t - s$.

Rozwiązania w zakresie formy $x(t)$

$$dx(t) / x(t) = cdt, \ln x(t) = ct, t = s_k^{+o} b_k(t) / b_k(s_k^{+o}), \ln x(t) = cs_k^{+o} b_k(t) / b_k(s_k^{+o}) \qquad (2.10)$$

zaczynając od czasu $t = t^e$, zintegrować na minimalnym dystansie czasowym $\Delta_t = t - s$ w procesie:

$$x(t) = \exp[cs_k^{+o} b_k(t) / b_k(s_k^{+o})], x(s_k^{+o}) = \exp(cs_k^{+o}), c = \ln(x(s_k^{+o})) / s_k^{+o}, x(s_k^{+o}) = \overline{x}(s_k^{+o}),$$

$$x(t) = \exp[\ln(x(s_k^{+o})) b_k(t) / b_k(s_k^{+o})] = \exp[\ln(x(s_k^{+o})) t / s)], \ln x(t) = \ln(x(s_k^{+o})) t / s, \qquad (2.10a)$$

które przy podejściach $t \to T$

$$\ln x(T) = \lim_{t \to T}[\ln(x(s_k^{+o}))T / s], x(T) \to x(s_k^{+o}))T / s \,. \qquad (2.10b)$$

Proces $x(t)$ w (2.3), (2.10b) jest ekstremalnym rozwiązaniem *makroprocesu* $\overline{x}(t)$, które uśrednia rozwiązanie powiązanego stochastycznego równania pod optymalną kontrolą.

Rozwiązanie integruje przyrosty cięcia z EF dla $n$procesu Markova w odstępach czasu.

$$\Delta_t = (t - s) \to o(t) \,. \qquad (2.11)$$

Tak więc, proces $x(t)$ przenosi przyrosty EF, podczas gdy makroproces dynamiczny gromadzi informacje o maksymalnym odcięciu IPF w każdym przedziale (2.11) przy $o(t) \to 0$, $n \to \infty$.

Informacje zebrane z procesu dyfuzji przez IPF zbliżają się do funkcjonalnej entropii EF.

Ekstremały EF sformalizowały minimalne, probabilistyczne trajektorie ewoluujące w kierunku ekstremów IPF.

Znalezienie ekstremalnych procesów $x(t)$, które generuje EF wymaga rozwiązania problemu zmienności EF.

3.3. ROZWIĄZANIE PROBLEMU ZMIENNOŚCI DLA ENTROPII FUNKCJONALNEJ

Zastosowanie integralnej formy funkcjonalnej entropii funkcjonalnej (1.1.10):

$$S = \int_s^T L(t, x, \dot{x}) dt = S[x_t] \,, \qquad (3.1)$$

pozwala na sformułowanie problemu zmienności, minimalizując Entropię Funkcjonalność procesu dyfuzji:

$$\min_{u_t \in KC(\Delta, U)} S[\tilde{x}_t(u)] = S[x_t] \text{ w sprawie } Q \in KC(\Delta, R^n) \,.$$
(3.1a)

W szczególności, w przypadku wersji integralnej (1.3.2.1), w (1.3.22), prowadzi to do problemu zmienności

$$\text{extr}\, S[\&/\varsigma_t] = \underset{c^2(t)}{\text{extr}} 1/2\int_s^T c^2(t)A(t,s)dt\ c^2(t) = \&(t), . \qquad (3.1b)$$

Propozycja 3.1.

1. *Ekstremalne rozwiązanie* problemu zmienności (3.1a, 3.1) dla Entropii Funkcjonalnej (1.1.10) przynosi następujące równania ekstremów dla wektora x i koniugatów wektora X odpowiednio:

$$\& = a^u, , \qquad (a^u = a(u,t,x)\ (t,x) \in Q\, 3.2)$$

$$\& = -\partial P/\partial x - \partial V/\partial x. \qquad (3.3)$$

gdzie funkcja

$$P = (a^u)^T \frac{\partial S}{\partial x} + b^T \frac{\partial^2 S}{\partial x^2}, \qquad (3.4)$$

jest potencjałem funkcjonalnym (1.1.10), który zależy od funkcji działania $S(t,x)$ na krańcach (3.2, 3.3); oraz $V(t,x)$ jest liczbą całkowitą dodatku funkcjonalnego (1.1.7), która określa funkcję prawdopodobieństwa (1.1.3).

Dowód. Równania Jacobi-Hamiltona (JH) dla funkcji działania $S = S(t,x)$, określone na skraju $x_t = x(t), (t,x) \in Q$ funkcji (3.1), prowadzą do

$$-\frac{\partial S}{\partial t} = H, H = \&^T X - L, \quad (3.5)$$

gdzie X jest wektor koniugatowy dla i x H jest Hamiltonianem dla tej funkcji.

(Wszystkie derywaty tutaj i poniżej mają formę wektorową).

Z (3.1a) wynika, że

$$\frac{\partial S}{\partial t} = \frac{\partial \&}{\partial t}, \frac{\partial \&}{\partial x} = \frac{\partial S}{\partial x}, \qquad (3.6)$$

gdzie dla JH mamy

$$\frac{\partial S}{\partial x} = X, -\frac{\partial S}{\partial t} = H \ . \qquad (3.6a)$$

Równoważnik Kołmogorowa dla funkcjonalnego (1.1.10) procesu dyfuzji, łączącego się z równikiem (3.6a), ma postać

$$-\frac{\partial S\%}{\partial t} = (a^u)^T X + b\frac{\partial X}{\partial x} + 1/2a^u(2b)^{-1}a^u = -\frac{\partial S}{\partial t} = H \ , \qquad (3.7)$$

Tutaj dynamiczny Hamiltonian obejmuje funkcję różnicową $H = V + P$ $V = d\varphi / ds$ dodatku funkcjonalnego (1.1.7) i funkcję potencjalną (3.4). Funkcja (3.4), ku zadowoleniu (3.7), nakłada ograniczenia na przekształcenie procesu dyfuzji do jego skrajnej postaci:

$$P(t,x) = (a^u)^T X + b^T \frac{\partial X}{\partial x}. \qquad (3.8)$$

Zastosowanie równań Hamiltona i $\frac{\partial H}{\partial X} = \&\frac{\partial H}{\partial x} = -\&$ do (3.7) przynosi rozwiązania skrajne odpowiednio dla i x X w formie (3.2) i (3.3)•. Więcej szczegółów w [12].

Propozycja 3.2.

Minimalne rozwiązanie problemu zmienności (3.1a, 3.1) dla EF przynosi równanie łączące skrajne i $\& X_o$:

$$\& = 2bX_o , \qquad (3.9)$$

który spełnia warunek

$$\min_{x(t)} P = P[x(\tau)] = 0 . \qquad (3.10)$$

Warunek (3.10) jest dynamicznym ograniczeniem, które jest nakładane na rozwiązania (3.2), (3.3) w pewnym zestawie pola funkcjonalnego, utrzymującego $Q \in KC(\Delta, R^n)$ τ-lokalizacje $x(t)_{t=\tau} = x(\tau)$ procesu cięcia:

$$Q^o \subset Q \ Q^o = R^n \times \Delta^o, \Delta^o = [0,\tau], \tau = \{\tau_k\}, k = 1,...,m , \ . \qquad (3.11)$$

Hamiltonian

$$H_o = -\frac{\partial S_o}{\partial t} \qquad (3.12)$$

definiuje funkcję działania $S_o(t,x)$, która w skrajnym przypadku (3.9) spełnia warunek

$$\min(-\partial \tilde{S}/\partial t) = -\partial \tilde{S}_o/\partial t. \qquad (3.13)$$

Hamiltonian (3.12) i równanie (3.9) określają równanie różnicowe drugiego rzędu skrajnych:

$$d^2x/dt^2 = dx/dt[\dot{b}b^{-1} - 2H_o]. \qquad (3.14)$$

Dowód. Użycie (3.4) i (3.6) pozwala nam znaleźć równanie dla Lagrangian w (3.1) w formie

$$L = -b\frac{\partial X}{\partial x} - 1/2\dot{x}^T(2b)^{-1}\dot{x}. \qquad (3.15)$$

W skrajnych przypadkach (3.2, 3.3) dryfowanie i dyfuzja w (1.1.10) nie są rzadkie.

Po zastąpieniu ekstremalnych równań Eqs (3.2, 3.9) do (3.7), integralnych funkcjonalnych ($\tilde{S}$3.1) na skrajnych ładowniach:

$$\tilde{S}[x(t)] = \int_s^T 1/2(a^u)^T(2b)^{-1}a^u dt. \qquad (3.15a)$$

Ponieważ obie całki są zdefiniowane na tych samych końcach, powinny one spełniać warunki zmienności (3.1a), lub

$$\tilde{S}[x(t)] = S_o[x(t)]. \qquad (3.15b)$$

Od (3.15) i (3.15a, b) w ślad za Lagrangian

$$L_o = 1/2(a^u)^T(2b)^{-1}a^u \text{ lub } L_o = \dot{x}^T(2b)^{-1}\dot{x}. \qquad (3.16)$$

Oba wyrażenia Lagrangiana (3.15) i (3.16) pokrywają się na krańcach.

Potencjał (3.7) na końcach spełnia warunek (3.10):

$$P_o = P[x(t)] = (a^u)^T(2b)^{-1}a^u + b^T\frac{\partial X_o}{\partial x} = 0. \qquad (3.17)$$

natomiast Hamiltonian (3.12), a funkcja działania $S_o(t,x)$ spełnia (3.13).

Z (3.15b) wynika również, że

$$E\{\tilde{S}[x(t)]\} = \tilde{S}[x(t)] = S_o[x(t)]\,. \qquad (3.17a)$$

Zastosowanie (3.16) do równania Lagrange'a

$$\frac{\partial L_o}{\partial \dot{x}} = X_o\,, \qquad (3.17b)$$

prowadzi do równań dla wektora

$$X_o = (2b)^{-1}\dot{x} \qquad (3.17c)$$

i ekstremalnych (3.9).

Zarówno Lagrangian jak i Hamiltonian to *formy informacyjne* rozwiązania JH dla EF.

Lagrangian (3.16) spełnia maksymalną zasadę dla funkcji (3.1,3.1a), z której wynika również (3.17a).

Funkcjonalny (3.1) osiąga swoje minimum na ekstremalnych (3.8), a maksymalny na ekstremalnych (3.2,3.3) z (3.6). Hamiltonowski (3.7), po spełnieniu (3.17), osiąga swoje minimum:

$$\min H = \min[V+P] = 1/2(a^u)^T(2b)^{-1}a^u = H_o \qquad (3.18)$$

z którego wynika (3.10) o

$$\min_{x(t)} P = P[x(\tau)] = 0\,. \qquad (3.19)$$

Funkcja $(-\partial\tilde{S}(t,x)/\partial t) = H$ na ekstremach (3.2,3.3) osiąga *maksimum*, gdy nie jest narzucone ograniczenie (3.10). Zarówno minimum, jak i maksimum są warunkowe w odniesieniu do nałożenia ograniczenia.

Warunki zmiany (3.18) nakładające ograniczenie (3.10) wybiera Hamiltonian

$$H_o = -\frac{\partial S_o}{\partial t} = 1/2(a^u)^T(2b)^{-1}a^u \qquad (3.20)$$

na krańcach (3.2,3.3) w momentach dyskretnych (τ_k) (3.11).

Zasada zróżnicowania identyfikuje dwóch Hamiltonów: H - satysfakcjonujących (3.6) funkcją działania $S(t,x)$ oraz (H_o 3.20), których funkcja działania $S_o(t,x)$ osiąga absolutne minimum w momentach ((τ_k)3.11) narzucania ograniczenia $P_o = P_o[x(\tau)]$.

Zastąpienie (3.2) i (3.17b) w obu (3.16) i (3.20) prowadzi do skrajnie lagrangijskiego i hamiltońskiego:

$$L_o(x, X_o) = 1/2\dot{x}^T X_o = H_o. \qquad (3.21)$$

Użycie przynosi $\dot{X}_o = -\partial H_o / \partial x$ $\dot{X}_o = -\partial H_o / \partial x = -1/2\dot{x}^T \partial X_o / \partial x$.

Nałożenie ograniczenia (3.10) przynosi

$$\partial X_o / \partial x = -b^{-1} \dot{x} X_o \text{ i } \partial H_o / \partial x = 1/2\dot{x}^T b^{-1} \dot{x}^T X_o = 2H_o X_o. \qquad (3.22)$$

Po zastąpieniu (3.17b) i (3.22) prowadzi to do ekstremów (3.9).

Z równania dla wektora koniugatowego (3.3), równania (3.7), (3.8) i (3.17c), ograniczenie (3.10) uzyskuje postać

$$\frac{\partial X_o}{\partial x} = -2X_o X_o^T. \qquad (3.23)$$

Zróżnicowanie (3,9) przynosi drugi porządek różnicowy równanie na krańcach:

$$\ddot{x} = 2b\dot{X}_o + 2\dot{b}X_o, \qquad (3.24)$$

która po zastąpieniu (3.22) prowadzi do (3.14).•

Powyższe rozwiązania upraszczają udowodnienie twierdzenia 3.1 z [12].

Komentarze.

Siła entropii, jako gradient entropii (3.6a), powstaje we współrzędnej kowariantu jednostki przemieszczenia, lub w odległości w każdej obserwacji, gdy pojawia się mikroprocesor.

Dopóki nie pojawi się współrzędna kosmiczna, taka siła nie istnieje.

Wraz z pojawieniem się Bitu logicznego w pewnej logice, pojawia się pewna przestrzeń czasowa.

W takiej przestrzeni czasowej czas jest wektorem przeciwstawnym, a siła jest wektorem kowariantowym w obracającym się układzie współrzędnych. Ten układ współrzędnych zależy od jego probabilistycznego wyboru w trakcie obserwacji czasu. W

symetrycznej transformacji grupy Lorentza i geometrii Riemanna czas i przestrzeń są odpowiednio niezależnymi przeciwwagami i wektorami kowariantowymi, których iloczyn jest niezależny skalarnie w tym układzie współrzędnych.
W ramach mikroprocesu wirtualnego obserwatora, przestrzeń czasowa wyłania się jako probabilistyczna.
W pewnej logice Obserwatora z powyższą Dynamiką Hamiltonowską taka przestrzeń czasowa jest symetryczna. Wraz z pojawieniem się Bitów Informacji, dynamika informacji staje się nieodwracalna i asymetryczna. Obserwacji pojawiających się wielu bitów informacyjnych towarzyszy cząstkowa dynamika hamiltonowska, gdzie kawałki obserwacji z symetrią dynamiki (odwracalne) przeplatają się z kawałkami asymetrycznej (nieodwracalnej) dynamiki informacji.
Z obserwacji Makrodynamiki Informacyjnej wyłania się prawdziwy układ współrzędnych każdego obserwatora.
Dla wielu obserwatorów informacji we Wszechświecie może powstać uniwersalny - pojedynczy układ współrzędnych.•

3.4. POCZĄTKOWE WARUNKI FUNKCJONOWANIA ENTROPII I JEJ EKSTREMA

Warunki początkowe dla EF określają stosunek prawdopodobieństw pierwotnych *a priori a posteriori*, które rozpoczynają obserwację probabilistyczną:

$$p(o_s^p) = \frac{P_{s,x}^a}{P_{s,x}^p}(o_s^p) \quad . \tag{4.1}$$

Początek obserwacji ocenia minimalne prawdopodobieństwo i entropię [16]:

$$p(o_s^p) \cong 1.65 \times 10^{-4} \tag{4.2}$$

$$\Delta s_{ap}(o_s^p) = -\ln p(o_s^p) = 0.5 \times 10^{-4} \tag{4.3}$$

z minimalnym prawdopodobieństwem wstecznym

$$P_{poo} \approx 1 \times 10^{-4} . \tag{4.4}$$

Daje to oszacowanie średniej początkowej entropii obserwacji:

$$S(o_s^p) = [-\ln p(o_s^p) \times P_{poo}] \cong 0.5 \times 10^{-8} \, Nat \quad . \tag{4.5}$$

W oparciu o fizyczny parametr sprzężenia $h_{\alpha}^{o}=1/137$, fizyczna obserwacja teoretycznie zaczyna się od entropii:

$$S(o_{rs}^{p})=2/137\cong 0.0146 Nat, \quad (4.6)$$

podczas gdy entropia pierwszej prawdziwej akcji "półimpulsowej" zaczyna się w momencie t^{oe}:

$$S_{ko}(t^{oe})=0.358834 Nat \quad (4.7)$$

z prawdopodobieństwem *a priori-a posteriori* $P_{ako}=0.601, P_{pko}=0.86$.

W tym podejściu informacyjnym, nie angażującym żadnych materialnych podmiotów, proces fizyczny rozpoczyna się od rzeczywistego interaktywnego działania, kiedy to fizyczne sprzężenie może rozpocząć się od zminimalizowania tej entropii na początku procesu informacyjnego.

Przy rzeczywistym cięciu z prawdopodobieństwem $P_{po}\rightarrow 1$ *a posteriori*, stosunek ich prawdopodobieństwa $P_{ao}/P_{po}\cong 0.8437$ *a priori-a posteriori* określa minimalne przesunięcie entropii pomiędzy oddziaływującymi prawdopodobieństwami $P_{ao}\rightarrow P_{po}$ podczas rzeczywistego cięcia: $\Delta s_{apo}=-\ln(0.8437)\cong 0.117 Nat$ które, po uśrednieniu przy prowadzi do $P_{po}=1$

$$S(o_{r}^{p})=0.117 Nat. \quad (4.8)$$

Minimalny koszt entropii dla pokrycia luki podczas przechodzenia na Obserwatora Informacji wynosi $s_{ev}\cong 0.0636 Nat$.

Teoretyczny początek obserwacji (4.6) pozostaje potencjalny do momentu uzyskania informacji z tej entropii.

Jeśli *zdefiniujemy* uruchomienie prawdziwego Obserwatora Informacji poprzez minimalną entropię konwersyjną (4.8), to otwarcie prawdziwej obserwacji *definiuje* entropię pierwszych rzeczywistych 'półimpulsowych akcji' (4.7). W przypadku procesu wielowymiarowego może być ich wiele.

Ponieważ potencjalna obserwacja procesu fizycznego z logicznymi bytami strukturalnymi jest możliwa (wirtualna) przy zbliżaniu się do entropii (4.6), obserwacja ta jest *wirtualna* do momentu, gdy rzeczywista obserwacja wygeneruje Obserwatora Informacji. (Termin "wirtualny" kojarzy się tutaj z możliwością fizyczną, dopóki ta fizyczna obiektywność nie stanie się dla Obserwatora Informacji rzeczywistością informacyjno-fizyczną).

W szczególności, jeżeli początek obserwacji wirtualnej kojarzy się z entropią wiążącą z prawdopodobieństwem pierwotnym *a priori-a posteriori* (4.5), wówczas obserwator wirtualny identyfikuje entropię potencjalnych struktur sprzęgających (4.6).

Zidentyfikowaliśmy tu początek obserwacji zarówno wirtualnych, jak i fizycznych oraz wirtualnych i rzeczywistych Obserwatorów Informacji, w oparciu o rzeczywiste parametry ilościowe, które są niezależne dla każdego konkretnego obserwatora.

Szczególne ograniczenia mogą być jednak nakładane po uformowaniu się Obserwatora [41].

Warunki początkowe dla *ekstremów* EF określają funkcję ($x_{\pm}(t^e) = x(s^+)\exp(u_{\pm}t^e)$ od (2.9)), która w chwili obecnej uruchamia $t^e = s_k^{+o} b_k(t^e) / b_k(s_k^{+o})$ obserwacje wirtualne lub rzeczywiste, w zależności od wymaganej minimalnej entropii powiązanych obserwacji (4.5-4.8). Przynosi ona funkcje

$$x_{\pm}(t^e) = x(s^+)\exp(\pm 2t^e) \quad (4.\ 9a), \qquad t^e = s_k^{+o} b_k(t^e) / b_k(s_k^{+o}), \quad (4.9b)$$

gdzie (4.9b), przy znanej funkcji rozpraszania $b_k(t^e, s_k^{+o})$, określa jego zależność czasową $t^e = t^e(s_k^{+o}, b_k)$, podczas gdy (4.9a) określa początkowe warunki dla ekstremalnego procesu sprzężonego EF:

$$x_{\pm}(t^e) = x(s^+)\exp(\pm 2t^e(s_k^{+o}, b_k)). \quad (4.9)$$

Zastosowanie rozwiązań EF (2.3.6) w odwrotnym czasie względnym $t_-^* = -t_+^*$ prowadzi do funkcji entropii:

$$\begin{aligned} S_{\pm}(t_{\pm}^*) &= 1/2 S_+(t_+^*) \times S_-(t_-^*) = 1/2[\exp(-2t_+^*)(\mathrm{Cos}^2(t_+^*) + Sin^2(t_+^*) - 2Sin^2(t_+^*))] = \\ & 1/2[\exp(-2t_+^*)((+1 - 2(1/2 - Cos(2t_+^*))))] = 1/2\exp(-2t_+^*)Cos(2t_+^*) \end{aligned} \quad (4.10)$$

Ta interaktywna entropia $S_{\pm}(t_{\pm})$ staje się minimalnym interaktywnym progiem (4.8), od $t_+^* = t_+^e$ którego uruchamia się Obserwator Informacji. Od (4.8) jest on następujący:

$$S(t_+^* = t_*^e) = 1/2\exp(-2t_*^e)Cos(2t_*^e) = 0.117 \qquad (4.11)$$

z czasem względnym $t_*^e = \pm\pi/2t^e$.

Wartość (4.11) zgadza się zarówno z (2.2.27), jak i (3.2.2).

Rozwiązanie (4.11) przyniesie rzeczywiste t^e, które po zastąpieniu w (4.9b) określa moment początkowy $s_k^{+o} = s_k^{+o}(t^e, b_k(t^e, s_k^{+o}))$, jeśli $b_k(t^e, s_k^{+o})$ znane są funkcje rozpraszania. Moment zastępczy w t_*^e stosunku $s_{k*}^{+o} = s_k^{+o}(t_*^e, b_k)$ do

$$S(s_{k*}^{+o}) = 1/2\exp(-2s_{k*}^{+o})Cos(2s_{k*}^{+o}) \qquad (4.12)$$

pozwala na znalezienie nieznanej entropii $S_\pm(s_k^{+o})$ *a posteriori* rozpoczynającej wirtualnego obserwatora w $s_k^{+o} = s_{k*}^{+o}/(\pi/2)$.

Aby znaleźć moment rozpoczęcia wirtualnego obserwatora na pomiarze maksymalnej niepewności (4.5), gdy funkcje dyspersyjne są nieznane, dostępne są tylko wspólne wymagania wstępne (4.12) i (4.5).

Np. (2.10) dla warunków początkowych $\ln x(s_k^{+o}) = x(s_k^{+o})u_\pm s_k^{+o}$ po integracji prowadzą do

$1/2[\ln x(s_k^{+o})]^2 = u_\pm(s_k^{+o})^2 \ln x(s_k^{+o}) = \sqrt{2u_\pm}(s_k^{+o})$ oraz do

$$x_\pm(s_k^{+o}) = \exp(\pm\sqrt{2u_\pm})(s_k^{+o}), x_+(s_k^{+o}) = \exp(\pm\sqrt{2\times 2})s_k^{+o}, x_-(s_k^{+o}) = \exp(\pm j\sqrt{2\times 2})s_k^{+o}$$
$$u_+ = 2, u_- = -2, .$$

Przynosi ona zarówno rzeczywiste, jak i złożone warunki początkowe do rozpoczęcia ekstremalnych procesów w wirtualnym obserwatorze:

$$x_+^i(s_k^{+o}) = \exp(\pm 2s_k^{+o}), x_-^i(s_k^{+o}) = \exp(\pm 2js_k^{+o}) = Cos(2s_k^{+o}) \pm jSin(2s_k^{+o}), \qquad (4.13)$$

gdzie pierwszy opisuje wirtualną trajektorię zanim impuls wygeneruje złożony mikroprocesor (2.3.6) w (4.13).

W końcu trajektorie procesów ekstremalnych (4. 9a) t_i^e na każdym z i wymiarów przybierają formę

$$x_\pm^i(t_i^e) = x_\pm^i(s_k^{+o})[Cos(2s_k^{+o}) \pm jSin(2s_k^{+o})]\exp(m2t_i^e). \qquad (4.14)$$

Weryfikujmy liczbowo wyniki (4.11-4.14).

Rozwiązanie (4.11):

$\ln 1/2 - 2t_*^e + \ln[Cos(2t_*^e)] = \ln 0.117, -0.693 + 2.1456 = 2t_*^e - \ln[Cos(2t_*^e)], 1.4526 = 2t_*^e + \ln[Cos(2t_*^e)]$
prowadzi do $2t_*^e \approx 1.45, t^e = 1.45/\pi \approx 0.46$ jednego z możliwych wyników.

Zastosowanie warunku (4.6) do (4.12):

$S(s_{k*}^{+o}) = 1/2\exp(-2s_{k*}^{+o})Cos(2s_{k*}^{+o}) = 2/137$ (4.14a)

prowadzi do rozwiązania

$-0.693 + 4.22683 = 2s_{k*}^{+o} - \ln[\mathrm{Cos}(2s_{k*}^{+o})], 3.534 = 2s_{k*}^{+o} - \ln[\mathrm{Cos}(2s_{k*}^{+o})]$

z rezultatem $s_{k*}^{+o} \approx 1.767$, $s_k^{+o} \approx 1.12$.

Zastosowanie warunku rozpoczęcia obserwacji wirtualnej (4.5) w czasie względnym o_{s*}^p do relacji

$S(o_{s*}^p) = 1/2\exp(2o_{s*}^p)Cos(2o_{s*}^p) = 0.5 \times 10^{-8}$ (4.14b)

prowadzi do $-0.693 + 12.8 = 2o_{s*}^p - \ln[Cos(2o_{s*}^p)]$ rozwiązań $2o_{s*}^p \approx 12$ i $o_s^p \approx 3.85$.

Zastosowanie warunku rozpoczęcia obserwacji informacyjnej (4.7) z równania (4.10), t_*^{oe} w czasie względnym, prowadzi do rozwiązania

$2t_*^{oe} \approx 0.33, t^{oe} = 2t_*^{oe}/\pi \approx 0.1$.

Te momenty czasowe liczone są od rzeczywistego obserwatora (powrót do obserwacji początkowej) po przekroczeniu przez proces obserwacji progu (4.8).

Oznacza to, że $o_s^p \approx 3.85$ ocenia się przedział czasowy obserwacji wirtualnej, podczas gdy obserwator wirtualny zaczyna od przedziału czasowego $s_k^{+o} \approx 1.12$, a obserwator rzeczywisty od $t^e \approx 0.46$.

Obserwacja pierwszej rzeczywistej akcji "półimpulsowej" odbywa się *w* tym czasie: $t^{oe} \approx 0.1$.

Państwa utrzymują $x_+^i(s_k^{+o}) = \exp(\pm 2 \times 1.12)$ prawdopodobieństwo $P_{ako} = 0.601$ i mają wielorakie korelacje $r_\pm^x(s_k^+) = x_+^i(s_k^{+o})x_-^i(s_k^{+o})$,

uruchomienie wirtualnego obserwatora (4.12, 4.12a). Koniugaty procesów (4.14) oddziałują poprzez korelację

$$r_{\pm}^{x}(t_i^e)=x_{+}^{i}(t_i^e)\times x_{-}^{i}(t_i^e)=r_{\pm}^{x}(s_k^{+})[Cos(2s_k^{+o})^2+jSin(2s_k^{+o})^2]\exp(-2t_i^e)\exp(+2t_i^e)=1 \quad (4.14c)$$

osiągnięcie progu Obserwatora Informacji (4.8) z względnym prawdopodobieństwem $P_{ao}/P_{po}\cong 0.8437$ i dwoma sprzężonymi entropiami

$$S_{\pm}(t^e)=1/2\exp(\pm\pi/2\times t^e)Cos(\pm\pi/2\times t^e), \quad (4.15)$$

od (4.11). Zaplątane punkty zaplątania poruszają się na równi z (4.15).

Początkowy proces ekstremalny (4.14) ocenia dwie pary stanów rzeczywistych dla tego połączonego procesu:

$$\begin{aligned}&x_{\pm}^{r}(t_i^e)=9.39\times 0.999\times 0.3985=3.738, x_{\mathrm{m}}^{r}(t_i^e)=0.1064\times 0.999\times 2.509=0.2666\\&x_{\mathrm{m}}^{r1}(t_i^e)=0.1064\times 0.999\times 0.3985=0.042, x_{\pm}^{r1}(t_i^e)=9.39\times 0.999\times 2.509=23.536\end{aligned}. \quad (4.15a)$$

Wyimaginowane warunki początkowe oceniają cztery opcje:

$$x_{+}^{im1}(t^e)=\exp(2\times 1.12)[\pm j\,\mathrm{Sin}(2\times 1.12)]\times\exp(-0.92)=j3.064\times 0.039\times 0.3985\cong\pm j0.0475 \quad (4.15b)$$

$$x_{-}^{im2}(t^e)=\exp(-2\times 1.12)[\mathrm{m}j\,\mathrm{Sin}(2\times 1.12)]\times\exp(0.92)=\mathrm{m}j0.323\times 0.039\times 2.509\cong\mathrm{m}j0.0316 \quad (4.15c)$$

Siła informacyjna, działająca pod koniec mikroprocesora na krawędzi dwóch najbliższych impulsów, opisuje Eqs:

$$X_\delta=\frac{\partial\Delta S_\delta}{\partial x}.$$

Siła określa relację $\partial x=1/2r^{-1/2}\partial r$ od (4.14c), która przy $x(t^e)=r_x^{1/2}$ $r=r_x$, i prowadzi do $\Delta S_\delta\to\Delta I_\delta$

$$\frac{\partial\Delta S_\delta}{\partial r}\to\frac{\partial\Delta I_\delta}{\partial r},\frac{\partial\Delta I_\delta}{\partial x}=\frac{\partial\Delta I_\delta}{\partial\ln r}=-1/8r^{-1}$$

Wówczas $X_{\delta M}=\frac{\partial\Delta S_\delta}{\partial r}$ otrzymamy

$$X_\delta=\frac{\partial\Delta S_\delta}{1/2r^{-1/2}\partial r}=-1/4r^{-1/2}X_{\delta M}=-1/4r^{-1/2}. \quad (4.16)$$

Jest to skończona siła informacyjna, która utrzymuje stany procesu impulsowego w granicach (sekcja 1.1.1), równoważąc siłę niszczącą, która powstaje przy rozpuszczaniu korelacji na $r\to 0$.
Wynika stąd, że ta elementarna ("słaba") siła informacyjna, która wiąże przeciwstawne stany impulsu, definiuje to samo równanie

zmienności, co makroprocesowa siła informacyjna (3.17c), która wiąże wiele mikroprocesów.
Silna" siła informacyjna (3.17c) określa sumę korelacji zintegrowanych wzdłuż makroprocesu aż do chwili obecnej procesu.
W topologicznej przelotowości w oddziaływaniach krzywych (pkt. 2.2.2.5), w przejściowym momencie zwrotu, skok *krzywizny czasowej* zmienia się w *krzywiznę przestrzenną*. Tutaj pojawia się słaba siła (4.16), rozpoczynająca krzywiznę przestrzeni przez analogię do siły grawitacji. Tak więc, zarówno słabe jak i silne siły informacyjne powstają wzdłuż obserwowanego procesu informacyjnego.

3.5. ZASTOSOWANIE RÓWNANIA EKSTREMÓW $\dot{x} = a^u$ DO TRADYCYJNEJ FORMY MODELU DYNAMICZNEGO:

$$\dot{x} = Ax + u, u = Av, \dot{x} = A(x+v), \quad (5.1)$$

gdzie v jest kontrola u zredukowana do wektora stanu x.

Rozwiązanie początkowego problemu zmienności (VP) dla tego modelu pozwala na znalezienie optymalnej kontroli v i zidentyfikowanie matrycy pod działaniem tej kontroli. A

Propozycja 5.1.

Zmniejszona kontrola jest tworzona przez funkcję sprzężenia zwrotnego makrostatów $x(\tau) = \{x(\tau_k)\}, k = 1,...,m$ w formie:

$$v(\tau) = -2x(\tau). \quad (5.2)$$

Lub przy użyciu (5.1), ma to zastosowanie $u = u(x(\tau)) = u(\tau)$ jako funkcja prędkości makroprocesu w (5.1):

$$u(\tau) = -2Ax(\tau) = -2\dot{x}(\tau), \quad (5.3)$$

w miejscach występowania momentów ($\tau = (\tau_k)$ 3.3.11), w których matryca A określa równania

$$A(\tau) = -b(\tau) r_v^{-1}(\tau), r_v = E[(x+v)(x+v)^T], b = 1/2\dot{r}, r = E[\dot{x}\dot{x}^T] \quad (5.4)$$

i A identyfikuje funkcję korelacji z jej pochodną, lub bezpośrednio z matrycą dyspersyjną b z (1.2.1):

$$| A(\tau) |= b(\tau)(2 \int_{\tau-o}^{\tau} b(t)dt)^{-1} \ \tau - o = (\tau_k - o), k = 1...,m, . \qquad (5.5)$$

Dowód. Użycie wariantu Eq. dla wektora koniugatowego (3.3) pozwala na zapisanie wiązania (3.10) w postaci

$$\frac{\partial X}{\partial x}(\tau) = -2XX^T(\tau) \ , \qquad (5.6)$$

dla modelu (5.1).

Prowadzi to do Eqs. dla wektorów koniugatowych w tym modelu:

$$X = (2b)^{-1} A(x+v), X^T = (x+v)^T A^T (2b)^{-1}, \frac{\partial X}{\partial x} = (2b)^{-1} A \ b \neq 0 \ , . \qquad (5.7)$$

Po zastąpieniu (5.7) do (5.6), nabywa on postać

$$(2b)^{-1} A = -2E[(2b)^{-1} A(x+v)(x+v)^T A^T (2b)^{-1}], \qquad (5.8)$$

z których wynikają równania identyfikacyjne (5.4). $A \ E[b] = b$

Wykonanie obu (5.6), (5.7) wykonuje czynność kontrolną.

Użycie (5.4) prowadzi do (5.8), który pod kontrolą (5.3) przyjmuje postać

$A(\tau)E[(x(\tau)+v(\tau))(x(\tau)+v(\tau))^T] = -E[\dot{x}(\tau)x(\tau)^T]$, przy $\dot{x} = 2E[\dot{x}(\tau)x(\tau)^T]$.

Zależność ta po zastąpieniu (5.1) prowadzi do

$A(\tau)E[(x(\tau)+v(\tau))(x(\tau)+v(\tau))^T] = -A(\tau)E[(x(\tau)+v(\tau))x(\tau)^T]$ a następnie do

$E[(x(\tau)+v(\tau))(x(\tau)+v(\tau))^T + (x(\tau)+v(\tau))x(\tau)^T] = 0$,

który jest spełniany przy zastosowaniu kontroli (5.2).

Ponieważ $x(\tau)$jest to dyskretny zestaw stanów, zadowalający (3.11), (3.13), kontrola ma postać dyskretną.

Każde sterowanie stopniowe (5.2), z jego odwrotną wartością podwojenia stanu kontrolowanego $x(\tau)$, stosowane jest do obu równań (5.7), narzędzi (5.6). Eq. (5.6), wynikający z warunków zmienności (3.1a), spełnia ten warunek.

Kontrola ta, zastosowana do dodatku funkcjonalnego (1.1.7), narzuca ograniczenie (3.8, 3.10), które ogranicza przekształcanie się losowych segmentów procesu do skrajnych zakresów procesu.

Poprzez zastosowanie czynności kontrolnych step-down i step-up w celu spełnienia warunków (3.7) i (3.10), kontrola sekwencyjnie rozpoczyna i kończy ograniczenie, wydobywając jednocześnie ukrytą informację o $x(\tau)$miejscu odcięcia. Wykonując transformację, sterowanie to inicjuje identyfikację matrycy w $A(\tau)$(5.4, 5.5) w swoim przedziale czasu$\tau - o, \tau, \tau + o$(Sec.1.2.3), rozwiązując jednocześnie problem identyfikacji [52].•

Uzyskanie tej kontroli tutaj *określa* niektóre wyniki Theorems 4.1 [12].

Corollary.5.1.

Sterowanie, które włącza ograniczenie (3.8,3.10), tworzy dynamiczny model Hamiltona ze złożonymi sprzężonymi wartościami własnymi macierzy$A$. Po zakończeniu wiązania sterowanie przekształca tę matrycę w jej *rzeczywistą* formę (na punkcie granicznym procesu dyfuzji [4]), która identyfikuje matrycę dyfuzyjną w (5.4). Tak więc, w obrębie każdego skrajnego segmentu, dynamika jest odwracalna. Odwracalność wzrasta przy każdym zakończeniu ograniczenia pomiędzy segmentami. Lagrangian EF-IPF integruje zarówno impulsy, jak i ograniczenie Informacje na temat jego interwałów czasowych.•

Propozycja 5.2.

Przyjrzyjmy się dynamice kontrolowanej pod kontrolą sprzężenia zwrotnego (5.3) opisanej przez operatora $A^v(t,\tau)$z funkcjami własnymi $\lambda_i^v(t_i,\tau_k)_{i,k=1}^{n,m}$, którego równanie macierzowe:

$$\dot{x}(t) = A^v x(t), \quad (5.9)$$

obejmuje kontrolę sprzężenia zwrotnego (5.3).

Wektor dryfu dla obu modeli (5.1) i (5.9) ma taką samą postać:

$$a^u(t,\tau) = A(t,\tau)(x(t,\tau)+v(\tau)), A^v(t,\tau)x(t,\tau) = A(t,\tau)(x(t,\tau)+v(\tau)). \quad (5.9a)$$

W takim razie to prawda:

(1) Matryca $A^v(t,\tau)$ pod kontrolą $v(\tau_k^o) = -2x(\tau_k^o)$, stosowana w przedziale czasu $t_k = \tau_k^1 - \tau_k^o$, w formie $A^v(t_k, \tau_k^o)$, zależy od początkowej matrycy w danym $A(\tau_k^o)$ momencie zgodnie z Eq τ_k^o

$$A^v(t_k, \tau_k^o) = -A(\tau_k^o)\exp(A(\tau_k^o)t_k)[2 - \exp(A(\tau_k^o)t_k)]^{-1} \qquad (5.9b)$$

(2) Identyfikacja według wzoru (5.4) $\tau_k^1 = \tau$ przyniósł

$$A^v(\tau_k^1) = -A(\tau_k^1) = b(\tau_k^1)r_v^{-1}(\tau_k^1), b(\tau_k^1) = 1/2\dot{r}(\tau_k^1) \;, \qquad (5.9c)$$

którego funkcja kowariancji $r_v(\tau_k^o)$, począwszy od chwili τ_k^o, do końca tego przedziału czasu τ_k^1, nabiera kształtu

$$r_v(\tau_k^1) = [2 - \exp(A(\tau_k^o)\tau_k^1)]r(\tau_k^o)[2 - \exp(A^T(\tau_k^o)\tau_k^1)]. \qquad (5.9d)$$

(3a) Zastosowanie kontroli w $v(\tau_k^o) = -2x(\tau_k^o)$ momencie następującym po $\tau_k^1 = \tau_k^o + o$ τ_k^o(5.9a, po prawej)) zmienia początkowy znak matrycy:

$$A^v(\tau_k^1) = A^v(\tau_k^o + o) = -A(\tau_k^o). \qquad (5.9e)$$

(3b) Gdy sterowanie to, zastosowane w danej chwili τ_k^1, zakończy proces dynamiczny na skrajnych poziomach w $x(\tau_k^1 + o) \to 0$ następnym momencie $\tau_k^1 + o$, funkcja $a^u = A^v x(t)$ w (5.9a) zmieni się na

$$a^u(x(\tau_k^1 + o)) \to 0\,; \qquad (5.9f)$$

co prowadzi (5.9a) do dynamicznej formy, która $a^u = A(\tau_k^1 + o)v(\tau_k^1 + o) \to 0$ $A(\tau_k^1 + o) \neq 0$ wymaga wyłączenia sterowania.

(3c) Przy wypełnieniu (5.9f) proces Markova obejmuje tylko jego składnik dyfuzyjny, który identyfikuje matrycę dynamiczną $A(\tau_k^1 + o)$.

Matryca ta, przekształcając się w następnym momencie τ_{k+1}^1: $A(\tau_k^1 + o) \to A(\tau_{k+1}^1)$, identyfikuje matrycę korelacji $r(\tau_{k+1}^1)$ w formie

$$A(\tau_{k+1}^1) = 1/2\dot{r}(\tau_{k+1}^1)r^{-1}(\tau_{k+1}^1) \text{ przy } r(\tau_{k+1}^1) = r^v(\tau_{k+1}^1)_{v(\tau_k^1+o)\to 0}\,.$$

(3d) Matryca dyspersyjna $b(\tau_k^o, t_k) = 1/2\dot{r}_v(\tau_k^o, t_k)$ na krańcach, identyfikowana za pomocą matrycy dynamicznej (5.9b) w postaci

$$\partial r_v / \partial t_k = -A(\tau_k^o)\exp(A(\tau_k^o)t_k)r(\tau_k^o)[2-\exp(A^T(\tau_k^o)t_k)] + [2-\exp(A(\tau_k^o)t_k)]r(\tau_k^o)[-A^T(\tau_k^o)\exp(A^T(\tau_k^o)t_k)] \quad (5.10)$$

co dla matrycy symetrycznej $A(\tau_k^o)$prowadzi do relacji

$\partial r_v / \partial t_k = -2A(\tau_k^o)\exp(A(\tau_k^o)t_k)r(\tau_k^o), b(\tau_k^o, t_k) = -A(\tau_k^o)\exp(A(\tau_k^o)t_k)r(\tau_k^o)$,

Na $\tau_k^1 = \tau_k^o$, $t_k = 0$, to przynosi

$b(\tau_k^1 = \tau_k^o) = -A(\tau_k^o)\exp(A(\tau_k^o)0_k)r(\tau_k^o) = -A(\tau_k^o)r(\tau_k^o)$ $b(\tau_k^1)\times b(\tau_k^o)^{-1} = \exp(A(\tau_k^o)t_k)$, .

(5.10a)

Ostatni stosunek w (5,10a) dla jednego wymiaru, przy $A(\tau_k^o) = \alpha_1(\tau_k^o), t_k = \tau_k^1 - \tau_k^o$, prowadzi do

$$b(\tau_k^1)/b(\tau_k^o) = \exp(\alpha_1(\tau_k^o) - \alpha_1(\tau_k^o)) \quad (5.10b)$$

co po zastosowaniu relacji $b(\tau_k^1)/b(\tau_k^o) = \tau_k^1/\tau_k^o$prowadzi do

$$\tau_k^1/\tau_k^o = \exp(\alpha_1(\tau_k^1) - \alpha_1(\tau_{k1}^o)) \ , \quad (5.10c)$$

łączenie interwału $t_k = \tau_k^1 - \tau_k^o$z wartością własną . $\Delta\alpha_1 = \alpha_1(\tau_k^1) - \alpha_1(\tau_{k1}^o)$

Ten przedział czasowy mierzy szybkość informacji $\Delta\alpha_1$ i na odwrót.

(3e) Równanie dla wektora sprzężonego (5. 7) na każdym segmencie skrajnym wynika z zależności:

$$X_o(t_k) = 2b(t_k)^{-1}\dot{x}(t_k) = 2A(\tau_k^o)\exp(A(\tau_k^o)t_k)x(\tau_k^o)A^T(\tau_k^o)\exp(A^T(\tau_k^o)t_k) \ . \quad (5.11)$$

(3f) przyrost entropii ΔS_{io}na optymalnej trajektorii, mierzony w miejscach cięcia τ (3.11) przy

$$E[\frac{\partial \tilde{S}}{\partial t}(\tau)] = 1/4Tr[A(\tau)] = H(\tau), A(\tau) = -1/2\sum_{i=1}^{n}\dot{r}_i(\tau)r_i^{-1}(\tau), (r_i) = r, \quad (5.11a)$$

określa stosunek odstępów czasowych najbliższych odcinków wzdłuż przyrostu EF przekształcającego się w IPF $\Delta S_{io}(I_{x_t}^p)$:

$$\Delta S_{io} = I_{x_t}^p = -1/8\int_s^T Tr[\dot{r}r^{-1}]dt = -1/8Tr[\ln(r(T)/\ln r(s)], (s = \tau_o, \tau_1, ..., \tau_n = T). \quad (5.12)$$

Dowód (1). Kontrola $v(\tau_k^o) = -2x(\tau_k^o)$, nakładająca w danym momencie ograniczenie τ_k^o zarówno na (5. 6), jak i (5.9) oraz kończąca ją w danym przedziale τ_k^1 czasowym $t_k = \tau_k^1 - \tau_k^o$, przynosi rozwiązanie (5.1) do końca tego przedziału:

$$x(\tau_k^1) = x(\tau_k^o)[2 - \exp(A(\tau_k^o)t_k)]. \qquad (5.13)$$

Zastąpienie tego rozwiązania $\dot{x}(\tau_k^1) = A^v(\tau_k^1)x(\tau_k^1)$ zarówno pochodną po lewej, jak i po prawej stronie prowadzi do $-x(\tau_k^o)(A(\tau_k^o)t_k)\exp(A(\tau_k^o)t_k) = A^v(\tau_k^1)x(\tau_k^o)[2 - \exp(A(\tau_k^o)t_k)])]$,

lub do połączenia obu matryc $A^v(\tau_k^1)$i (na $A(\tau_k^1)$końcu interwału) z matrycą ($A(\tau_k^o)$na początku interwału):

$$A^v(t_k, \tau_k^o) = -A(\tau_k^o)\exp(A(\tau_k^o)t_k)[2 - \exp(A(\tau_k^o)t_k)]^{-1}. \qquad (5.14)$$

To potwierdza (5.9b) i prowadzi do $A^v(\tau_k^1) = -A(\tau_k^1)$momentu τ_k^1, z którego wynika (5.9e).

Pozostałe *dowody* części są proste.•

Zidentyfikowane funkcje dryfowania i dyfuzji EF poprzez sterowaną dynamikę automatycznie przekształcają EF w IPF, ujawniając zintegrowane informacje ukryte w obserwowanych korelacjach cięcia procesu. Warunek wstępny dla prawdopodobieństwa (1.1.2) określa miarę prawdopodobieństwa wzdłuż trajektorii ekstremalnej:

$$p[x(t)] = p[x(s)]\exp(-S[x(t)]) \qquad (5.14a)$$

gdzie prawdopodobieństwo początkowe $p[x(s)]$wynika z (4.12) z wartościami liczbowymi (4.14a), (4.15,4.15a,b).

Opisana metoda i procedura identyfikują parametry procesu dyfuzji Markowa, które określają zarówno strukturę EF, jak i równania różnicowe dynamiki Obserwatora.

Wyniki zostały opublikowane w [19-23].

3.5.1.Znalezienie relacji niezmiennych

Zastosowanie(5.3) w formie $u(\tau)=-2Ax(\tau)=-2\dot{x}(\tau)$, i $c^2=|u_+u_-|=c_+c_-=\overline{u}^2, c_+=u_+, c_-=u_-$ od (2.4,2.10) prowadzi do

$$c^2=\dot{x}(\tau)=-2Ax(\tau), \alpha_{ko}(\tau-s)=\mathrm{u}_\pm(\tau-s) \qquad (5.15)$$

gdzie α_{ko}jest wartość własna początkowa $A(\tau_k^o)=\|\alpha_{ko}\|$macierzy Prędkość informacyjna na temat interwału niezmiennego $t_{ko}=(\tau-s)$nałożenia ograniczenia (3.10,318).

Zastosowanie ograniczenia (3.10) do (5.15) powoduje, że

$$\alpha_{ko}(\tau-s)=\mathrm{u}_\pm(\tau-s)=inv=\mathbf{a}_o\,, \qquad (5.15a)$$

gdzie inwariant $\mathbf{a}_o=\mathbf{a}_o(\gamma_k)$zależy od stosunku wyobrażonych do rzeczywistych wartości własnych macierzy (5.5): $\gamma_k=\beta_{ko}/\alpha_{ko}$.

Ponieważ $\mathrm{u}_\pm=2$jest to rzeczywisty akt oddziałującego procesu Markova, określa on rzeczywistą wartość własną na $\alpha_{ko}=2\ k=n=1$.

Od (5.15a), oraz (2.2.29) rzeczywiste wartości własne $\alpha_{ko}=\pm 2$matrycy $A(\tau_k^o)$określają $\mathbf{a}_o/|\alpha_{ko}|=(\tau-s)$.

Dla optymalnego modelu z informacją niezmienną$\mathbf{a}_o(\gamma_k\to 0.5)=\ln 2$, prowadzi on do $\mathbf{a}_o/|\alpha_{ko}|=\ln 2/2=0.346=\tau-s$, który ocenia [$\delta_k=\tau_k^{+o}-\tau_k^{-o}$ $\cong 0.35\,5$].

Inwariant $\mathbf{a}_o=\ln 2\cong 0.7$mierzy informacje przy każdym impulsie rzeczywistego cięcia dla wielowymiarowego procesu obserwacji.

Matryca korelacji (5.9d), mierzona przez inwariant modelu optymalnego, ma postać

$$r_v(\tau_k^1)=[2-\exp\mathbf{a}_o\,)]r(\tau_k^o)[2-\exp(\mathbf{a}_o)]=r(\tau_k^o)\times\left[1.5^2\right], \qquad (5.16)$$

gdzie wektor$x(\tau_k^1)=x(\tau_k^o)\times[1.5]$ odnosi się do relacji (5.13) dla modelu optymalnego. Wektor koniugatu

$$X_o(\tau_k^1)=2A(\tau_k^o)\exp(\mathbf{a}_o)x(\tau_k^o)A^T(\tau_k^o)\exp(\mathbf{a}_o) \qquad (5.16a)$$

dla pojedynczego wymiaru posiada

$$X_{o1}(\tau_k^1) = 2\alpha_1(\tau_{k1}^o)^2 \exp(2\mathbf{a}_o)x(\tau_{k1}^o), \tag{5.16b}$$

lub na $t_k \to 0$, $\alpha_1(\tau_{k1}^o) = 2\mathbf{a}_o / t_k, t_k \to 0$, zbliża się

$$X_{o1}(\tau_k^1) = (2\mathbf{a}_o / t_k)^2 \exp(2\mathbf{a}_o)x(\tau_{k1}^o) \to \infty .$$

Oznacza to, że w malejących odstępach czasu t_k pomiędzy generowanymi przez impuls informacjami inwarianty $\mathbf{a}_o$ z siłą informacyjną (5.16b) rosną w nieskończoność.

Rosnąca w funkcji kwadratowej przedziałów czasowych siła prowadzi do potencjalnego przekroczenia impulsu z minimalną siłą t_k. Prowadzi to do możliwości przeciągnięcia rzeczywistego działania i jego reakcji na minimalny impuls czasowy (pkt. 2.7).

EF-IPF *szacuje* miarę niezmienną $\mathbf{a}_o(\gamma_k)$, licząc przyrosty zarówno segmentów jak i międzysegmentów:

$$\tilde{S}_{\tau m} = \sum_{k=1}^{m} (\mathbf{a}_o(\gamma_k) + \mathbf{a}_o^2(\gamma_k)), \tilde{S}_\tau = \sum_{i=1}^{n} \tilde{S}_{\tau m}, , \tag{5.17}$$

gdzie *m* jest liczbą segmentów, n jest wymiarem modelu (zakładając, że każdy segment ma jedną lokalizację τ_k).

Aby *przewidzieć* każdą τ_k lokalizację, w której generowane są informacje, potrzebna jest tylko miara niezmienna $\mathbf{a}_o(\gamma_k)$. Suma inwariantów procesu

$$\tilde{S}_{\tau m} = \sum_{k=1}^{m} \mathbf{a}_o(\gamma_k) \; \tilde{S}_\tau = \sum_{i=1}^{n} \tilde{S}_{\tau m} \;, \tag{5.18}$$

szacuje entropię EF z maksymalnym prawdopodobieństwem procesu (5,14a) wyrażonym poprzez $\mathbf{a}_o = \mathbf{a}_o(\gamma_k)$[6].

Ta entropia pozwala na kodowanie procesu obserwacji przy użyciu formuły Shannon dla średniej optymalnej długości słowa-kodu:

$$l_c \geq \tilde{S}_\tau / \ln D, \tag{5.19}$$

gdzie D jest liczba liter alfabetu kodu, który koduje ($\tilde{S}_\tau$5.18).

Elementarnym słowem kodowym służącym do kodowania optymalnego segmentu procesu jest

$l_{cs} \geq \mathbf{a}_o(\gamma_k)/\log_2 D_o$, (5.20)

D_o gdzie znajduje się alfabet kodowy implementujący stany połączeń niezmiennych na segmencie skrajnym.

Przy $\mathbf{a}_o(\gamma_k \to 0.5) \cong 0.7$, D_o=2, następuje $l_{cs} \geq 1$, lub (5.20) kodowanie bitu na kodowanie litery alfabetu.

Z wartościami $x_{\pm}^{r}(t^{e}), x_{-}^{im1}(t^{e}), x_{-}^{im2}(t^{e})$ w (4.15, 4.15a, 4.15a, b, c) rozpocząć proces hamiltonowski i korelację (5.16). Korelacja identyfikuje wartości własne macierzy (5.9.b) oraz stan początkowy segmentu w $x(\tau_{k1o}^{o}) = x(\tau_{k}^{o})$ (5.13) podczas procesu tworzenia jednostek informacyjnych.

Połączenie z każdym kolejnym segmentem na skrajnej trajektorii określa stan segmentu $x(\tau_k^o)$(5.13). Każdy z nich $x(\tau_k^o)$, rozpoczynając odcinek makroprocesorowy, składa się z mikroprocesora impulsowego.

Moment t^e identyfikuje początkowe rozproszenie i korelację na optymalnych trajektoriach, które określają początek dynamicznej macierzy $A(t,\tau_k)$, Hamiltonian oraz oba EF-IPF na odcinkach trajektorii.

Optymalne sterowanie (5.3) rozpoczyna się od stanów początkowych każdego segmentu, co powoduje, że sprzężenie zwrotne przekształca się w kontrolowaną dynamikę.

Szczegóły mikro-makrodynamiki informacyjnej (ID), opartej na *opisie* $\mathbf{a}_o(\gamma_k)$ *niezmiennym*, znajdują się w [26], gdzie parametr skali $\gamma_{k,k+1}^{\alpha} = \alpha_k / \alpha_{k+1}$ dynamiki zależy od widma częstotliwości obserwacji wykrywanych przez zidentyfikowane γ_k.

Obserwator samoczynnie inicjuje swoją przestrzeń czasową, która buduje rozproszoną sieć informacyjną [53].

Powyższe równania dynamiczne finalizują oba opisy matematyczne mikro-procesów i zatwierdzają je numerycznie.

IV. POWSTAJĄCE INFORMACJE ZBIORCZE OBSERWATORA

4.1. ZWIĘKSZANIE ATRAKCYJNOŚCI SPÓŁDZIELNI

Rotacja kooperacyjna i zamawianie zaczynają się od zaplątania się przyrostów entropii w objętości entropii.

Następnie sekwencyjna entropia impulsów wraz z ich objętościami angażuje się w zbiorowy ruch obrotowy.

Ponieważ każdy kolejny impuls może rozpocząć się dopiero po upływie poprzedniego czasu trwania impulsu (δ_{ei}^{t}3.3.3b), będzie on potrajał się. Odstęp czasowy między czynnościami odcinania impulsów:

$$\Delta_t = 3\delta_{ei}^{t} \cong 1.2\times10^{-15}\sec \qquad (1.1)$$

nakłada ograniczenia na sąsiadujące ze sobą pary impulsowych entropii w ruchu zbiorowym w wyimaginowanym przebiegu czasu Δ_t.

Ograniczenie to ma zastosowanie do wirtualnego obserwatora z jego wirtualnym impulsem, który może zainicjować wirtualny ruch zbiorowy sąsiednich splątanych tomów. Wymaga to siły entropii

$$X_e = \Delta s_o / \Delta l_o, \qquad (1.2)$$

gdzie $\Delta s_o \cong 0.25 Nat$ jest minimalny przyrost entropii pomiędzy impulsem, a ($\Delta l_o \cong \Delta_{lo}$3.2.14) jest to odległość pomiędzy najbliższymi impulsami z tą entropią. W tych relacjach siła entropii mierzy

$$X_e \cong 0.25/14.4\times10^{-5} \cong 0.1736\times10^{4}[Nat/m]. \qquad (1.3)$$

Prędkość momentu obrotowego $\delta M_e/\delta t$ zdefiniowanego przez siłę (1,3) i prędkość (3,2,12a) w odniesieniu do

$$\delta M_e/\delta t = X_e w_o \qquad (1.4)$$

intensywnie charakteryzuje się rotacją, która ocenia

$$\delta M_e/\delta t = 0.344\times10^{6}[Nat/m\sec]. \qquad (1.4a)$$

Ponieważ zarówno prędkość obrotowa momentu obrotowego, jak i siła entropii postępują pomiędzy impulsami, zależność (1.4a) opisuje intensywnie przyciąganie rotacji przeznaczone do uchwycenia kolejnego przyrostu entropii impulsu w ruchu obrotowym rozproszonym. Mierzy ono kooperacyjne połączenie przyrostów entropii impulsów przed utworzeniem kolejnych jednostek informacyjnych.

W ten sposób może pojawić się wirtualny ruch zbiorowy (pomiędzy splątanymi przyrostami entropii), zanim kolejny impuls zabije objętość entropii.

Być może ruch ten wiąże się z kooperacyjnym przejściem uwikłanych objętości entropii do *szczeliny* przejściowej cięcia. Pozwala to na zbiorowe uwikłanie, które nie wymaga wydatkowania energii.

Badanie [54] "pokazuje, że rozprzestrzenianie się splątania jest znacznie szybsze niż dyfuzja energii w tym nieintegracyjnym systemie". Taka kooperacyjna wirtualna dystrybucja obraca uwikłane grupy - zespół wspólnie przygotowujący je do kolejnych zabójczych jednostek informacyjnych.

W związku z tym, rotacja rozłożona pierwotna obejmuje entropy prawdopodobieństw powiązanych z bayesowskimi, wynikające z wirtualnych sond interaktywnych o różnych częstotliwościach. Zaplątane objętości entropii, w rotacji kooperacyjnej, angażują się w ruch przejścia aż do cięcia ich na jednostki informacyjne. Rotacja kontynuuje łączenie tworzących się jednostek informacyjnych.

Obrót kontynuuje łączenie zespołów informacji o formowaniu.

4.2. TWORZENIE POTRÓJNEJ KONSOLIDACJI JEDNOSTEK INFORMACYJNYCH PODCZAS ROTACJI SPÓŁDZIELCZEJ

Wyobrażona entropia w każdym wirtualnym impulsie wstępnie definiuje informację o pewnym impulsie rozpoczynającym ruch, generującym pojedynczą jednostkę informacyjną z informacjami niezmiennymi $\mathbf{a}_{io}$ spełniającymi minimakry.

Szybkość korelacji cięcia jest początkowym źródłem prawdziwej szybkości informacji, podczas gdy wyimaginowana szybkość informacji powstaje w mikroprocesorze w s miejscu na minimax trajektorii procesu obserwacji.

W związku z tym oboje uczestniczą w formowaniu $\mathbf{a}_{io}$. Prędkość α_{io} generowania $\mathbf{a}_{io}$ rozpoczyna pojedynczą rzeczywistą jednostkę informacyjną po zabiciu objętości entropii, poruszając się w przedziale czasu w $t_{io}=(\tau-s)$ celu utworzenia inwariantu $\mathbf{a}_{io}=\alpha_{io}t_{io}$.

Prędkości wyobrażeniowe β_i i rzeczywiste α_i są składnikami dynamicznego procesu o złożonych wartościach własnych, które rozpoczynają ruch:

$$\operatorname{Re}\lambda_{io}=\alpha_{io}, \operatorname{Im}\lambda_i=\beta_{io}\ \lambda_{io}=\alpha_{io}\pm j\beta_{io} \quad (2.1)$$

w znanym stosunku $\gamma_{io}=\beta_{io}/\alpha_{io}$ początkowych wyimaginowanych i rzeczywistych składników.

Ruch ten rozpoczyna się od prędkości c_{ev} przechodzącej przez prędkość entropii $\beta_{io}\ \alpha_{io}$ do prędkości podczas formowania $\mathbf{a}_{io}$:

$$\beta_{io}=c_{ev}\,. \quad (2.2)$$

Gdy urządzenie otrzyma kompletną informację, wyobrażona $\mathbf{a}_{io}$ prędkość obrotowa zmieni się na zero pod koniec przedziału czasowego t_{io}. Wymóg ten łączy się i $\mathbf{a}_{io}\ \gamma_{io}$ o wartość równą [2]:

$$2\sin(\gamma_{io}\alpha_{io})+\gamma_{io}\cos(\gamma_{io}\alpha_{io})-\gamma_{io}\exp(\alpha_{io})=0\,. \quad (2.3)$$

Od tego, przy niezmiennym $\mathbf{a}_{io}\cong\ln 2$ stosunku

$$\gamma_{io}=\beta_{io}/\alpha_{io}\to(0.4142-0.5) \quad (2.4)$$

Tutaj inwariant $\mathbf{a}_{io}(\gamma_{io})$ określa wartości inwariantu γ_{io}, które narzucają ograniczenie β_{io} przez minimalną prędkość przenoszenia objętości entropii w (3.3.6):

$$\beta_{io}=c_{ev}=0.587\times10^{15}\,Nat/\sec\,. \quad (2.5)$$

Następnie od minimum $(\gamma_{io})^{-1}$ w (2.4) i (3.3.9) podąża za informacyjną prędkością startową $\alpha_{io}(t_{io})$:

$$\alpha_{io}=(\gamma_{io})^{-1}c_{iv}\cong2.4143\times0.587\times10^{15}\,Nat/\sec\cong1.41\times10^{15}\,Nat/\sec\,, \quad (2.6)$$

który określa minimalny przedział czasowy jednostki informacji o ukończeniu $\mathbf{a}_{io}$:

$$t_{io}^{o} \cong 0.491\times10^{-15}\sec \ . \qquad (2.6a)$$

Oszacowanie (2.6a) jest bliskie (3.3.9), gdzie różnica jest zbliżona $\delta_i^t = 0.0535\times10^{-15}\sec$ do przedziału czasowego szerokiego kształtowania się impulsu informacyjnego w czasie całkowitym (2.6a).

Przemieszczanie się β_{io} w danym przedziale czasu t_{ko} określa przyrost wyimaginowanego wkładu $\mathbf{b}_o' = \beta_{io}t_{ko}$.

Condition of turning this contribution to zero by the end of time interval t_{ko} connects to $\mathbf{b}_o'$ γ_{io} by Eq.

$$2\cos(\gamma_{io}\mathbf{b}_o') - \gamma_{io}\sin(\gamma_{io}\mathbf{b}_o') - \exp(\mathbf{b}_o') = 0 \ . \qquad (2.7)$$

Rozwiązanie z (2.7): $\mathbf{b}_o' = \beta_{io}t_{ko} = \pi/6$ na (2.3) ocenia t_{ko}: $t_{ko} = \pi/6/0.596\times10^{15} = 0.8785\times10^{-15}\sec$,

który określa minimalny odstęp czasu między obrotami wyimaginowanej prędkości (2,6) a zerem.

Widać, że wyimaginowany (wirtualny) przedział czasu jest szerszy niż rzeczywisty (2.6a).

W tym miejscu znajduje t_{ko} się blisko odstępu czasu pomiędzy impulsami (1.1.1).

Składka $\mathbf{b}_o'(\gamma_{io})$ w γ_{io} (2.4) jest niezmienna w stosunku do (2.7).

Stosunek liczby inwariantów

$$\beta_{io}t_{ko} / \alpha_{io}t_{io} = \gamma_{io}t_{ko} / t_{io} = \gamma_{io}^{ko}, \gamma_{io}^{ko} \cong 0.915 \qquad (2.7a)$$

ocenia, w jaki sposób wyimaginowany przyrost entropii $\delta_{Eio} = \beta_{io}\delta_{tio}$ w określonym czasie δ_{tio}, podczas ruchu przechodniego, umożliwia *przyciągnięcie rzeczywistych informacji* przy tworzeniu pojedynczej jednostki.

Pozwala to na ocenę *atrakcyjności* rzeczywistej prędkości przez prędkość wyobrażoną podczas ruchu przechodniego.

$$\delta_{Iio} = \alpha_{io}\delta_{tio}. \quad (2.8)$$

Zgodnie z (2,6), (2,7a) i (2,8) , przy minimalnym współczynniku przyciągania:

$$\delta_{Eio} = 0.4142\delta_{Iio}, \quad (2.8a)$$

jednostka entropii $\delta_{Eio} = 1$ może przyciągać $0.4142\,\delta_{Iio}$ jednostki informacji.

$s_{ve} = 0.0636Nat$ Objętość entropii $s_{ve} = 0.0636Nat$, poruszająca się z minimalną prędkością (c_{ev}3.3.6) przy współczynniku przyciągania w (2.8a), może przyciągać informację potencjalną (entropię) $i_v \cong 0.02634Nat$ .od najbliższego impulsu w minimalnym przedziale czasu Δ_t .

Ocenia się szybkość informacyjną przyciągania.

$$c_{ivo} = i_v / \Delta_t \; c_{ivo} \cong 0.0548 \times 10^{15} Nat/\sec,. \quad (2.9)$$

To może zwiększyć minimalne tempo przejścia c_{ev} do

$$c_{ev} + c_{ivo} \cong 0.65 \times 10^{15} Nat/\sec. \quad (2.9a)$$

Przy prędkości przejścia (2.9a) obracająca się objętość entropii przesuwa się do jej cięcia na szczelinie, a inne zaplątane objętości entropii angażują do wspólnego (zbiorowego) obrotu z prędkością momentu obrotowego (1.4).

Impuls, przenoszenie $\cong 0.25Nat$, obcina proces losowy z objętością entropii, która ocenia entropię (3.3.3c):

$$\delta_e \cong 0.4452Nat. \quad (2.9b)$$

Regulator, zmniejszając objętość, powinien kompensować wchodzące w interakcję przyrosty entropii $0.117Nat$. Wymaga to zwiększenia informacji o zastosowanym układzie sterowania do $0.25 + 0.117 = 0.367Nat$.

Ta kontrola, zmniejszająca objętość fazy, może przynieść informacje

$s_{evo} = 0.367 \times 1.272 = 0.466824 Nat$. (2.10)

Dodatkowe potencjalne informacje wynikające z (2.8a) przekazują entropię przenoszonej objętości $s_{ve} = 0.0636 Nat$. Może to zmniejszyć ilość potencjalnej informacji o przyciąganiu (entropia) . $s_v = i_v \cong 0.02634 Nat$

Różnica w objętości entropii wynosi

$\delta s_{ve} = s_{ve} - s_v = 0.0374$. (2.10a)

Suma (2 . $\delta s_{ve} + s_{evo} \cong 0.5 Nat$ 10b)

zbiega się z tym, co określa ilość informacji dostarczanych przez impulsy tnące proces losowy. Informacje te kompensują entropię wirtualnych sond pomiarowych, które dostarczają zaplątaną objętość entropii.

Potencjalne odcięcie tej objętości powoduje całkowitą entropię (2,10b), którą rzeczywisty impuls zamienia na równoważną informację poprzez zapamiętanie.

Zakładając, że impuls wirtualny spędza część δs_{ve} objętości entropii na przejściu do szczeliny cięcia, impuls rzeczywisty pokonuje próg entropii s_{evo} przez rzeczywiste cięcie, wytwarzając informacje $0.5 Nat$, które obejmują kompensację informacyjną objętości entropii wirtualnej.

$\delta s_{ve} = \delta s_{iv}$. (2.10c)

W wielowymiarowym procesie wirtualnym korelacje rosną podobnie w każdym wymiarze pod wpływem wielu obserwacji impulsowych. Korelacje, nagromadzone sekwencyjnie w czasie, rosną wraz z rosnącą liczbą wymiarów aktualnie obserwowanych procesów, objętościami entropii i atrakcjami zbiorowymi.

Każdy impuls tnie rosnącą objętość entropii, co prowadzi do zwiększenia gęstości entropii cięcia nawet przy niezmiennej wielkości impulsu. Gęstość prądu, która mierzy stosunek objętości impulsu do szerokości impulsu tnącego, zwiększa prędkość impulsu.

Uśmiercenie wyraźnych gęstości objętościowych zamienia je w bitach różniących się gęstością informacji. Pomiędzy tymi różnymi Bitami rośnie gradient informacyjny siły przyciągania, minimalizując różnicę, co pobudza pamięć zbiorową.

Łączy ona bity informacji elementarnej w jednostkach procesu informacyjnego rozpoczynającego IPF.

Oddziaływujący impuls z minimalnym odstępem czasu pokrywa $\delta_{io} \cong 0.8785\times10^{-15}$ sec$+ 0.491\times10^{-15}$ sec $\cong 1.3695\times10^{-15}$ sec $\Delta\delta_{io} = 0.1695\times10^{-15}$ sec najbliższy oddziaływujący impuls. Nieco pojawia się w czasie względnym impulsu $\delta_{io}^{*} \cong 0.3629$ pod wpływem przyciągającej entropii wyimaginowanej w obrębie impulsu.

4.3. WARUNKI TWORZENIA OPTYMALNEGO TRÓJKĄTA O STABILNEJ STRUKTURZE INFORMACJI O WSPÓŁPRACY. POWSTAJĄCA MAKROPROCESJA INFORMACYJNA

Informacja o każdym poprzednim impulsie zaczyna przyciągać kolejne informacje o cięciu w ruchu obrotowym w czasie wyimaginowanego impulsu z siłą entropii, prędkością momentu (1.4, 1.4a) i potencjalną informacją przyciągającą.

$$i_v \cong 0.02634 Nat \qquad (3.1)$$

Współczynnik informacyjny w (2,8a) pozwala na ocenę informacji o przyciąganiu przynoszonym przez każdy impuls cięcia:

$$i_{vo} = 0.5\times0.4142 = 0.207 Nat\ . \qquad (3.1a)$$

Suma wartości w (3.1) i (3.1a) dodaje informacje o atrakcyjności:

$$i_{vf} = i_v + i_{vo} = 0.23334 Nat\ . \qquad (3.1b)$$

Część informacji dostarczanych wraz z impulsem ocenia jego i_{vf} *bezpłatność, co pozwala na* przyciągnięcie kolejnych informacji o cięciu, aż do momentu, w którym informacje te zostaną wydane na sąsiadujące ze sobą następujące informacje o cięciu. Każde cięcie stopniowe wymaga informacji (o ~1/3 impulsu):

$$1/3(\ln 2 + 0.05) Nat \cong 0.24766 Nat \approx 0.25 Nat\ . \qquad (3.\ 2)$$

Zgadza się to z (3.1b) pomiarem atrakcyjności spółdzielni, który mógłby dostarczyć bezpłatnych informacji (3.1). Elementarna jednostka informacyjna Bit jest impulsem, który zawiera odpowiednik entropii $\ln 2$ Nat, którego cięcie przekształca tę entropię w informację.

Najbliższe działania impulsów zstępujące i zstępujące, przy jednoczesnym odcinaniu entropii sondy końcowej, zapamiętuje ją, dostarczając informację o równoważnym koszcie energii (rozdział 2.6). Impulsowa akcja step-up ogranicza informacje o cięciu do wartości Nat, która odpowiada minimalnej objętości maksymalnej entropii cięcia.

Bit zawiera logikę impulsów pomiarowych, oszczędzając poprzez informację koszt energii jako logiczny odpowiednik energii Maxwella Demona wydanej na tę konwersję, a także generuje wolną informację o przyciąganiu wraz z jej logiką.

Bit informacyjny jest zatem uczestnikiem zarówno w przekształcaniu entropii w równoważną informację, która zapamiętuje logikę swojej prehistorii entropii, jak i w rozszerzaniu tylnej logiki podczas przyciągania uporczywego, angażując sekwencję Bitów wielu impulsów w proces informacyjny.

Samouczestniczący interakcja utrzymuje różnicę pomiędzy entropią ostatniego wirtualnego kroku w górę i rzeczywistym krokiem w dół w ramach końcowych działań impulsowych. To może pojawić się w naturalnych lub sztucznych procesach. Prawdziwy impuls interaktywny niesie ze sobą zarówno rzeczywisty mikroprocesor, przyciągający kolejny bit, jak i koszt informacji o jego otrzymaniu.

To odróżnia impulsy rzeczywiste od impulsów wirtualnych w procesie obserwacji.

Informacyjny odpowiednik szerokiego impulsu $\delta^{i}_{ue} \cong 0.05 Nat$ ogranicza jego rozmiar i wydłużenie minimalnego odstępu czasu $\delta_{te} \approx 1.6\times10^{-14}$ sec (zgodnego z $\Delta\delta_{io} = 0.1695\times10^{-15}$ sec).

Potencjalna informacyjna prędkość przyciągania w obrębie impulsu:

$$c_{ia} = 1/3(\ln 2 + 0.05)/\delta_{te} \cong 0.1548\times10^{14} Nat/\sec, \qquad (3.3)$$

jest mniejsza niż zarówno prędkość maksymalna (α_{io} 2.6), rozpoczynając od pojedynczej rzeczywistej informacji z wyimaginowanej entropii, jak i prędkość pomiędzy najbliższymi impulsami w przedziale czasu Δ_t:

$$c_{ika} \cong 0.0516 \times 10^{14} Nat/\sec. \quad (3.3a)$$

Prędkość maksymalna (3.3a) przekazuje przepływ utworzonych bitów informacyjnych w procesie informacyjnym, który przenosi zamkniętą entropię, logikę, energię i pamięć, jednocześnie dołączając wolną informację (3.1) pomiędzy impulsami. Pojedynczy Bit, poruszający się z prędkością (3.3a), spędza swoje wolne informacje na $\sim 1/3Nat$ przyciąganiu kolejnych Bitów w przedziale czasu t_{ika}:

$$t_{ika} = 1/3\ln 2/c_{ika} \cong 1/3\ln 2/0.0516 \times 10^{-14} = 4.477 \times 10^{-14} \sec. \quad (3.3b)$$

Minimalna odległość $\Delta_{lo} \approx 14.4 \times 10^{-15} m$ do następnego bitu ogranicza maksymalną dynamiczną prędkość przestrzenną przyciągania informacji:

$$c_{lo} \approx 14.4 \times 10^{-15} m/4.477 \times 10^{-14} \sec = 3.216 \times 10^{-1} m/\sec. \quad (3.3c)$$

W tym procesie para impulsów przylega do siebie w dublecie, który zawiera związane wolne informacje wydane na atrakcję.

Bity przyciągające impulsy tnące zaczynają zbierać każdą z nich w podstawowej jednostce potrójnej przy równych prędkościach informacji, której częstotliwości rezonują, gdy koherenty łączą się z jednostkami potrójnej informacji.

Potrójny rezonans zgadza się ze scenariuszem Efimowa [55-57], wcześnie zaproponowanym w uniwersalnej relacji trzech ciał Borromeana, w tym węzła Brunniana [58] i pierścienia Borromeana [59]. Starożytne Pierścienie Borromeańskie reprezentują symbole siły w jedności. Trójkąt informacyjny, spełniający minimaksję, tworzy się podczas kooperacyjnej rotacji jednostek informacyjnych, stosowanych do każdego eigenwektora dynamiki informacji, jak również do grup jednostek: dubletów i trojaczków.

4.4. TRAJEKTORIA CZASOPRZESTRZENNA ROZWIĄZUJĄCA PROBLEM ZMIENNOŚCI MINIMAXOWEJ

Ponieważ entropia funkcjonalna jest zdefiniowana na dyfuzji Markova, która obejmuje zarówno mikro- jak i makroprocesory, skrajności EF

VP opisują hamiltonowskie dynamiczne, czasowo-przestrzenne ruchy obracające się po przeciwnych kierunkowych, komplementarnych trajektoriach sprzężonych i $+\uparrow SP_o - \downarrow SP_o$.

Trajektorie tworzą spirale umieszczone na powierzchniach stożkowych Rys. 3, 3a.

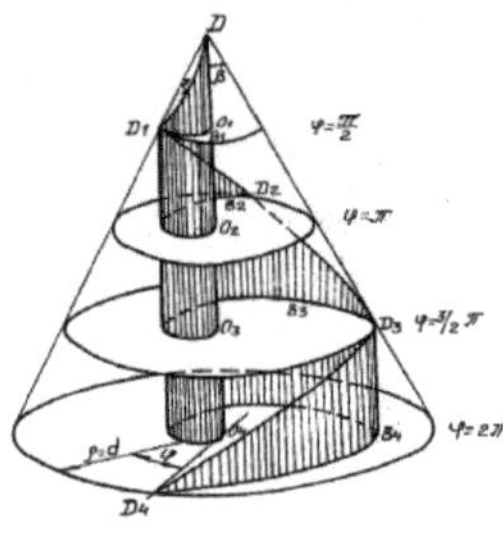

Rys. 3. Formowanie przestrzenno-czasowej trajektorii spiralnej o promieniu $\rho = b\sin(\varphi \sin\beta)$ na powierzchni stożka w punktach D, D1, D2, D3, D4 z przestrzennym odstępem dyskretnym DD1$=\mu$, który odpowiada kątowi $\varphi = \pi k/2$, $k = 1,2,...$ rzutu $\rho(\varphi,\mu)$ wektora promienia na podstawę stożka (O1, O2, O3, O4) z kątem wierzchołka $\beta = \psi^o$.

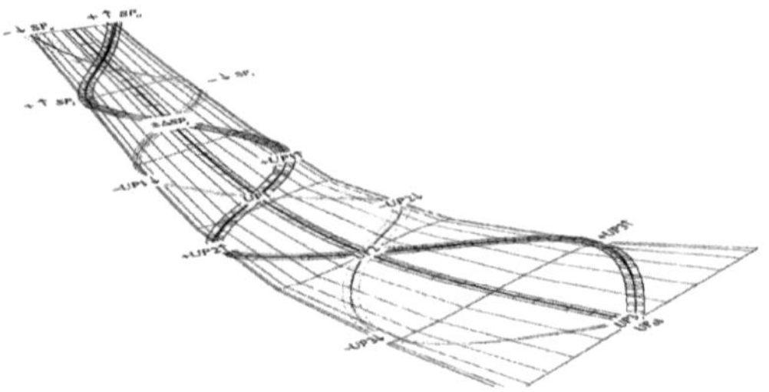

Rys.3a. Przestrzeń czasowa o przeciwnych kierunkowych, wzajemnie uzupełniających się trajektoriach sprzężonych $+\uparrow SP_o$ i $-\downarrow SP_o$ procesu hamiltonowskiego (rozdz. 3), tworzących spirale umieszczone na powierzchniach (rys.3). Trajektoria na mostach łączeniowych $\pm\Delta SP_i$ łączy wkłady jednostki procesowej $\pm UP_i$ poprzez działania typu No-Yes połączenia impulsowego, które modelują linię połączeń łączeniowych (linię środkową pomiędzy spiralami).

W procesie obserwacji trajektorie splatają się z przeciwległymi *segmentami niosącymi potencjalne kwubity z rosnącym prawdopodobieństwem.* Kiedy prawdopodobieństwo zbliża się do luki, trajektoria utrzymuje entropię pary o wysokim prawdopodobieństwie, która w wyniku działania na parę najpierw zabija swoją entropię, tworząc informacyjne qubity, a następnie łączy się z nimi w bit. Taka skokowa akcja step-down, kończąca mikroprocesor, jest analogiczna do skokowej akcji step-up uruchamiającej mikroprocesor. Oznacza to, że mikroproces przechodzi pomiędzy łączącymi się "nie" i "tak" probabilistycznymi działaniami obserwacji. Oznacza to, że każde z takich działań obejmuje pod-markow przeciwstawne skokowe działania. Albo tak-nie-prawdopodobne działania w rzeczywistości nie są rozdzielone, dopóki przeciwstawne skokowe działania rosnących prawdopodobieństw nie pojawią się w procesie Markowa na granicy każdego impulsu z działaniami No-Yes.

Wirtualne qubity mierzą impulsową obserwację wirtualną kończącą się na uwikłanych uwikłaniach.

Dopóki impulsy nie zostaną rozdzielone, mikroprocesor istnieje w ramach prawdopodobieństwa "rozmytej granicy" impulsu, a mikroprocesor znika automatycznie, gdy prawdopodobieństwo między granicami zbliża się do zera. Albo też granica kończąca impuls wzrasta z następującym prawdopodobieństwem zbliżającym się do 1, gdy pojawia się klasyczny bit fizyczny.

Rys.3a ilustruje jak para qubitów z przeciwległych segmentów (na końcu rury stożkowej) wiąże się nieco pod działaniem stopniowym w szczelinie. Jeżeli splątane qubity utrzymują swoje prawdopodobieństwo, to połączenie w bitu nie występuje.

Ilustracja wskazuje również i wyjaśnia, w jaki sposób sprzężone entropsy zaplątują się lub $\pm$ muzupełniającą się część jednostek trajektorii $\pm UP$ lub mUP, które łączą się poprzez wzajemne przyciąganie wzdłuż obserwowanej trajektorii (Rys.1). Takie przeciwstawne trójkątne qubity mogą składać się z trójkąta, wydając na związanie $(3\times\ln 2/2-1)Nat \cong 0.0397Nat$ każdy 1 Nat. Ten bit miałby darmową informację $(1-\ln 2-0.0397)\cong 0.267Nat$, która wystarczyłaby do wydania jej na przyciągnięcie i związanie kolejnych dwóch qubitów w celu zbudowania nowego tripletu.

Kiedy prawdziwe potrójne qubity składają trójkę, łączy ona wirtualną obserwację z wieloma trajektoriami mikroprocesora w procesie informacyjnym. Trajektorie składają przeciwległe *segmenty procesu informacyjnego* $\pm SP_i$, $i=1,\dots,n$ wymiary zestawiają je do maksimum n. Każdy $\pm SP_i$ segment uśrednia mikroprocesy oplatające przyciągające qubity. Działania impulsowe step up i step down wybierają segmenty $-SP_i$, $\pm SP_i$ kończące się na mostku trajektorii oddziałujących, $\pm\Delta SP_i$ który wiąże każdy i segment pary w strukturę spiralną (Rys.3a).

Każdy przeciwległy segment pozwala na przyciągnięcie połowy każdej jednostki $\pm UP_i$. procesu.

Impuls, łączący akcję No-Yes, łączy przeciwległe jednostki i $-UP_i$ $+UP_i$ w jednostce UP_i-a Bit through bridge $\pm\Delta SP_i$.

Dynamika na granicach mostu opisuje trajektorię działań łączeniowych znajdujących się na środku pomiędzy przeciwległymi spiralami (Rys.3a). Każda para przeciwległych odcinków i $+SP_i$ $-SP_i$ tworzy lokalny okrąg ↑o↓z sekwencyjnie odwrotnym kierunkiem ich ruchu, przy czym łączny kierunek wzdłuż sprzężonych trajektorii i $+\uparrow SP_o - \downarrow SP_o$ zachowuje.

Cykliczny proces zachodzi tymczasowo podczas montażu.

Trwałe przyciąganie składa Bity w procesie informacyjnym, których informacje integrują i mierzą ścieżkę informacyjną funkcjonalną (IPF) na trajektoriach makroprocesu.

Przesunięcie z maksimum VP extremal do minimum ogranicza ograniczenie dynamiczne (Sec.4.3).

Każdy z nich integruje się UP_i UP_{i+1} wzdłuż trajektorii czasoprzestrzennej, a podczas $-SP_i$ transferu do $+SP_i$, lokalnego EF maksimum przekształca się w minimum na mostku.

Zintegrowane w trojaczkach dublety qubitów tworzą elementarne jednostki strukturalne powstającego procesu informacyjnego.

Proces obserwacji buduje sprzężoną dynamikę mikroprocesu, która zanika po pojawieniu się qubitów informacyjnych, tworząc potrójne jednostki w segmentach makroprocesu.

W wielowymiarowych obserwacjach, rekurencyjne działania step-down-step-up pomiędzy segmentami zasilają następny segment entropią mikropoziomową, aktualnie konwertującą w informacje i łączącą każdy poprzedni.

Sprzężone trajektorie opisują skrajne odcinki EF, podczas gdy pojawiające się bity na mostku pomiędzy segmentami integrują IPF, załączając integralną informację w swoim ostatnim bitu.

Każdy bit, zapamiętany w sprzężonym interaktywnym mostku, dzieli trajektorię na odwracalnym segmencie procesu, wyłączając mostek bitu i nieodwracalny mostek pomiędzy segmentami odwracalnymi.

Tak więc obserwator nieodwracalna trajektoria dynamiczna obejmuje odcinki odwracalne kończące się na każdym moście, gdzie każdy nieodwracalny bit wyłania się z bieżącej obserwacji.

Przynosi nieodwracalność sprzężonej hamiltonowskiej dynamiki komponujących się segmentów.

Równania liniowe i nieliniowe EF-IPF opisują przepływy informacyjne inicjowane przez gradienty - siły informacyjne rozpoczynające fizyczne odpowiedniki przepływów termodynamicznych oraz siły spełniające nieodwracalną termodynamikę [60,61].

4.4.1. 4.4.1. Mechanizm informacyjny montażu jednostek informacyjnych w trojaczkach

Podczas gdy kończący się mikroprocesor wiąże każdą parę $\pm UP_i$ w jednostkę informacyjną UP_i na mostku, każda z trzech *jednostek informacyjnych składa się z* UP_i nowo utworzonych jednostek potrójnych UP_{oi} poprzez ich kończące się minimalne prędkości informacyjne o przeciwnych kierunkach.

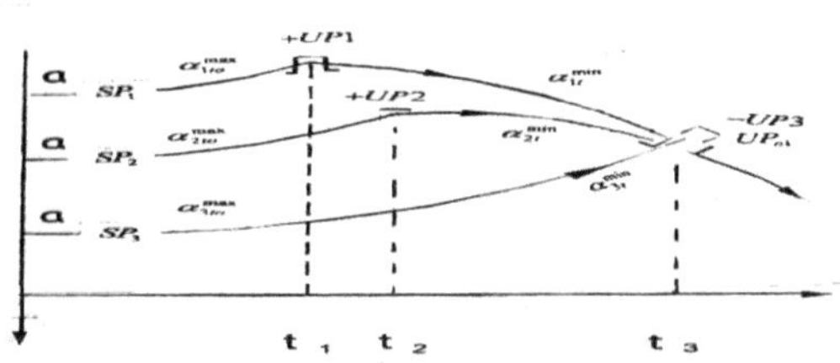

Rys.4. Ilustracja przedstawiająca złożenie potrójnej jednostki kwubitowej $+UP1, +UP2, -UP3$ i dołączenie jej do złożonej potrójnej jednostki UP_{ol} przy zmieniającej się prędkości informacji

na trajektorii czasoprzestrzeni od , $\alpha_{1to}^{max}\ \alpha_{2to}^{max}, -\alpha_{3to}^{max}$ do $\alpha_{1t}^{min}, \alpha_{2t}^{min}\ -\alpha_{3t}^{min}$ odpowiednio, **a** jest informacją dynamiczną, niezmienną od impulsu.

Rys.4 ilustruje uproszczoną dynamikę zespołów drzewiastych UP_i $i=1,2,3$ i przylegających do nich trójkątnie UP_{o1} wzdłuż odcinków toru czasoprzestrzennego. $\pm SP_i$ Montaż odbywa się przy zmianie przeciwstawnych prędkości informacyjnych na trajektorii pomiędzy odcinkami z maksymalnej $|m\alpha_{ito}|^{max}\ |\pm\alpha_{it}|^{min}, i=1,2,3$ na maksymalną, podczas gdy *mostek* zespołu $UP3$ łączy te zespoły z UP_{o1}.(Rys.4 pokazuje pojedynczą symetryczną część sprzężonej dynamiki).

Załóżmy, że segment zaczyna poruszać $-SP_1\downarrow$ się $-UP1\uparrow$ z maksymalną prędkością $|-\alpha_{1t}|$, a segment $+SP_1\uparrow$ zaczyna się poruszać $+UP1\uparrow$ z prędkością $|+\alpha_{1t}|$. Ruch obrotowy obu jednostek polega na lokalnym okręgu obracającym się z prędkością tych segmentów we właściwym kierunku. $\uparrow$o$\downarrow$Następny segment zaczyna poruszać $-SP_2\downarrow$ się z $-UP2\downarrow$ maksymalną prędkością $|-\alpha_{2t}|<|-\alpha_{1t}|$ $+SP_2\uparrow$ i zaczyna poruszać się $+UP2\uparrow$ z prędkością $|+\alpha_{2t}|<|+\alpha_{1t}|$. Każda z tych prędkości tworzy drugie lokalne koło obracające $\downarrow$o$\uparrow$się w lewym kierunku z prędkością bezwzględną mniejszą niż w poprzednim kole. Trzeci segment zaczyna $-SP_3\downarrow$ $-UP3\downarrow$ się od prędkości maksymalnej, $|-\alpha_{3t}|<|-\alpha_{2t}|$ a $+SP_3\uparrow$ $+UP3\uparrow$ zaczyna się od prędkości $|+\alpha_{3t}|<|+\alpha_{2t}|$ maksymalnej.

Trzeci krąg obraca się we właściwym kierunku $\uparrow$o$\downarrow$z bezwzględnymi wartościami prędkości odpowiadającymi zależnościom

$$|\alpha_{3t}|<|-\alpha_{2t}|<|\alpha_{1t}| . \tag{4.1}$$

Przeciwne prędkości kierunkowe w każdym z kół przyciągają $-UP_i$ $+UP_i$ do siebie, minimalizując prędkości końcowe do $|\alpha_{it}|=\alpha_{it}^{min}$.

Gdy pary te zbliżają się do siebie, początkowa siła przyciągania (1.3) (rozdział 4.1) wiąże je w powiązanych jednostkach UP_i z sekwencją prędkości

$$\alpha_{1t}^{min}\to\alpha_{2t}^{min}\to\alpha_{3t}^{min} . \tag{4.2}$$

Jednostki prądowe składają $UP1, UP2$ się w coraz większych odstępach czasu, $t_{o1} < t_{o2} < t_{o3}, t_{o3} \geq t_{o1} + t_{o2}$ które automatycznie integrują jednostkę, $UP3$ a następnie kondensują jednostki tworzące potrójny węzeł UP_{o1}, który zapamiętuje potrójny.

IPF jest sekwencyjnym sumowaniem informacji o jednostkach UP_i $i = 1,2,3$ i zapamiętywaniem tylko bieżących UP_{o1}, podczas gdy poprzednie UP_i są kasowane, ponieważ ich informacje integrują się i zapamiętują UP_{o1}.

Gdy skondensowana informacja o integracji sekwencji UP_{o1} $UP1 \to UP2 \to UP3$ w trójkącie podstawowym, automatycznie wdraża IPF z minimalizacją całkowitego czasu budowy trójkącie.

Gdy prędkości i $+\alpha_{13t} - \alpha_{13t}$ każdego z przeciwległych segmentów zbliżają się do prędkości pod $+\alpha_{3t}, -\alpha_{3t}$ koniec przedziału t_3, zgodnie z (4.1, 4.2), umożliwia to połączenie sprzężonych informacji

$$a_{+23} = +\alpha_{23t3} t_3 \text{ z } a_{-23} = -\alpha_{23t3} t_3. \qquad (4.3)$$

która łączy każdą z dwóch uzupełniających się jednostek w trzeciej pętli czasowej.

Węzeł trójkątny generuje wolną informację wraz z pętlą procesów trójkąta łączącego, która przyciąga następujące jednostki samoformujące się nowe trójkąty łączące węzeł łączący.

Taki potrójny, samonośny, cykliczny proces wymaga wstępnego przepływu entropii przekształconej w informację.

Mostek pomiędzy segmentami przekształca entropię obserwacji impulsów w informacje, których swobodna informacja poprzez pętle w cyklach składa się z każdego tripletu.

Przy formowaniu $UP3$ może pojawić się nowy bit tripletowy, jeśli $UP1$ prędkość końcowa, zminimalizowana przez prędkość przeciwną $UP2$ $\alpha_{3t}^{\min}$, wyrównuje ją z prędkością minimalną trzeciego segmentu, $\alpha_{3t}^{\min}$ a $UP2$ prędkość końcowa, zminimalizowana również w ruchu przeciwnym, wyrównuje ją z prędkością minimalną trzeciego segmentu $\alpha_{3t}^{\min}$ o moment formowania $UP3$.

Połączenie dwóch z trzecim umożliwia formowanie *podczas* $UP3$ formowania i $UP1\ UP2$, które łączą się z minimalną prędkością informacyjną równą prędkości końcowej dwóch ruchomych segmentów (Rys.4).

Prędkości te minimalizują przyciąganie informacji $\mathbf{a} = 1/3bit \approx 0.23Nat$ z każdego z nich $UP1, UP2, UP3$ których suma $3\mathbf{a} \cong \mathbf{a}_o$ może połączyć wszystkie trzy w nowy bit tripletowy z informacją $\mathbf{a}_o$. (Dokładniejsze obliczenia przynoszą darmową informację $\mathbf{a}^* = (1 - \ln 2 + 0.0397)/1.44 \cong 0.24bit$, która zawiera zarówno przyciągające jak i wiążące informacje $\mathbf{a}_b = 0.0397/1.44 \cong 0.02757bit$ w tworzeniu trójkąta). To potwierdza zależność (3.2).

W rzeczywistości, przyciąganie informacji o $\mathbf{a}$ jednostce $UP1$ zmniejsza prędkość jej ruchu początkowego $\alpha_{13t} = \alpha_{1t} - \Delta\alpha_{1t} \to \alpha_{1t}^{\min}$ na takim przyrostie $\Delta\alpha_{1t}$, który może wyrównać prędkość jednostek z $\alpha_{3t}^{\min}$ formowaniem $UP3$.

Przyciąganie informacji $\mathbf{a}$ o $UP2$ zmniejszeniu prędkości jego startu

$$-\alpha_{23t} = -\alpha_{2t} - \Delta\alpha_{2t} \to -\alpha_{2t}^{\min} \quad (4.4)$$

na takim przyrostie $\Delta\alpha_{2t}$, który pozwala również na wyrównanie tej jednostkowej prędkości z $\alpha_{3t}^{\min}$.

Tutaj znaki prędkości trzymają kierunki obrotu w każdym lokalnym okręgu.

Ruch przyciągający łączy te prędkości w potrójnym ruchu układającym się w kierunku

$$+\alpha_{1t}^{\min} \Rightarrow -\alpha_{2t}^{\min} \Leftarrow +\alpha_{3t}^{\min} \quad (4.\ 5)$$

gdy prędkość końcowa $-\alpha_{2t}^{\min}$ emanacji z $UP2$ połączeń jest równa minimalnej prędkości $+\alpha_{1t}^{\min}, +\alpha_{3t}^{\min}$ tworzącej koniec węzła potrójnego, który składa się z jednostki potrójnej UP_{o1}.

Węzeł wiążący informacje zapamiętuje zgromadzone informacje przy prędkości obrotowej stawu ruchomego.

$$\alpha_{1t}^{\min} = |\alpha_{2t}^{\min}| = \alpha_{3t}^{\min} = \alpha_{uo1} \, . \qquad (4.\ 5a)$$

Przykład montażu trójstopniowej konstrukcji przestrzennej pokazano na rys. 5.

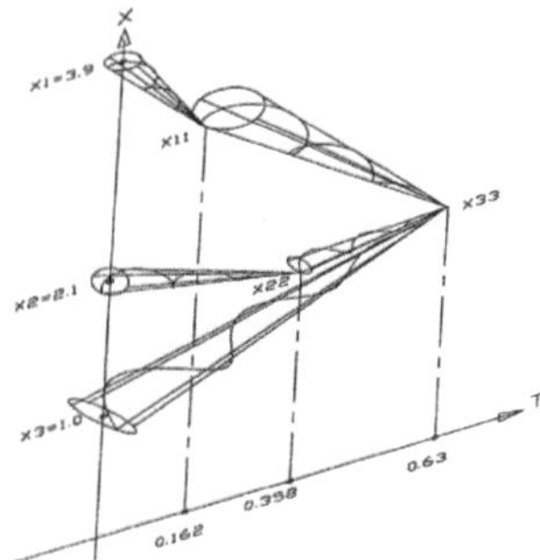

Rys. 5. Tworzenie struktury czasoprzestrzennej trójkąta.

Zidentyfikujmy czas tworzenia się tej struktury czasoprzestrzennej podczas dynamiki współpracy.

Załóżmy, że kształtowanie $UP1$bitu na odcinku SP_1wymaga jego ruchomego przedziału czasu t_1i przedziału czasu, Δt_{13}aby przyciągnąć $UP3$. Formowanie drugiego $UP2$segmentu Bit on segment potrzebuje SP_2swojego ruchomego przedziału czasu i przedziału t_2 czasu, aby Δt_{23} przyciągnąć $UP3$. Bit $UP3$formujący potrzebuje odstępu czasowego dla ruchomego $t_3$trzeciego segmentu SP_3.

(Przyciągające przedziały czasowe należą do segmentów bezpłatnych informacji).

Ponieważ wszystkie trzy segmenty poruszają się z mniejszą szybkością informacji, możliwe jest osiągnięcie równości

$$t_{13} = t_3 = t_{23} + t_{12} \qquad (4.\ 6)$$

gdzie t_{12}jest przedział czasowy pomiędzy i $UP1$ $UP2$.

Zadowolenie z (4. 6) pozwala na łączenie wszystkich trzech segmentów w przedziale czasowym $t_3$formowania *UP*3.

Ponieważ interwały t_1, t_2 t_3są połączone przez te same darmowe informacje niezmienne $\mathbf{a} = 1/3bit \approx 0.23Nat$,

przynosi to wspólną relację

$$\alpha_{1to}^{\max} t_1 = \alpha_{2to}^{\max} t_2 = \alpha_{3to}^{\max} t_3 = \mathbf{a}_o \cong 3\mathbf{a}. \qquad (4.7)$$

Symulowana dynamika prędkości jednostek określa informacje dostarczane w każdym z tych przedziałów czasowych:

$$\mathbf{a}^{13} = \alpha_{13t} t_{13} \cong 0.232 \text{ i } \mathbf{a}^{23} = \alpha_{23t} t_{23} \cong 0.1797 \ \mathbf{a}^{33} = \alpha_{3t} t_3 \cong 0.268. \qquad (4.7a)$$

Na i $t_{13} = t_3$ $\alpha_{3to} t_3 \cong \mathbf{a}_o$ $\alpha_{13t} t_{13} \cong 1/3\mathbf{a}_o \cong \mathbf{a}$, , mamy $\alpha_{3to} / \alpha_{13t} \cong 3$. (4.7b)

Aby zaspokoić (4.7) na $\mathbf{a}^{13} = \mathbf{a}^{33} = \mathbf{a}$, informacje wydane na przyciąganie i montaż trójkątów UP_{o1}, powinny być również $\mathbf{a}$. Dlatego, jeśli informacja wydana na przyciąganie jest, to *UP*3 $\alpha_{23t} t_{23}$różnica

$$\Delta \mathbf{a}^{23} = \mathbf{a} - \alpha_{23t} t_{23} \cong 0.23 - 0.1797 \cong 0.05 \qquad (4.7c)$$

wydaje na montaż UP_{o1}z wykorzystaniem dostarczonych informacji $2\mathbf{a} = \mathbf{a}^{13} + \mathbf{a}^{33}$.

Następujące relacje

$$\Delta \mathbf{a}^{23} = | \alpha_{23t} | \delta t_{23}, | \alpha_{23t} | \cong 1/3\alpha_{3ot}, \alpha_{3ot} = \mathbf{a}_o / t_3, \qquad (4.8a)$$

określić odstęp czasu przy montażu UP_{o1}:

$$\delta t_{23} \cong 3t_3 \Delta \mathbf{a}^{23} / \mathbf{a}_o, \qquad (4.8b)$$

który ocenia

$$\delta t_{23} \cong 0.214 t_3. \qquad (4.8c)$$

Zestawienie informacji $\mathbf{a}_o \cong 3\mathbf{a}$ w węźle z prędkością określa $-\alpha_{23t}$znak. $-UP_{o1}$

Pętla montażowa, łącząca prędkości (4.5a), buduje węzeł trójkątny $-UP_{o1}$, który wiąże informacje pierwotne z $UP1, UP2, UP3$,wolnego węzła". Informacje wolne od węzła wydają się na przyciąganie informacji drugiego tworzącego się trójkąta $+UP_{o1}$. Przyciąganie wolnych informacji z trójkątów lub $-UP_{o1}$ $+UP_{o1}$tworzy wtórną jednostkę informacyjną UP_{o1}. Czas budowy UP_{o1}minimalizuje czas sekwencyjnych połączeń jednostek UP_i $, i=1,2,3$ w procesie informacyjnym. n Wymiarowa trajektoria procesu lokalizuje wiele sprzężonych par $+\uparrow SP_{oi}, -\downarrow SP_{oi}$które mogą złożyć każdą jednostkę potrójną w Bit UP_i $, i=1,2,3$ $\text{rrl}UP_{oi}$Współpracy, gdzie znak każdej jednostki zależy od znaku każdego drugiego segmentu SP_{2i}, który wiąże każdą z tych jednostek w węźle potrójnego segmentu.

Ten przyciągający ruch składa ich trzy Bity w nowe uformowane $\text{rrl}UP_{i0}$ Bity tworzące nowe pętle kołowe na wyższym (drugim) poziomie, które łączą równe prędkości każdej z potrójnych (Rys.6).

W szczególności, atrakcyjny ruch obracających się trójkątów $-1_o(+UP_{o1}, -UP_{o2}, +UP_{o3})$może współdziałać obok siebie, tworząc trójkąt w $-UP_{4o}$zależności od znaku segmentu $-SP_{2i}$.

$+SP_{2i}$Oznaka współdziałania przeciwległego trójkąta bierze $+2_o(-UP_{o5}, +UP_{o6}, -UP_{o7})$udział w formowaniu zespołu trojaczków $+UP_{5o}$, pozostałe trzy obrotowe trójkąta $-3_o(+UP_{o8}, -UP_{o9}, +UP_{o10})$współpracują w zespole $-UP_{6o}$ zamykającym każdy z trzech kręgów obrotowych.

Ruch kooperacyjny jednostek $+4_{1o}[-UP_{4o}, +UP_{5o}, -UP_{6o}]$ składa je w nowo utworzony $+UP_{I0}$bit tripletowy komponujący trzecie poziomy tripletów. Jeżeli powyższe jednostki $-1_o +2_o -3_o$ mają jednakową prędkość przyciągania w momencie współdziałania, to mogą się one łączyć w zespół kompozytowy w $+4_{10}$trakcie budowy tego tripletu.

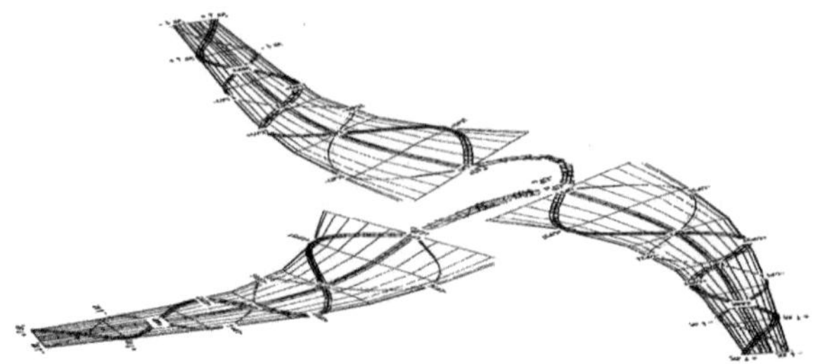

Rys.6. Montaż trzech uformowanych zespołów $\pm UP_{i0}$ na wyższym poziomie trójkąta łączącego równe prędkości obrotowe zespołów (Rys.3).

Kręgi przyciągania, analogiczne do tych na rys. 5, nie są tu pokazane.

W szczególności, atrakcyjny ruch obracających się trójkątów $-1_o(+UP_{o1},-UP_{o2},+UP_{o3})$ może współdziałać obok siebie, tworząc trójkąt w zależności od $-UP_{4o}-SP_{2i}$. Oznaka $+SP_{2i}$ przy współdziałaniu przeciwległej trójki bierze $+2_o(-UP_{o5},+UP_{o6},-UP_{o7})$ udział w formowaniu jednostki trojaczki $+UP_{5o}$, pozostałe trzy obrotowe trójki $-3_o(+UP_{o8},-UP_{o9},+UP_{o10})$ współpracują w jednostce $-UP_{6o}$. Zamyka to każde z trzech kół obrotowych. Ruch kooperacyjny jednostek $+4_{1o}(-UP_{4o},+UP_{5o}$, $-UP_{6o})$ składa je w nowy uformowany $+UP_{I0}$ bit triolowy tworzący trzecie poziomy trojaczków. Jeżeli powyższe jednostki $(-1_o,+2_o-3_o$ mają jednakowe prędkości przyciągania w momencie współdziałania, mogą się połączyć w jednostkę złożoną $+4_{10}$ podczas budowania tej potrójnej.

Informacje o jednostkach UP_{o1},UP_{o2}, obecnie tworzonych w rosnących odstępach czasu w $t_{io1}<t_{o2}<t_{io3},t_{io3}\geq t_{io1}+t_{io2}$, automatycznie integrują się i zapamiętują , UP_{oit} które wraz z UP_{o3} tworzeniem potrójnego węzła $UP_{4ot}=UP_{oit}$. Sekwencyjnie zbudowane węzły trójkątne zapamiętują tylko bieżące, podczas UP_{oit} gdy informacje o poprzednich jednostkach zostały usunięte. Dynamika współpracy automatycznie implementuje minimax IPF, minimalizując całkowity czas budowy każdej złożonej jednostki informacji. Minimax prowadzi do sekwencyjnego

zmniejszenia prędkości informacji końcowej każdej z nich UP_{oi}, a tym samym do zmniejszenia prędkości informacji początkowej następnej jednostki współpracującej.

Minimax komponuje uporządkowane połączenie prędkości wiązania przy tworzeniu trójkątów, które zapamiętuje związane jednostki informacyjne, sekwencyjnie strukturyzuje dynamikę informacyjną obserwatora, wiążąc i łącząc je UP_{oi} w nowe współpracujące jednostki trójkątów.

Budowanie jednostek dynamicznej struktury informacyjnej z wielu segmentów $\pm SP_{ij}$ n wielowymiarowej trajektorii procesu wymaga złożenia każdego UP_{ij} z dwóch segmentów, przyjmując z segmentów sprzężonych na trajektorii jednego wymiaru, z drugim przeciwnym segmentem kierunkowym sprzężonej pary, który należy do innego wymiaru.

Budowa kooperacyjnego trójkąta formującego składa się UP_{oij} z trzech takich uzupełniających się części z trzech różnych wymiarów procesu zilustrowanych na rysunkach.3a,6. Budowanie więcej obejmuje więcej wymiarów procesowych.

W minimaksach przyciągających ruch $\pm UP_{ij}$, trzy z segmentów czasoprzestrzennych spędzają tylko przedział czasowy trzeciego segmentu, łącząc trzy segmenty, podczas gdy zarówno pierwszy, jak i drugi segment przyciągają trzeci segment odpowiednio w przedziałach prędkości swoich segmentów ruchomych. Przeciwległe ruchome segmenty na trajektorii współpracują ze sobą symetryczno-komplementarnymi $\pm UP_{oij}$ trojaczkami, zamykając połowę każdego z uzupełniających się bitów, które poprzez samoczynne łączenie umożliwiają utworzenie kompletnego bitu, którego przyciągające informacje mogą składać się z innych UP_{oij} trojaczków. Ruch minimaxowy zmniejsza prędkość informacji końcowej każdej z uzupełniających się jednostek $\pm UP_{oij}$. Jednostki zamknięte w węźle zwiększają gęstość informacji każdego kolejnego Bita. Każda taka potrójna jednostka zawiera cztery Bity, których czwarty Bit zawiera informacje o trójkącie w potrójnym węźle i dostarcza wolnych informacji do późniejszego złożenia. Przyciągający ruch czasoprzestrzenny wybiera, porządkuje i montuje prędkości współdziałania segmentów wirujących wzdłuż dynamicznych trajektorii czasoprzestrzeni.

W rzeczy samej. Każdy element pierwotny $\pm UP_{o1}$z różnych sprzężonych par emanuje trzema segmentami czasowo-przestrzennymi $\pm SP_{o1}, \pm SP_{o2}, \mp SP_{o3}$wybranymi na trajektorii minimalnej. Dynamiczna symetria przeciwstawnych ruchomych segmentów na trajektorii faktycznie generuje połowę z każdej dopełniającej się $\pm UP_{o1}$jednostki $\pm Bit I4, I = 0,1,....m$, która może się samoczynnie łączyć, tworząc kompletny Bit $| \, | Bit I4$ z UP_{o1}którego przyciągając wolną informację może złożyć inne jednostki trojaczków $\pm UP_{Io1}$ itd.

Węzły trojaczków tworzą *nową klasę* bitów informacyjnych, różniących się od pierwszej klasy zespołów składających się z bitów informacyjnych, które zostały wygenerowane za pomocą wirtualnych sond z entropami cięcia losowego.

Każdy Bit formujący z poniższej klasy zwiększa gęstość załączonych informacji, ich gęstość geometryczną i krzywiznę.

Uformowanie pętli zamykającej w procesie przetwarzania bezpłatnego tripletu pozwala na samoczynne utworzenie takiego trójkąta stawowego.

Węzeł trójkątny generuje darmową informację dla następnej z rzędu atrakcji, zwiększając liczbę współpracujących trójkątów.

Wspólny trójkąt z darmową informacją tworzy kooperacyjny montaż, który przynosi nowe informacje w każdym potrójnym węźle.

Każda dynamiczna potrójna współpraca buduje podstawowy mechanizm wyrównujący informacyjne prędkości impulsów ruchomych, które przenoszą spójne prędkości, których częstotliwości rezonują obracając się w cyklu przypominającym potrójną.

4.5. WARUNKI BUDOWANIA SIECI INFORMACJI PRZESTRZENNO-CZASOWEJ, GEOMETRIA OBSERWATORÓW ORAZ OGRANICZENIA DOTYCZĄCE JEJ PARAMETRÓW

Wielokrotnie poruszające się trojaczki, wyrównujące kolejno swoje prędkości - częstotliwości rezonansowe, przypominają zagnieżdżone warstwy związanych jednostek-węzłów trójkątów.

Logika węzłów przyciągających samoorganizuje sieci informacyjne (IN) w logicznej strukturze informacyjnej zagnieżdżonej hierarchii węzłów.

Samobudowanie odbywa się w oparciu o dynamikę informacji czasoprzestrzennej, która składa się z zagnieżdżonej w przestrzeni i czasie struktury *sieci informacyjnej* (IN) (rys. 7), zawierającej rosnącą liczbę trojaczków.

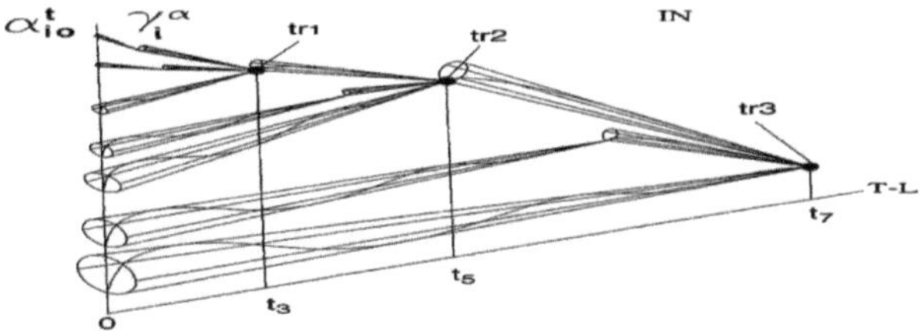

Rys.7. Geometryczna struktura informacyjna IN hierarchii spiralnej dynamiki czasoprzestrzeni węzłów tripletowych (tr1, tr2, tr3,...); $\{\alpha_{io}\}$jest ciągiem wielowątkowym początkowych wartości własnych, współpracujących w (t1, t2, t3) miejscach T-L czasoprzestrzeni, $\{\gamma_i^{\alpha}\}$jest parametrem pomiaru proporcji przestrzenno-czasowych węzłów IN.

Proces przyciągania przy składaniu węzłów trójkątnych tworzy pętlę obrotową pokazaną na rys. 7 przy formowaniu każdego kolejnego kooperacyjnego trójkątnego tr1,tr2. Skale krzywych na rys. 5,6 różnią się od krzywych oddziałujących węzłów na rys. 7, ponieważ jednostki te, przy równych prędkościach, rezonują, co zwiększa wielkość krzywych na rys. 5,6 przy budowaniu każdego trójkątnego.

Każdy trójkąt gromadzi trzy Bity logiki informacyjnej, które są zapisane w informacyjnym Bicie węzła.

Taka samoformująca się struktura automatycznie implementuje integrację informacji procesowych IPF w ostatnim węźle IN.

Potrójna dynamika informacji zaczyna się od szybkości informacji o wartości własnej pierwszego segmentu (2.6):

$$\alpha_{io} \cong 1.41 \times 10^{15} Nat/\sec\ , \qquad (5.1)$$

gdzie $\alpha_{io} = \alpha_{1o}$jest potencjalna prędkość informacyjna przewidywana przez poruszającą się zagmatwaną objętość zaplątaną.

Każdy samoformujący się trójkąt łączy dwa segmenty trajektorii z dodatnimi wartościami własnymi poprzez odwrócenie ich niestabilnych wartości własnych i przyciągnięcie trzeciego segmentu z ujemnymi wartościami własnymi. Rotacyjna trajektoria tego segmentu przesuwa go do dwóch przeciwległych wirujących eigenwektorów i współpracuje ze wszystkimi trzema segmentami informacyjnymi w węźle tripletu (rysunki 3,4,5,7).

Entropia-informacja segmentu, przed połączeniem, spełniająca minimaksimum, kończy się swoim minimum, które ocenia relacje (2,9b) i (2,10).

Optymalny trójkąt wymaga minimalnych nakładów czasowych na zrównanie wartości własnych każdego segmentu z następującymi wartościami własnymi segmentu.

Przy tworzeniu trójkąta współpraca dwóch segmentów może wiązać się z przyciąganiem informacji $2i_{vf} = 2(i_v + i_{vo}) = 0.4668 Nat$ z obu segmentów, co jest równoznaczne z koniecznością pokonania progu entropii ($\delta_e \cong 0.4452 Nat$ 3.2.9b) dla połączenia trzeciego segmentu. Trzeci segment zawiera informacje dotyczące dwóch potrójnych segmentów, w tym informacje wiążące je.

Końcowa wolna informacja przyciąga kolejny segment informacyjny kolejnego trójkąta, który buduje przyciągające jednostki informacyjne w kolejnej dynamice informacyjnej.

Stosunki prędkości informacji startowej i $\gamma_1^\alpha = \alpha_{io} / \alpha_{i+1o}$ $\gamma_2^\alpha = \alpha_{i+1o} / \alpha_{i+2o}$ na współpracujących trójkątnych odcinkach, satysfakcjonujące (2.3), (2.4), wyznaczają informacyjny inwariant dynamiczny $\mathbf{a}(\gamma)$ według wzorów [26]:

$$\gamma_1^\alpha = \frac{\exp(\mathbf{a}(\gamma)\gamma_2^\alpha) - 0.5\exp(\mathbf{a}(\gamma))}{\exp(\mathbf{a}(\gamma)\gamma_2^\alpha / \gamma_1^\alpha) - 0.5\exp(\mathbf{a}(\gamma))}\ \gamma_2^\alpha = 1 + \frac{\gamma_1^\alpha - 1}{\gamma_1^\alpha - 2\mathbf{a}(\gamma)(\gamma_1^\alpha - 1)}, \qquad (5.2)$$

gdzie mnożnik $\gamma_1^\alpha \times \gamma_2^\alpha = \gamma_{13}^\alpha$ posiada wskaźnik wartości własnej segmentu $\gamma_{13}^\alpha = \alpha_{io} / \alpha_{i+3o}$.

Widać, że γ_1^α jest to podstawowy współczynnik w skali potrójnej, który w zależności od wariantu $\mathbf{a}(\gamma)$ posiada niezmienną miarę. Inwarianty i $\mathbf{a}_i(\gamma) = \alpha_i^t t_i$ $\mathbf{a}_{io}(\gamma)$, przy złożonej dynamice wartości własnej: $\lambda_i^t = \lambda_{io}^t \exp(\lambda_{io}^t t_i)[2 - \exp(\lambda_{io}^t t_i)]^{-1}$, łączą Eq.

$$\mathbf{a} = \mathbf{a}_o \exp(-\mathbf{a}_o)(1+\gamma^2)^{1/2}[4 - 4\exp(-\mathbf{a}_o)\cos\gamma\mathbf{a}_o + \exp(-2\mathbf{a}_o)]^{-1/2}] \ . \qquad (5.3)$$

W dynamice prawdziwej wartości własnej: $\alpha_i^t = \alpha_{io}^t \exp(\alpha_{io}^t t_i)[2 - \exp(\alpha_{io}^t t_i))]^{-1}$, inwarianci $\mathbf{a}_i(\gamma_i), \mathbf{a}_{io}(\gamma_i)$ połączyć Eq:

$\mathbf{a}_i(\gamma_i) = \mathbf{a}_{io}(\gamma_i)\exp\mathbf{a}_{io}(\gamma_i)(2-\exp\mathbf{a}_{io}(\gamma_i))^{-1}$. (5.4)

Optymalne proporcje $\gamma_{io} = 0.4142$ spełniają minimax z $\gamma_{io} = 0.4142$ $\mathbf{a}_{io}(\gamma_{io} = 0.4142) \cong 0.73$ i $\mathbf{a}_i(\gamma_{io}) \cong 0.23$.

Każda struktura trójkątna identyfikuje swoje początkowe inwarianty γ_i , $\mathbf{a}_{io}(\gamma_i)$ a następnie oba. $\gamma_1^\alpha, \gamma_2^\alpha$

Przy znanej własnej wartości startowej i $\alpha_{io} = c_{iv} \cong 2.4143 \times 0.596 \times 10^{15} Nat/\sec \cong 1.44 \times 10^{15} Nat/\sec$ $\alpha_{io} = \alpha_{1o}$ następnych takich prędkościach w trójkącie są $\alpha_{1o}/\gamma_1^\alpha = \alpha_{2o}, \gamma_1^\alpha(\gamma_{io}) = 2.236$, na. $\alpha_{2o} \cong 0.644 \times 10^{15} Nat/\sec$. .

Początkowa prędkość informacji o wartości własnej pierwszego współpracującego segmentu $c_{ika} = \alpha_{1o}, c_{ika} \cong 0.0516 \times 10^{14} Nat/\sec$ prowadzi do prędkości informacji o wartości własnej drugiego segmentu $\alpha_{2o} \cong 0.02345 \times 10^{14} Nat/\sec = 0.2345 \times 10^{13} Nat/\sec$.

Znane $\alpha_{2o}, \gamma_{32}^\alpha$ ustalają trzecią początkową prędkość eigentyczną:

$\alpha_{3o} \cong \alpha_{2o}/\gamma_2^\alpha = 0.02345/1.6 \times 10^{14} Nat/\sec = 0.1465 \times 10^{13} Nat/\sec$. (5.4a)

Inwarianty ograniczają interwały $\gamma_1^\alpha, \gamma_2^\alpha$ czasowe każdego tripletu i związane z nimi interwały dynamicznego ruchu obrotowego przestrzeni przy

$\alpha_{io}t_{io} = \alpha_{i+1o}t_{i+1o} = \alpha_{i+2o}t_{i+2o} = \mathbf{a}_{io}(\gamma_i)$ i $\gamma_1^\alpha = \alpha_{io}/\alpha_{i+1o} = t_{i+1o}/t_{io}$ $\gamma_2^\alpha = \alpha_{i+1o}/\alpha_{i+2o} = t_{i+2o}/t_{i+1o}$.
(5.5)

Poszczególne obserwacje prowadzą do uzyskania określonych proporcji początkowych wartości własnych trojga, spełniających $\alpha_{1o}/\alpha_{2o} = \gamma_1^\alpha, \alpha_{2o}/\alpha_{3o} = \gamma_2^\alpha$, relacje niezmienne (5.2-5.4).

Każdy impuls interakcyjny z działaniem informacyjnym $\mathbf{a}_{io} = \ln 2 Nat$ posiada multiplikatywne działanie informacyjne (sekcja 2):

$U_m = (\mathbf{a}_{io})^2$, (5.6)

który łączy następujące podwójne połączenie w trójkąt i zapewnia niezmienną miarę informacyjną każdej interakcji z całkowitą informacją

$$(\mathbf{a}_{io}(\gamma_{io}))^2 + \mathbf{a}_i(\gamma_{io}) \cong 0.7 \cong \mathbf{a}_{io}(\gamma_{io}) \ . \qquad (5.7)$$

Ten inwariant zbliża się do informacji dostarczanych z każdego poprzedniego impulsu.

Tworzenie stabilnego trójkąta, który umożliwia przyciąganie, ogranicza maksymalny współczynnik

$$4.8 \geq \gamma_1^{\alpha} \geq 3.45 \ . \qquad (5.8)$$

Racja ta określa granicę współczynnika skali potrójnej $\gamma_1^{\alpha}(\gamma_i)$. Podejście $\gamma_1^{\alpha} = \gamma_2^{\alpha} \to 1$prowadzi do powtórzenia wartości własnych trypletu, które ograniczają powiązany teoretycznie dopuszczalny wariant$|\gamma_i| \in (0.0-1.0)$.

Zbliżanie się do miejsca, w którym znajduje się informacja o zdarzeniu$\gamma_i = 1-o$ $\mathbf{a}_o(\gamma_i = 1-o)$, oznacza skok informacji o zdarzeniu, $\mathbf{a}_o(\gamma_i)$który zwiększa stosunek czasu następujących po sobie do poprzednich przedziałów.

Na przykład, gdy podejścia γ_i 1, zmienia się z $\mathbf{a}_o(\gamma_i)$do $\mathbf{a}_o(\gamma_i = 1-o) = 0.56867$ $\mathbf{a}_o(\gamma_i) = 0$, a powyższy stosunek czasu osiąga granicę $\tau_{i+1} / \tau_i = 1.8254$.

Ten znak zmienia stosunek wartości własnych: ($\alpha_{io} / \alpha_{it} \cong -1.9956964$ wynikający z (5.5) at $\gamma_i = 1$) i prowadzi do $\mathbf{a}_o(\gamma_i = 1) = 0$tego, że wnosi wkład informacyjny do regularnej kontroli$\mathbf{a}(\gamma_i = 1) = 0$i kontroli impulsów $\mathbf{a}_o^2(\gamma_i) = 0$. Ten skok czasowy lub powiązane wartości własne są *dynamicznym wskaźnikiem przerwania* dynamicznego ograniczenia (pkt 4.3). Prowadzi on do odcięcia dynamiki modelu od początkowego procesu losowego z możliwością uzyskania większej niepewności. Pojawienie się zdarzenia, niosącego$\gamma_i \to 1$, prowadzi do *rozłączenia* łańcucha zdarzeń i wzrostu chaotycznej dynamiki dyfuzji. Natomiast moment wystąpienia tego zdarzenia *przewiduje* pomiar informacji o bieżącym zdarzeniu $\mathbf{a}_o(\gamma_i) \neq 0$i wykorzystanie go do obliczeńγ_i aplikacyjnych (5.2-5.4). Pozwala to na przewidywanie rozprzęgania się, utraty stabilności i dynamiki chaotycznej.

Praktycznie dopuszczalna maksimum prowadzi do $\gamma_{ia} \to 0.8$ *minimalnego stabilnego* trójkąta, z $\gamma_1^\alpha = \gamma_2^\alpha \to 1.65$ którym ogranicza się dopuszczalne $\gamma_i \to (0-0.8)$. To, dla $\gamma_{io} \to 0$ określenia $\mathbf{a}_{io}(\gamma_{io})$=1,1 bitu i $\mathbf{a}_i(\gamma_{io})$= 0,34 bitu.

Dynamika tripletu z trzymaniem $\mathbf{a}_i(\gamma \to 0) \cong 0.23$ $\gamma_1^\alpha \cong 2.460, \gamma_2^\alpha \cong 1.817$ i $\gamma_{13}^\alpha \cong 4.6$.

Optymalne przynosi $\gamma_{io} = 0.4142$ $\gamma_1^\alpha \cong 2.21, \gamma_2^\alpha \cong 1.76, \gamma_{13}^\alpha \cong 3.89$, i przynosi $\gamma_i = 0.8$ $\gamma_1^\alpha \cong 1.96, \gamma_2^\alpha \cong 1.68, \gamma_{13}^\alpha \cong 3.3$.

Sekwencja wartości własnych modelu $(\ldots \alpha_{i-1,o}^t, \alpha_{io}^t, \alpha_{i+1,o}^t)$, zaspokajająca formację trójkąta, jest *ograniczona* granicami, dla $\gamma \in (0 \to 1)$ których tworzy *progresję geometryczną* z

$$(\alpha_{io}^t)^2 = \alpha_{i-1o}^t \alpha_{i+1o}^t, i = 2,3,\ldots n, \qquad (5.9)$$

przedstawiający geometryczny "przekrój złota" w proporcji

$$G = \frac{\alpha_{i+1,o}^t}{\alpha_{io}^t} \cong 0.618. \qquad (5.10)$$

W $\gamma \to 1$ sekwencji $\alpha_{io}^t, \alpha_{i+1,o}^t, \alpha_{i+2,o}^t, \ldots$ tworzy się seria Fibonacciego, w której stosunek $\alpha_{i+1,o}^t / \alpha_{i+2,o}^t = \gamma_2^\alpha$

określa "boską proporcję" $PHI \cong 1.618$, zadowalającą

$$PHI \cong G + 1; \qquad (5.11)$$

a sekwencja wartości własnych traci zdolność do współpracy.

W rzeczy samej. Przy $\gamma \to 0$, rozwiązania z (5.2-5.4) określają

$\mathbf{a}_o(\gamma_i \to 1) = 0.231$ $\gamma_2^\alpha \cong 4.47$, $\gamma_2^\alpha / \gamma_1^\alpha = \gamma_{23}^\alpha \cong 1.82$, , $\gamma_1^\alpha \cong 2.46$.

Współczynnik $(\gamma_1^\alpha)^{-1} = \alpha_{io}^t / \alpha_{i-1,o}^t \cong (2.46)^{-1} \cong 0.618$ dla powyższych wartości własnych tworzy "złoty przekrój" (5.10) na poziomie

$G = (\gamma_1^\alpha)^{-1} = \alpha_{io}^t / \alpha_{i-1,o}^t \cong (2.46)^{-1} \cong 0.618$ *i* "boska proporcja" $PHI \cong 1.618$.

Powyższe zależności odnoszą się do każdej pary pierwotnej sekwencji wartości własnych trojaczek, podczas gdy trzecia wartość własna ma stosunek

$$\alpha^t_{i+1,o} / \alpha^t_{io} = (\gamma^\alpha_{23})^{-1} \cong 0.549\,. \qquad (5.11a)$$

Rozwiązanie równania dla inwariantów (5.2-5.4) at $\mathbf{a}(\gamma_i \to 1) = 0$) niesie $\gamma^\alpha_1 = \gamma^\alpha_2 = 1$ze sobą powtarzanie $\alpha^t_{i-1,o} = \alpha^t_{io} = \alpha^t_{i+1,o} = \alpha^t_{i+2,o} =,...$

Sekwencja wartości własnych traci zdolność do współpracy, rozpadając się na równe i niezależne wartości własne. Sieć, zbudowana poprzez przyciąganie rezonansu jednostek wolnych od wartości własnych informacji, ma ograniczoną stabilność i dlatego każda IN zawiera skończoną strukturę. Dlatego proces obserwacji może samoistnie zbudować tylko wiele ograniczonych IN.

4.5.1.Ograniczenia dotyczące trajektorii rotacji w czasie i przestrzeni rosnącej wraz ze wzrostem wymiarów $1,...,i,...,n$.

Każdy ruch obrotowy przedstawia n- trójwymiarowe równania parametryczne krzywej helisy znajdującej się na powierzchni stożkowej (rys. 3, 8).

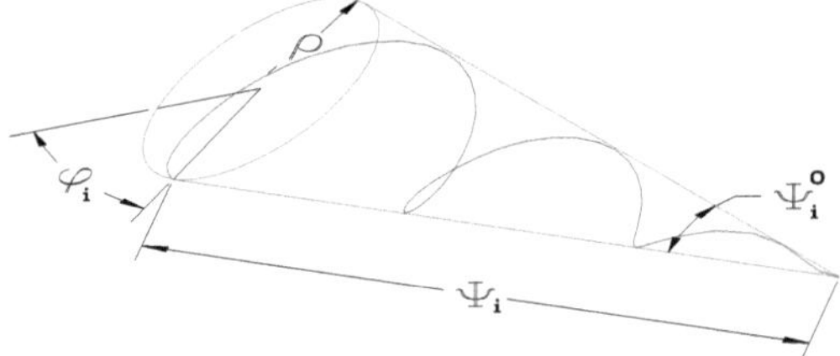

Rys. 8. Parametry stożka (wskazania znajdują się w tekście).

Projekcja promienia trajektorii przestrzeni $\bar{r}(\rho, \varphi, \psi^o)$ na $i$podstawie - cone jest spiralną trajektorią z promieniem

$$\rho_i = b_i \sin(\varphi_i \sin\psi_i^o)\ . \qquad (5.12)$$

Pod kątem $\varphi = \pi k / 2$ $k = 1,2,...$, trajektoria przechodzi z jednego stożka do drugiego na punktach przestrzeni stożka l_i, które spełniają skrajne warunki dla równania (5.12) pod kątami (Rys.8):

$$\varphi_i(l_i)\sin\psi_i^o = \pi / 2\,, \qquad (5.13)$$

gdzie ψ_i^o jest kąt na wierzchołku stożka, a promień podstawy wynosi

$$\rho_i = b_i \sin(\pi / 2) = b_i \, . \qquad (5.14)$$

Kąt na wierzchołku stożka przyjmuje wartości

$$\sin\psi_i^o = (2k)^{-1} \; k = 1, 2, ., m, m+1, ... , \qquad (5.15)$$

gdzie w $k = 1, \psi_i^o = \pi / 6$.

Kąt na punktach przestrzeni stożka przyjmuje l_i wartości

$$\varphi_i(l_i(\tau_i)) = k\pi \, . \qquad (5.15a)$$

Minimax narzuca optymalne warunki dla tych kątów:

$$\varphi_i = \pm\, 6\pi, \; \psi_i^o = \pm\, 0.08343. \qquad (5.15b)$$

Projekcja wektora ruchomego $l(\overline{r}) = l(\rho, \varphi, \psi^o)$ na podstawie stożka spełnia wymogi Eq

$$dl = [(\frac{d\rho}{d\varphi})^2 \sin^{-2}\psi^o + \rho^2]^{1/2} d\varphi. \qquad (5.16)$$

ψ Kąt przestrzeni na spirali zależy od kąta ψ_i^o (5,15) zgodnie z Eq

$$tg\psi = \frac{(1 - \sin\psi^o \cos\psi^o + \sin^2\psi^o)}{(1 \pm \sin\psi^o \cos\psi^o + \sin^2\psi^o)} \qquad (5.\ 17)$$

który dla $\psi_i^o = \pi/6$ przynosi $\psi = 0.70311$. Kąt ten, dla właściwej spirali kierunkowej, pod małym kątem ψ^o, spełnia rzeczywistość

$$\psi = \pi / 4 - \psi^o . \qquad (5.17a)$$

Dla spirali o przeciwnych kierunkach, kąt ten wynosi $\psi^1 = \pi / 4$.

Względny przyrost objętości informacji ($\Delta V_{m,m+1}$ rys.8) pomiędzy objętościami i $V_m \; V_{m+1}$ dwoma kolejnymi trojaczkami m i $(m+1)$, gdzie $\Delta V^*_{m,m+1} = (V_{m+1} / V_m - 1)$ zależy od współczynnika skali tych trojaczków $\gamma^{\alpha}_{m,m+1}$:

$$\Delta V^*_{m,m+1} = (\gamma^{\alpha}_{m,m+1})^3 - 1 \, . \qquad (5.18)$$

Podczas gdy potrójna objętość początkowa określa rzeczywistość

$V_c = 2\pi c^3 / 3(k\pi)^2 tg\psi^o$ (5.19)

która zależy od kąta ψ_i^o, początkowej prędkości przestrzeni c_{io}

$c_{io} \approx 14.4\times10^{-15} m / 4.477\times10^{-14} \sec = 3.216\times10^{-1} m/\sec$, (5.20)

oraz parametr (k 5.15) łączenia m-objętości w V_{m+1}, począwszy od objętości (5.19) przy $k=1$.

Prędkość przyciągania obrotowego określa kąt przestrzenny $\omega_i[l_i(t_{ika})] = 0.1646\times10^{-14} radian/\sec$ $\psi' = \pi/4$ w momencie t_{ika}(3.3b), gdzie ω_i odnosi się do wzorów (3.2.12a), (3.3c)). Dynamika informacyjna w momencie określa równania t_{ika}(5.12-5.19) i powyżej kątów rotacji, odstępy przestrzenne $l_i(\tau_i)$ dla objętości rotujących oraz stosunki wartości własnych (prędkości) w zależności od parametru potrójnego $\gamma_1^\alpha, \gamma_2^\alpha$ w (5.2).

Trzy wartości własne połączenia trójkąta tworzą pierwszą prędkość na jego wierzchołku stożka, który dostarcza informacje do kolejnych jednostek potrójnych, które łączą się w kolejnym trójkącie w postępującym ruchu obrotowym, generując kurs czasowy i odstępy czasowe obserwatora. Przeniesienie z trajektorii jednego stożka do drugiego znajduje się na jego podstawie, gdzie każda z lokalizacji spełnia ekstremalne warunki dla informacji o entropii.

Przenoszenie sekwencyjne wymaga obracania każdej spirali pod kątem przestrzennym aż do przylegania do następnej optymalnej trajektorii i przenoszenia jej we współpracy (Rys.6). Trajektorie czasoprzestrzenne, obracające się na stożkach i współpracujące w trójkącie, kształtują jego strukturę geometryczną (rys. 5, 7), ewoluując podczas każdej formacji trójkątnej o rosnącym parametrze k.

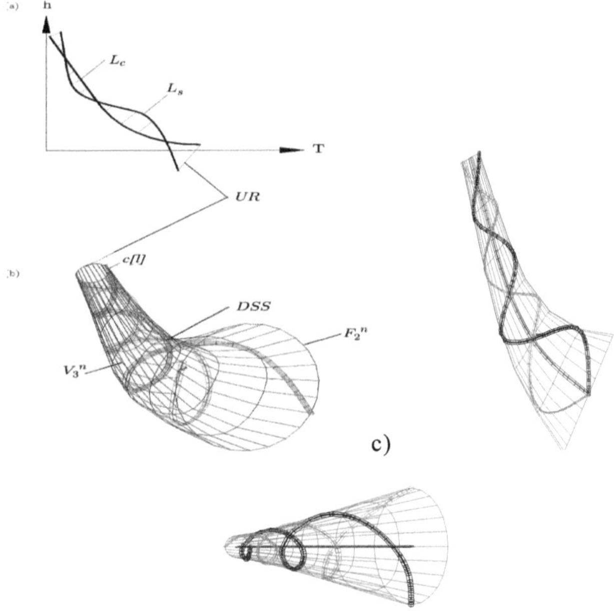

Rys. 9. Symulacja struktury podwójnej spirali stożka (*DSS*) z komórkami (c[l]), powstającymi wzdłuż linii przełączania *Lc* (a); z powierzchnią F_2^n strefy niepewności (*UR*) (b), otaczającą *hiperbolę Lc w* postaci *linii Ls*, która w geometrii przestrzeni obejmuje objętość V_3^n(b,c).

Zarówno dynamika informacji, jak i jej struktura przestrzenna ewoluują równolegle, wytwarzając się wzajemnie (Rys.9).

Każdy IN triplet gromadzi trzy Bity złożone w swoim węźle, który tworzy węzeł IN. Węzły zagnieżdżone zawierają logikę informacyjną złożoną z końcówki IN węzła. Ten kończący się triplet w każdej sieci zawiera maksymalną ilość wolnych informacji. Węzły IN mogą być samoczynnie podłączone poprzez przyciąganie *ich* zakończonej trójkątem logiki informacyjnej. Logika przyciągania informacji wielu ruchomych IN sekwencyjnie wyrównuje ich końcowe prędkości-częstotliwości w rezonansie zestawiając wspólną logikę INs. Każda z tworzących się IN wyłania się z logiki składania trójkątów, których węzeł zapamiętuje i koduje kod trójkątów logiki tripletu. Kod wielokrotnego IN posiada geometryczną strukturę podwójnej spirali (DSS), Rys.9 obejmujący każdy z potrójnych węzłów informacyjnych. Każdy węzeł końcowy IN zawiera komórkę, która zagęszcza jego lokalny kod DSS. Podwójna struktura sprzężonego segmentu buduje dynamikę hamiltonowską, stając się nieodwracalną przy komponowaniu węzła tripletowego na mostku pomiędzy segmentami (Rys.3a).

Ponieważ każdy bit kodu węzła posiada energię, wielokrotny kod IN węzła fizycznie organizuje swoje kody lokalne w kodowaniu struktury informacji Obserwator.

Końcówki rotującej trajektorii czasoprzestrzeni na stożkach (rys. 3,7) oraz objętość przestrzeni określają geometrię obserwatora, generowaną przez dynamikę informacji (ID). Parametr IN skali $\{\gamma_i^a\}$ identyfikuje prędkość obrotową i współpracujące objętości każdego węzła, przekazywane do następnego tripletu.

Wielokrotna geometria IN konstruuje geometrię informacyjną Obserwatora za pomocą kolektora DSS w komórce (Rys.10).

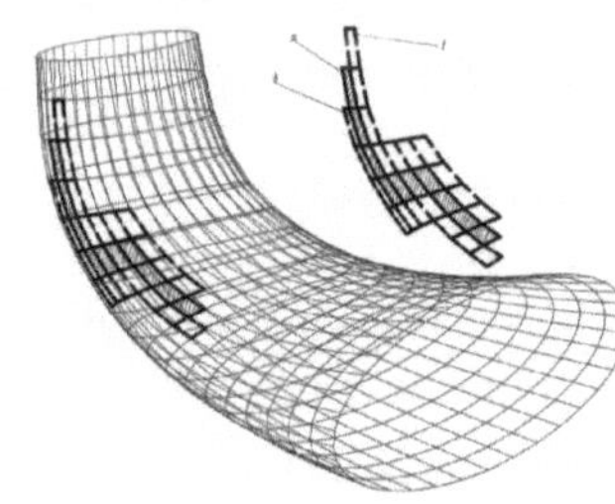

Rys. 10. Struktura geometrii komórkowej, utworzonej przez komórki kodu tripletu DSS, z fragmentem komórek powierzchniowych (1-2-3), ilustrujących tworzenie się przestrzeni obserwacyjnej.

V. POZNAWANIE INFORMACJI I INTELIGENCJA OBSERWATORA

5.1 UJAWNIENIE POZNANIA I INTELIGENCJI OBSERWATORA

5.1.1 Logika Obserwatora

Logika Obserwatora wyłania się na drodze zebranej obserwacji interaktywnej logiki probabilistycznej, zakrzywionych impulsów interaktywnej pewnej logiki, rotacyjnej logiki trypletu oraz zagnieżdżonej logiki informacyjnej przyciągania trypletów [62].

Prędkości obrotowe każdego z trzech bitów logicznych generują częstotliwości o atrakcyjnej logice wolnej informacji.

Wyrównanie prędkości przyciągania wolnej informacji synchronizuje częstotliwości logiki tripletu w rezonansie, który przypomina pętlę logiczną. Pętla ta przypomina potrójną logikę przyciągających bitów logicznych.

Złożona logika tworzy nie-chotyczny atraktor logiczny [63].

Atraktor składa logikę trojaczków w logiczny węzeł. Informacje wolne od węzłów przyciągają nową, tworzącą się trójkątną logikę w pętli rezonansowej, która przypomina inny atraktor logiczny.

Te logicznie zorganizowane atraktory-węzły trojaczków budują logiczny łańcuch. Rezonans łańcucha przypomina węzły atraktorów w zagnieżdżonych węzłach logicznych. Węzły te w sposób logiczny organizują zagnieżdżoną hierarchię sieci informacyjnej (IN).

Węzły IN samodzielnie organizują *hierarchiczne* częstotliwości zagnieżdżonych węzłów przyciągania. Węzeł końcowy IN obejmuje całą logikę *przyciągania* swojej hierarchii węzłowej trojaczków. Węzeł końcowy IN posiada częstotliwość, która może przyciągać w rezonansie inne INs Obserwatora.

Atraktory logiczne - węzły logiki wielu trójkątów IN tworzą logiczny łańcuch, który zamyka hierarchię gromadzących się pętli lokalnych z ich hierarchicznymi częstotliwościami, aż do najwyższego poziomu IN Obserwatora.

Ta hierarchiczna logika Obserwatora składa się z wzajemnie przyciągającej się wolnej logiki, która samodzielnie organizuje składające się na siebie logiczne pętle obrotowe w łańcuchu zamykającym wszystkie obserwujące czasoprzestrzenne struktury logiczne.

Logicznie zorganizowany Observer najwyższego poziomu *struktury* IN Observer Logic.

5.1.2 Poznawanie przez Obserwatora

Obserwowana struktura *logiczna* czasoprzestrzeni składa się z łańcucha wielu współpracujących ze sobą pętli logicznych nazywanych *logiką poznawczą* Obserwatora, czyli poznaniem.

Poznanie Obserwatora składa się z łańcucha logicznego poprzez wielokrotne rezonanse zagnieżdżonych pętli logicznych tworzących hierarchię IN-triplet.

Taka wielopoziomowa struktura logiczna posiada obserwacje wirtualnej probabilistycznej przyczynowości, rzeczywistej informacyjnej przyczynowości i złożoności, które mierzą zamierzone działania poznawcze w każdej pętli logicznej współpracy.

Każda zagnieżdżona pętla koherentna akceptuje tylko takie jednostki, które rozpoznaje każda logika węzła IN.

W końcu IN zapamiętuje każdą rozpoznaną jednostkę w swoim węźle informacyjnym.

Poznawczy ruch obrotowy, po utworzeniu każdego węzła IN i poziomu, przetwarza *tymczasową pętlę* (Rys. 6), która może zniknąć po zapamiętaniu nowo utworzonej jednostki IN triplet.

Poznanie Obserwatora wyłania się jako rozwijająca się intencjonalna zdolność do żądania, integrowania i przewidywania potrzebnych Informacji Obserwatora, która buduje rozwijającą się sieć Obserwatora.

Swobodny rezonans logiczny samoorganizuje łańcuch *funkcji poznawczych,* które są rozmieszczone wzdłuż hierarchii składających się na siebie jednostek logicznych: trojaczków, węzłów zagnieżdżonych IN i węzłów zakończonych IN.

Te lokalne funkcje poznawcze same organizują poznanie Obserwatora, aż do funkcji poznawczych na górnym poziomie częstotliwości synchronizacji.

Wzdłuż hierarchii IN przebiegają rozproszone częstotliwości rezonansowe rozpraszające łańcuch zagnieżdżonych pętli. Łańcuch obraca się z minimalną energią zsynchronizowanych częstotliwości.

Te poznawcze termodynamiki przetwarzają logikę rezonansową łańcucha.

5.1.3. Wywiad z obserwatorami

Ponieważ każda złożona jednostka logiczna posiada swobodną logikę, jej topologicznie przeciwstawne zakrzywione oddziaływanie (rozdz. 2.6) z zewnętrznym impulsem Tak-Nie przynosi asymetrię oddziaływania. Interaktywna akcja Tak może uzyskać dostęp do zewnętrznej energii Landauera, która zaczyna wymazywać entropię i zapamiętuje wynikową informację aż do zakodowania bitu.

Bit's Free Information "No-action" przestaje dostarczać tę energię. Takie logiczne działania przełączające kodują logiczne tripletowe złożenie w węźle przyciągania z jego Wolną Informacją.

Zagnieżdżone węzły logiczne trójkątów są kodowane w poznawczych kodach logicznych na poziomach hierarchicznych IN.

Wiele lokalnych bitów z poziomem Wolnej Informacji samoorganizuje logikę kognitywną na wszystkich poziomach hierarchicznych Obserwatora IN. W tej hierarchii, logika pętli, składająca się w każdym z niższych poziomów węzła, zostanie uwolniona po zapamiętaniu i zakodowaniu tej logiki węzła. Hierarchiczne kody Obserwatora posiadają energię zapamiętywania i kodowania. Ta hierarchia kodowa fizycznie organizuje wielokrotne IN, samokodując ich kody lokalne w strukturze informacyjnej Obserwatora Informacji.

Nazywamy tą strukturę kodowania *inteligencją Obserwatora.*

Logiczne czynności przełączania wykonują *funkcje wywiadowcze*, które generują każdy kod lokalny.

Funkcje te są rozmieszczone hierarchicznie zgodnie z lokalnymi kodami jednostek montażowych.

To właśnie kod kooperacyjny Observer intelligence sam organizuje te lokalne funkcje.

Pytanie brzmi: Co inicjuje przełączenie na zapamiętywanie bitu i jego kodowanie?

Najwyraźniej wymaga to otwarcia dostępu zewnętrznej energii do każdej lokalnej jednostki logicznej na każdym poziomie hierarchii. Wymaga to skoordynowanego połączenia czasu wewnętrznego i zewnętrznego Obserwatora, które zaplanuje przełączanie zgodnie z hierarchią Obserwatora.

Jak to pokazano (rozdział 2.6), taka koordynacja ma miejsce dokładnie w momencie kończącego się przedziału wolnej logiki na każdym poziomie jednostki. Przedział czasowy przełączania Δt_{o1} obejmuje jednostki o określonych przedziałach czasowych δT_{cm} i związanych z nimi częstotliwościach przełączania $f_{cm} = 1/\delta T_{cm}$. Częstotliwość δT_{cm} zmienia się od ($\delta T_{co} = 12$ $\delta T_{cs} = 69242.359$ dla podstawowego celu Obserwator z IN dwoma jednostkami tripletowymi) do Subiektywnego Obserwatora (z 9 jednostkami tripletowymi IN). Jeżeli urządzenie pracuje przez jedną godzinę, wówczas Obserwator Obiektywny otwiera się, aby uzyskać energię zewnętrzną z częstotliwością $f_{co} = 1/12$ lub co 12 godzin.

Subiektywny Obserwator otrzymuje energię zewnętrzną z częstotliwością $f_{cs} = 1/69242.359$, lub ~1/30 min, co odpowiada jednemu otwarciu przez dwie sekundy, lub 30 razy na minutę.

Oznacza to, że każdy Obserwator ma swój własny zegar z jego przebiegiem czasowym, który steruje przełączaniem hierarchicznym. Interaktywne przełączniki zegarowe nakazują kodowanie każdej funkcji poznawczej do funkcji inteligencji, uruchamiając inteligencję Obserwatora.

(Szczegóły dotyczące koordynacji czasów i częstotliwości przełączeń znajdują się w [41]).

W ramach sekwencyjnych segmentów dynamiki obserwacyjnej (rys. 3a), każdy wyłącznik łączy dwa segmenty mostkiem pomiędzy nimi, podczas gdy trzeci segment kończy się mostkiem. W mostku tym znajduje się atraktor logiczny trzech segmentów, który zapamiętuje i koduje w wyznaczonym czasie. Każdy trzeci mostek tworzy węzeł na poziomie hierarchicznym węzła IN.

Przy formowaniu każdego węzła i poziomu, poznawczy proces rotacji utrzymuje spójną pętlę zharmonizowanych prędkości - częstotliwości informacji na różnych poziomach. Częstotliwości te określają jednostki czasu zegarowego na różnych poziomach. Na poziomie jednostki z dłuższym odstępem czasu δT_{cm}, jej częstotliwości są niższe i odwrotnie do najwyższych częstotliwości subiektywnego i inteligentnego Obserwatora.

Im wyższa częstotliwość, tym większa gęstość informacji w kodowanych bitach informacyjnych.

Subiektywny Obserwator, samo-składający się z hierarchii struktur logicznych, posiada hierarchię częstotliwości i kursów zegarowych. *Zharmonizowane prędkości-częstotliwości informacji* automatycznie ustawiają czasy przełączania i częstotliwości, gdy pętla poznawcza na każdym poziomie jest samoutworzona.

Wreszcie, spójna dynamika poznawcza, składająca się z funkcji poznawczych jednostek, samoorganizuje hierarchię funkcji wywiadowczych, kodując Bity w hierarchicznych kodach. Albo też lokalne jednostki poznawcze, zaangażowane w ruch łańcucha rezonansowego, samoorganizują się w lokalną funkcję poznawczą, która samo formuje poznanie Obserwatora. Hierarchiczne poznanie planuje zegar przełączania funkcji wywiadowczych, kodując hierarchię Obserwatora w kodzie współpracy Obserwatora.

Ponieważ każda zmontowana jednostka koduje kod potrójny, kooperacyjny kod Observer integruje jednostki strukturalne kodu potrójnego na każdym poziomie. Te kody lokalne mają coraz większą gęstość kodowanych impulsów w zależności od ich położenia w hierarchii. Zsynchronizowany przez zegar kod kooperacyjny posiada rytmiczną sekwencję przedziałów czasowych, która umożliwia dostęp do energii zewnętrznej do każdej logicznej jednostki strukturalnej Obserwatora w zależności od potrzeb. Kurs czasowy zegara przypisuje częstotliwość poprzez powtarzające się interwały czasowe, które określają każdą lokalną częstotliwość rezonansową składającej się jednostki strukturalnej.

Te częstotliwości-lokalne rytmy identyfikują momenty końcowych interwałów Wolnej Informacji na każdym poziomie jednostki, lub interakcji poznawczych i inteligencji działań lokalnych. Każdy stabilny Obserwator logicznie zachowuje swoje interwały czasowe przełączania. Dlatego też, kod Observera zwiększa wiele rytmów lokalnych jednostek strukturalnych. Dlatego też rytmy zewnętrznej melodii, rezonujące z rytmami kodu Obserwatora, wspierają funkcje poznawcze, działania inteligentne i generowanie zarówno logiki współpracującego Obserwatora, jak i kodu kodującego tę logikę [64].

Ostatnie eksperymenty potwierdziły wpływ muzyki na kodowanie neuronów [65, 66].

5.2 POWSTAJĄCA STRUKTURA KODU OBSERWATORA

Interaktywny ruch krzywizny, rozpoczynający się od impulsów krzywizny, obraca trajektorie procesu obserwacyjnego, tworząc spirale na powierzchni stożka (Rys. 3).

Podczas obserwacji probabilistycznych, te spiralne trajektorie utrzymują losowy ciąg okresowy. Wraz z pojawiającą się przestrzenią i sprzężonymi krokami entropii czasoprzestrzeni, trajektorie obrotowe kształtują sprzężone spirale czasoprzestrzeni (rys. 3a). Powstająca informacja kontynuuje proces rotacji swoich trajektorii w podwójnych spiralach, łącząc je zgodnie z rys. 6.

Droga od każdego oddziałującego impulsu entropii wzdłuż procesu obserwacji integruje EZP.

Zasada minimax, zachowując każdą z wzajemnie oddziałujących miar impulsów, prowadzi do zasady minimax variation (VP) dla EF. VP opisała trajektorie koniugacyjne procesu obserwacyjnego jako skrajnie EF zbiegające się ze sprzężonymi trajektoriami informacyjnymi procesów informacyjnych jako skrajnie IPF. Te trajektorie EF-IPF spełniają równania Hamiltona dla dynamicznego procesu obserwatora. Trajektorie te integrują logikę procesu obserwacji, w tym logikę zawartą w kodzie każdego kończącego się węzła IN.

Wielokrotne kody zakończone potrójnym IN integrują podwójną strukturę kodowania spirali przestrzennej (DSS) (Rys. 9).

Oddziaływania przeciwstawnych, sprzężonych spirali tworzą mosty pomiędzy spiralami (Rys. 3a).

Każdy segment spiralny integruje swoją logikę obserwacyjną z mostem. Mostki lokalizują interakcje przełączające, które zapamiętują tę logikę zgodnie z harmonogramem czasowym.

Przyciągająca Wolna Informacja Trójkątów łączy zapamiętane Bity w logice Trójkątów. Węzeł tripletów koduje logikę potrójnych segmentów w kodzie mostka zgodnie z harmonogramem czasowym. Mostki, umieszczone wzdłuż trajektorii obserwacyjnej, łączą węzły kodowe węzłów zagnieżdżonych INs, a następnie w kończącym się kodzie IN triplet.

Harmonogram czasowy sekwencyjnie buduje hierarchię zapamiętanych trojaczków i ich kodowania. Schemat ten porządkuje sekwencyjne transfery z trójkątów logicznych do zapamiętanych oraz mosty kodujące wzdłuż trajektorii obserwacji. Hierarchiczne poznanie planuje zegar przełączania funkcji inteligentnych, kodując hierarchię w kodach tripletów. Kodowanie rozpoczyna się, gdy hierarchiczne przełączniki otwierają dostęp do zewnętrznej energii. Następnie, kolejno wyłania się kod potrójny i struktura kodowania współpracująca z inteligencją DSS.

Mostki lokalizują jednostki kodujące, gdzie oddziaływania zewnętrzne mogą zmienić strukturę kodowania DSS.

Każdy trójkąt, zapamiętany w sprzężonym interaktywnym moście, dzieli trajektorię na odcinku procesu odwracalnego, który nie zawiera mostu i nieodwracalnego mostu pomiędzy odcinkami odwracalnymi. W ten sposób nieodwracalna trajektoria dynamiczna Obserwatora obejmuje odcinki odwracalne, zakończone każdym zapamiętanym mostem. Każdy nieodwracalny trójkąt wyłania się z kodowania logiki obserwacji w odcinku trajektorii zakończonym mostem. Sprzężone trajektorie integrują skrajne odcinki EF, podczas gdy pojawiające się na mostku Bity kodujące integrują IPF. IPF zawiera integralne informacje w swoim końcowym bitu kodującym.

Dlatego też Integralna Informacja Obserwatora identyfikuje kod końcowy IPF, który obserwacja przewiduje poprzez prawo VP minimax optimal Information. Ten kod IPF ma coraz większą gęstość, która potroi się z każdym kolejnym bitem (rozdział 2.12).

Prognoza, oparta na integracji procesu obserwacji z logiką probabilistyczną i informacyjną EF-IPF, może przewidywać *sztucznie zaprojektowane poznanie obserwatora.*

Logika EF przewiduje konwersję poznania na IPF Informacja, pamięć i kodowanie współpracujące z Obserwatorem w sztucznie zaprojektowanej inteligencji Obserwatora. Zaczyna się ona od utrzymujących się informacji - częstotliwości przyciągania impulsów obserwacyjnych na trajektoriach EF-IPF (sekcja 2.1.2).

Przyciąganie informacji wyrównuje sekwencyjnie szybkość informacji - częstotliwości w przyciąganiu rezonansów, które przypominają logikę kooperacyjną (poznawczą).

Rozwijająca się logika samoorganizuje określony poziom hierarchii w czasie i przestrzeni Informacje logiczna jednostka strukturalna, która składa się z trójkątów, buduje IN i domeny.

Składanie informacji zapamiętuje samoorganizującą się logikę.

Składające się częstotliwości rezonansowe identyfikują zegar, dowodząc logicznego przełączania, które koordynuje działania poznawcze i wywiadowcze. Funkcje poznawcze wykonują przełączniki impulsowe dostarczające energię Landauera do zapamiętywania logiki każdej jednostki.

Funkcje wywiadowcze kodują logikę bitów tripletów.

Obserwator EF-IPF integruje proces obserwacji w procesie wielu informacji, koordynuje i ujednolica informacje o obserwacji w kodzie IPF.

W *sztucznie zaprojektowanym Obserwatorze, w* którym EF integruje logikę poznawczą, a IPF integruje swoją informację kodującą, automatyczna konwersja EF w IPF wdraża potrójne mostki, które kodują jego logikę poznawczą. Częstotliwości IPF inicjują przebieg czasowy obserwatora, który EF prognozuje w obserwacji. Przebieg czasowy podtrzymuje integrację EF-IPF w optymalnym procesie obserwacji dynamiki informacji, oraz utrzymuje optymalną strukturę podwójnej spirali DSS Obserwatora, która ostatecznie zamyka przewidujący kod Obserwatora. (Każdy trwający interwał czasowy zamyka entropię impulsu interwałowego, rozdział 2).

Kod tripletowy Observera zapamiętuje strukturę informacyjną współpracy Observera, która obejmuje wiele rytmów lokalnych jednostek strukturalnych. Struktura kodowania DSS zapamiętuje całkowitą ilość i jakość zebranych informacji o Obserwatorze, które określają złożoność współpracy Obserwatora [5].

Obserwator zebrał informacje samodzielnie organizując funkcje poznawcze dowodzące inteligencją kodowania na wszystkich poziomach hierarchii. Funkcje te samoczynnie łączą kody lokalne w kodzie Obserwatora, który koduje wszystkie te struktury w strukturze czasoprzestrzeni Informacja Obserwatora Informacji.

Proces obserwacji EF-IPF i dynamika informacji sztucznie projektują DSS.

DSS mierzy całkowite IQ informacyjne tego Obserwatora. Kod DSS integruje IQ każdego z Obserwatorów. Różnica tych IQ mierzy odrębność ich inteligencji. Maksymalna Informacja, uzyskana w obserwacji, pozwala na zaprojektowanie DSS z maksymalnym osiągalnym IQ w optymalnym Obserwatorze SI.

Struktura informacji przestrzenno-czasowej, obejmująca zakodowany EF-IPF, integruje obserwowane informacje w zaprojektowanym analitycznie Obserwatorze Informacji AI (Rys. 10).

Informacja o obserwacji danego Obserwatora jest ograniczona przez ograniczenia każdej obserwacji[28].

Ograniczenia ograniczają również konwersję procesu obserwacji na proces informacyjny.

Progi pomiędzy ewoluującymi etapami obserwacji ograniczają ewolucję tych etapów, która może zatrzymać się na dowolnym etapie. Wszystko to ogranicza integralną informację poznawczą i następujące po niej działania intelektualne, co ogranicza również ilość Wolnej Informacji, która zmniejsza zdolność do tworzenia połączeń inteligentnej IN.

5.2.1 Istotne elementy poznania informacji

Struktura logiczna Obserwatora posiada zarówno wirtualną probabilistyczną jak i rzeczywistą informacyjną przyczynowość i złożoność [64].

Wirtualny Obserwator, tworząc rotacyjne przemieszczenie czasoprzestrzenne przeciwstawnych działań impulsu podczas obserwacji wirtualnej, zaczyna gromadzić wirtualną informację poprzez jej czasowe zapamiętanie w logice probabilistycznej, inicjując ruch poznawczy. Obrotowy ruch poznawczy łączy mikroprocesor impulsowy z bitami w makroprocesie.

Mikroproces znika automatycznie, gdy prawdopodobieństwo, że granice impulsów zbliżą się do zera (rozdział 4.4), i pojawia się pewna logika. Oznacza to, że mikroproces nie ma *żadnego przejścia, podobnie* jak ruch poznawczy mikroprocesu.

Makroproces tworzący komponuje potrójne makrojednostki poprzez Wolną Informację, która składa każdą z ewoluujących IN. Końcowe trojaczki IN integrują logikę wielu zagnieżdżonych IN w domenach informacyjnych z rozwijającym się wzrostem jakości informacji.

Dynamiczny ruch poznawczy Obserwatora modeluje hierarchiczny mechanizm rotacji Obserwatora, który umożliwia przenoszenie Obserwatora przez etapy ewolucji poprzez pokonywanie progów etapowych [62].

Mechanizm ruchu obrotowego charakteryzuje się potencjałem mocy $P_{in}(i)$, który mierzy chwilowy (i)moment obrotowy $M(i)$pomnożony przez prędkość kątową$\omega(i)$:

$$P_{in}(i) = M(i) \times \omega(i). \qquad (5.1.1)$$

Moc ta kompensuje ruch rezonansowy wzdłuż każdej pętli poznania Obserwatora. Pętla obraca proces termodynamiczny (pkt. 2.6.6) z minimalną energią termodynamiki poznawczej.

Ruch poznawczy, po utworzeniu każdego węzła i poziomu, przetwarza tymczasową pętlę (Rys. 6), która może zniknąć po zapamiętaniu nowo utworzonego IN triplet. Zapamiętuje to logikę pętli. Po pojawieniu się w trakcie obserwacji zapamiętanego Bitu, ruch rotacyjny rozwija informacyjną formę dynamicznego ruchu podwójnej helisy (rys. 3, 3a).

Poznanie Obserwatora składa się z wielu rezonansowych pętli logicznych, tworzących się w hierarchicznych poziomach logiki IN-triple, które akceptują tylko jednostki informacyjne, które każda pętla poznawcza rozpoznaje.

Proces rotacji w pętli *spójnej harmonizuje prędkości - częstotliwości informacji* na różnych poziomach hierarchicznych. Funkcje poznawcze modelują skorelowane interakcje i sprzężenia zwrotne pomiędzy poziomami IN, które kontroluje sprzężenie zwrotne najwyższego poziomu domeny. Zarówno procesy poznawcze jak i funkcje poznawcze wyłaniają się z ewoluujących interaktywnych obserwacji z ich pojawiającymi się właściwościami.

Dyskretne impulsy dostarczają dyskretnego języka informacyjnego dla logiki poznawczej.

Obrotowe podwójne spirale (DSS) składają się z rozwijającej się logiki informacyjnej poprzez uruchamianie logiki makrodynamicznego segmentu procesu. Węzły DSS zapamiętują sekwencję odwracalnych segmentów procesu i kodują proces poznawczy w przebiegu czasu Obserwatora. W rotacyjnym DSS, poznanie łączy się z naturalnym zapamiętywaniem każdego bitu na wszystkich poziomach ewolucji.

Poznanie pojawia się w dwóch formach: wirtualnego ruchu obrotowego przetwarzającego czasową logikę probabilistyczną na podstawie pewnej logiki procesu informacyjnego obracającego się w strukturze podwójnej helisy.

DSS jednocześnie organizuje obserwacyjne Bity Informacyjne w węzłach IN.

Na trajektorii obserwacyjnej, sekwencyjne węzły zapamiętują przyczynowość informacji oraz logikę i strukturę hierarchii węzłów IN.

Procesy te rozpoczynają się od elementarnego obserwatora wirtualnego i pojawiającego się Bitu na poziomie mikro, który posiada nieodwracalną prehistorię i uczestniczy w ewoluującym Obserwatorze Informacji.

Początkowa termodynamika poznawcza nie ma żadnego faktycznego kosztu fizycznego.

Wyniki [67] potwierdzają, że poznanie powstaje na poziomie kwantowym jako swego rodzaju "splątanie w czasie" w procesie pomiaru, gdzie zmienne poznawcze są reprezentowane w taki sposób, że tak naprawdę nie mają wartości (tylko potencjały), dopóki ich nie zmierzymy i nie zapamiętamy, nawet "bez potrzeby powoływania się na zmienne neurofizjologiczne", podczas gdy "doskonała znajomość [zmiennej poznawczej] wymaga niepewności od innych".

Co więcej, analiza ta pokazuje, że zarówno poznanie, jak i inteligencja mają charakter informacyjny.

Ostatnie prace nad mapami poznawczymi [68] potwierdzają "wewnętrzne reprezentacje przestrzeni nawigacyjnych na dużą skalę", pokazujące jak mapy poznawcze są kodowane, zakotwiczone w punktach orientacyjnych środowiska i wykorzystywane do planowania tras.

Podobne mechanizmy neuronowe mogą być wykorzystywane do tworzenia "map" *przestrzeni niefizycznych*, oraz "stosowane w domenach nie-przestrzennych w celu zapewnienia podstaw dla wielu kluczowych elementów ludzkiej myśli".

5.2.2 Samoformująca się, hierarchiczna, rozproszona struktura logiczna poznania

Wielokrotne ruchome INs, sekwencyjnie wyrównujące prędkości węzłów - częstotliwości przyciągania logiki informacyjnej w rezonansie, przypominają całkowitą logikę Obserwatora. Wzajemne przyciąganie swobodnej logiki informacyjnej, sekwencyjnie oddziałującej, samoorganizuje kooperacyjne logiczne obrotowe pętle spiralne w łańcuchu, który zamyka logikę obserwacyjną.

Każdy zakrzywiony impuls niezmienny w przestrzeni czasowej π zawiera informację, która 1*Nat* zawiera Bit, Wolną informację oraz informację potrzebną do zakodowania Bitu impulsu.

Ta bezpłatna informacja przyciąga impuls o natężeniu 1/3 Bit na impuls.

IPF integruje Bity z Wolnymi Informacjami łącząc sekwencję w trajektorii informacyjnej.

Zasada minimax, stosowana wzdłuż skrajnej trajektorii IPF, maksymalizuje informacje zawarte w każdym impulsie prądu, skracając jego przedział czasowy. Rosnące przyciąganie Wolnej Informacji wzdłuż tej trajektorii minimalizuje odstęp czasowy pomiędzy najbliższymi impulsami proporcjonalnie do 1/3Bit. Dla każdego trzeciego impulsu, ten przedział odległości informacji staje się proporcjonalny do 1 bitu, zachowując niezmienną informację impulsu i miarę przestrzeni czasowej π. Pod koniec integracji IPF, wszystkie zintegrowane informacje są skupione w końcowym impulsie, którego gęstość informacji zbliża się do maksymalnej granicy. Ponieważ Wolna Informacja zawiera w sobie logikę informacyjną, wiele bitów o potrójnie rosnącej gęstości zwiększa logikę informacyjną procesu.

Zintegrowana informacja IPF wraz z jej logiką jest skondensowana w ostatniej zintegrowanej objętości przedziału czasowego impulsów. Dla wielu impulsów informacyjnych, każdy trzeci zakrzywiony impuls o niezmiennej miary π pojawia się w procesie informacyjnym z częstotliwością czasową $f_i = k_i, k_i = 3,5,7,9,...$, która wskazuje wejście trojaczków i ich specyficznych sekwencji.

Niezmienna miara czasu impulsu $\tau_i = \pi / \sqrt{2}$ $l_i = \sqrt{2}$, miara przestrzeni płaskiej powierzchni oraz miara przestrzeni prostopadłej do powierzchni $h_i = \pi$ określa objętość geometryczną $v_i^S = \tau_i \times l_i \times h_i = \pi^2$ każdego trójwymiarowego impulsu. i -

Gęstość informacji w przestrzeni czasowej $D_i^I = k_i Nat / v_i^s$, koncentrująca k_iNat dla każdego trzeciego impulsu, rośnie wraz ze wzrostem, podczas k_i gdy objętość geometryczna przestrzeni czasowej v_i^S utrzymuje gęstość niezmienną.

Miara gęstości informacji $D_i^I = k_i Nat / \pi^2$ rośnie tylko z każdym k_i.

Oceńmy względną gęstość informacji w każdym trójkącie kodowania bitowego informacji w jego względnym przedziale czasowym $u_k = 1, 1/3, 1/9, ...1/k_i, ...$,

Ponieważ każdy bit tripletu koduje 3 bity w swoim początkowym, względnym odstępie czasu $u_1 = 1$, jego gęstość informacji wynosi $N_d^1 = 3$ .Następujący triplet koduje również 3 bity w odstępie czasu, $u_2 = 1/3$ ale 3 bity są już zakodowane z poprzednich bitów tripletu. Tak więc gęstość informacji w takich dwóch trypletach jest równa $N_d^2 = 3^2$ i tak dalej. Zatem dla m -tego trypletu gęstość informacji jest równa $N_d^{mm} = 3^m$.

Gęstość wymiarów procesu z . n trojaczkami wynosi $m = n/2$ $N_d^{m=n/2} = 3^{n/2}$.

Tak więc, każda geometria przestrzeni czasowej impulsu prądowego zawiera informacje, ich gęstość i częstotliwość, koncentrując logikę informacyjną oraz informacje o wszystkich poprzednich impulsach na zintegrowanej ścieżce informacyjnej (IPF).

Skrajne trajektorie EF, począwszy od wielowymiarowego procesu obserwacji, transformacja EF-IPF przekształca się w wielowymiarowe procesy ortogonalne (Sekcje 1-2), których zakrzywione impulsy utrzymują powyższe miary informacyjne.

Skrajne trajektorie czasoprzestrzenne EF-IPF obracają spirale formujące znajdujące się na powierzchniach stożkowych (Rys. 3), które rozpoczynają się od procesu wirtualnego (entropii) i są kontynuowane jako proces informacyjny.

Ponieważ entropia cięcia w obserwacji impulsowej przekształca się na Bit na tej trajektorii, trajektoria ta składa się z segmentów dynamiki procesu informacyjnego oraz odstępów czasowych pomiędzy segmentami dostarczającymi każdy bit do następnego segmentu. Na Rys. 3 każdy odcinek rozpoczyna się na wierzchołku stożka D, a kończy na punkcie D4, który łączy się z wierzchołkiem następnego stożka. Bit obserwacyjny dostarczany jest na każdym wierzchołku stożka. Odcinek zawiera impuls obserwacyjny z jego Bitem logicznym, interwałami swobodnej logiki oraz korelację łączącą najbliższy odcinek, zapamiętując tymczasowo logikę odcinka.

Dynamika logiczna i informacyjna opisuje proces sekwencyjnych oddziaływań logicznych wielu impulsów, obracających się z prędkością informacyjną określoną przez gęstość impulsów D_i^I.

Dynamika na trajektorii pomiędzy punktami stożka D i D4 jest odwracalna i symetryczna, opisana równaniami hamiltonowskimi (rozdział 4.3). Antysymetria logiczna przynosi antysymetryczny bit logiczny przed oddziaływaniem z zewnętrznym impulsem, który zaczyna dostarczać energię zewnętrzną.

Ten bit jest dostarczany na każdym wierzchołku stożka, jak również interaktywne impulsy, z interwałami currying the Bit, interwałami zapamiętywania i kodowania Bit.

Po wygenerowaniu przez energię zewnętrzną fizycznych wielu bitów, rozpoczyna się fizyczny proces informacyjny.

Zgodnie z pkt. 2.2.6, momentem pojawienia się interaktywnego bitu logicznego od początku impulsu jest $t_{11} = 0.2452$, który określa odstęp w $\Delta t_1 = 0.2452 / 1.44 \cong 0.17$ stosunku do niezmiennej miary informacyjnej każdego impulsu. Przedział $1.44 Bit = 1 Nat$ czasu na zapamiętanie bitu Δt_B określa miarę informacyjną bitu, $\ln 2$ która jest odpowiednikiem względnej części czasu niezmiennego impulsu $\Delta t_B = \ln 2 / 1.44 = 0.481352$. Dla miary względnej impulsu $\|1\|_M$, względna różnica $1-(0.17+0.481352) = 0.348648$ obejmuje odstępy pomiędzy dostarczaniem energii zewnętrznej, kasowaniem asymetrycznego bitu logicznego, zapamiętywaniem tego bitu, odstępem kodowania bitu i odstępem logicznym wolnej informacji $\Delta t_{fo} = 0.23/1.44 \cong 0.1597$. Odejmowanie przynosi interwał 0.188948, który obejmuje interwał następujący po przeciwnej interakcji asymetrycznej (0.01847 rozdział 2.2.6). Interwał interakcji 0.01847 zanika pod koniec interwału kodowania $\Delta t_{eno} = 0.188948$. Dlatego też, interwał kodowania jest taki, $\Delta t_{en} = 0.188948 - 0.01847 = 0.17039$ który jest zbliżony do interwału czasowego pojawienia się asymetrycznego bitu logicznego t_1. Bit kodujący uwalnia wolny przedział informacyjny, który pojawia 0.01847 się po zakodowaniu innego impulsu. Impuls zewnętrzny, kasujący asymetryczny bit logiczny, spędza odstęp czasu Δt_B i kończy się odstępem czasu kodowania Δt_{en} dla każdego niezmiennego impulsu.

Wzdłuż trajektorii IPF moment ten podąża za przedziałem Δt_B tworzenia bitu logicznego, który kończy się utworzeniem potrójnej logiki wiążącej wolny węzeł logiczny. Interwał zapamiętywania bitu fizycznego wymaga tego samego interwału Δt_B, w którym następuje entropia kasowania bitu logicznego.

Energia zewnętrzna, dostarczana w odstępie czasu $t_{\Sigma b} = 0.481352 + 0.18948 = 0.67083$, obejmuje zarówno usunięcie bitu logicznego, jak i jego kodowanie. Ponieważ zewnętrzna interaktywna część impulsowa mierzy $0.025 Nat$, przynosi całkowity pomiar interwału $t_{\Sigma bo} = 0.67083 + 0.025 = 0.69583 \cong \ln 2$ zasilania zewnętrznego Bitu. (Potwierdza również liczbowo bezpośrednie połączenie Informacji i jej pomiarów czasowych w sekcjach 1-2).

Ponieważ każda miara krzywej impulsu π wraz z jego przedziałem czasowym Δt_1 pojawia się w procesie informacyjnym z częstotliwością $f_{10} = \pi$, częstotliwością względną jest $f_1 = (0.17/\pi) \times \pi = 0.17$.

Częstotliwość widma $\omega_1 = 2\pi f_1 = 1.068$ określa czas otwarcia dopływu energii zewnętrznej, zapamiętując Bit. Interwał czasowy zapamiętywania bitu określa Δt_B częstotliwość pojawienia f_B się tego interwału w impulsie z częstotliwością widma $\omega_2 = 2\pi f_B = 2\pi \ln 2/1.44 = 3.02 < \pi$. Odstęp czasowy kodowania impulsu Δt_{en} określa częstotliwość widma $\omega_3 = \omega_1$, szacując również częstotliwość procesu f_1.

Dlatego spektrum częstotliwości $\{\omega_1\omega_2\omega_1\}$ inicjuje częstotliwość pojawienia się Bitu logicznego, podążając za częstotliwością zapamiętanego Bitu i częstotliwością kodowania, która równa się ω_1.

Widmo $\{\omega_1, \omega_2, \omega_1\} = \omega_o, \omega_o = (1.068, 3.0.2, 1.068)$ dostarcza Bit logiczny, zapamiętujący energię, kodujący Bit, który zawiera Wolną Informację przyciągającą Bit wzdłuż trajektorii.

Albo te częstotliwości są przybliżone do widma $\omega_o = \{1, 28277, 1\} \times 1.068 \approx \{1, 28277, 1\}$.

Po dostarczeniu energii zewnętrznej podczas sumy stałych odstępów czasowych impulsu, impuls staje się segmentem fizycznego procesu informacyjnego.

Dlatego też dynamika fizyczna opisuje skrajną trajektorię IPF obracającą się na kolejnych stożkach (Rys. 3). Każdy wierzchołek stożka koduje Bit zapamiętany z częstotliwością ω_2 dostarczoną z poprzedniego impulsu-segmentu z częstotliwością logicznego Bitu ω_1.

Tak więc każdy fizyczny impuls informacyjny niesie widmo, podczas $\{\omega_1\omega_2\omega_1\} = \omega_o$ gdy ich para sekwencyjna na trajektorii niesie widmo impulsów $\{\omega_1, \omega_2, [\omega_1 = \omega_1], \omega_2, [\omega_1 = ...]\} = \omega_\Sigma$, gdzie $[\omega_1 = \omega_1]$ jest częstotliwość rezonansowa dla dwóch impulsów, których odległość skraca się o 1/3. Pozwala to na ścisłe powiązanie impulsów w rezonansie.

Wzdłuż trajektorii, każda z tych par pojawia się z rosnącą częstotliwością $f_{io} = 1/k_i, k_i = 3, 5, 7, ...$

Ponieważ ustalone przedziały czasowe Δt_1, Δt_B Δt_{en} są względne w stosunku do miary impulsu niezmiennego, powtarzają się one dla każdego impulsu niezmiennego z rosnącą gęstością informacji i rosnącą częstotliwością.

W ten sposób, wzdłuż skrajnej trajektorii, każdy trzeci impuls dostarczy potrójną częstotliwość widma $\{\omega_1, \omega_2, [\omega_1 = \omega_1]_{\Delta t_{10}}, \omega_2, [\omega_1 = \omega_1]_{\Delta t_{20}}, \omega_2, [\omega_1 = \omega_1]_{\Delta t_{30}}, \} = \omega_{\Sigma 10}$ z odpowiednimi odstępami czasowymi $|\Delta t_{10}, \Delta t_{20}, \Delta t_{30}|$..

Te przedziały czasowe są sekwencyjnie proporcjonalne do odległości pomiędzy poszczególnymi bitami w stosunku $1/k_i$, lub niezmienne miary czasowe tych impulsów $\tau_i = \pi / \sqrt{2}$ skracają się w tej kolejności $\Delta t_{10} = \pi / 3\sqrt{2}, \Delta t_{20} = \pi / 5\sqrt{2}, \Delta t_{30} = \pi / 7\sqrt{2}$.

W sekwencyjnie skracanych odległościach pomiędzy impulsami na skrajnej trajektorii, każdy z tych trzech impulsów (z ich Wolną Informacją) składa się w potrójną część częstotliwości rezonansowych.

Potrójne częstotliwości rezonansowe, w rezonansie zbiorczym, przypominają trajektorię odcinków potrójnych. Suma tych interwałów składających się na triplet równa się $\sum_{ko=1,2,3} \Delta t_{ko} = \pi / 2.09 \cong 0.478\pi$.

Dodając odstęp czasu wiązania węzła $\Delta t_{kn} = 0.025\pi$ otrzymujemy $\sum_{ko=1,2,3} \Delta t_{ko} + \Delta t_{kn} = 0.503\pi \cong \pi / 2$.

Trajektoria trzech nie skracających się odcinków czasowych włącza się $3\tau_{io} = 2.12\pi$ lub włącza na okręgu łączącym każdy z trzech odcinków w pętli potrójnej.

5.2.3 Samoformujące się trójkątne struktury logiczne i ich współdziałanie w logice hierarchicznej IN

W wielowymiarowym procesie obserwacji mogą pojawić się minimum trzy Bity logiczne z wolną logiką, które, przyciągając się nawzajem, współpracowałyby w trójkę logiczną.

Wielokrotne prawdopodobieństwo oddziaływania impulsów (w tym wielowymiarowym procesie) powoduje powstanie wielu częstotliwości. Niektóre z nich, minimum trzy, mogą generować atrakcyjny rezonans, współpracując w trójkę. Ta potrójna logika zaczyna tymczasowo zapamiętywać dwie pary sekwencyjne korelacji krzyżowych w czasie ich korelacji. Lokalnie asymetryczna korelacja krzyżowa zapamiętuje asymetryczną logikę podczas tego procesu korelacji.

Uwagi 5.1

Jak ostatnio informowano [69], zaobserwowano takie antysymetryczne zależności krzyżowe.•

Kiedy ten współpracujący proces się kończy, potrójne korelacje zapamiętują tymczasowo potrójne bity logiczne. Zgodnie z rozdziałem 2.6, minimalna entropia korelacji krzyżowej $\ln 2$ może być zapamiętana kosztem równoważnej, minimalnej energii Bitu logicznego.

Jest to informacyjny koszt zapamiętania potrójnego bitu logicznego, który zawiera w sobie wolną logikę.

Przyciągająca swobodna logika wyłaniających się trzech bitów logicznych rozpoczyna ich samoczynną współpracę w następującej kolejności. Swobodna logika wyłaniającego się bitu logicznego trzymającego częstotliwość przyciąga ω_2 kolejne bity logiczne w kierunku rezonansu z równą częstotliwością logiki kolejnego bitu, łącząc je w rezonansie wspólnym. Ten proces rezonansu łączy te bity w dupleksie.

Wolna logika z jednego bitu pary wydaje się na związanie dupletu.

Wolna logika z dupletu Bit przyciąga trzeci Bit i wiąże wszystkie trzy w węzeł Bit, tworząc potrójną strukturę logiczną. Bit węzła nadal posiada Wolną informację i jest używany do przyciągnięcia innej pary powiązanych ze sobą bitów, tworząc dwie powiązane trójki. Proces ten kontynuuje tworzenie zagnieżdżonych warstw wiązanych trojek, trzech trojek i więcej (rysunki 4-6).

Stąd potrójna struktura logiczna tworzy częstotliwości rezonansowe logiki przyciągającej, łącząc potrójne Bity. Swobodne przyciąganie logiczne w kierunku potrójnego rezonansu ich równych częstotliwości jest *podstawowym mechanizmem informacyjnym* strukturyzującym elementarny triplet.

Trajektoria trójkąta formującego opisuje obracające się segmenty ich stożków (rys. 5), których wierzchołki łączą się z węzłem trójkąta i rozpoczynają podstawę kolejnego stożka. Gdy zaczyna się kolejny segment obrotowy, częstotliwość węzła łączy się rezonansowo z wierzchołkami stożka wzdłuż podstawy stożka. Łączy ona kolejny trójkąt w rezonansie, i tak dalej, tworząc zagnieżdżone warstwy sieci informacji logicznej czasoprzestrzeni (IN), gdzie hierarchia węzłów identyfikuje zagnieżdżone węzły hierarchii IN.

Każda jednostka tripletowa generuje trzy symbole z trzech segmentów dynamiki informacji, a jeden, gdy segment przyciągający potrójną logikę wiąże je w logiczny węzeł tripletowy.

Symbole te mogą tworzyć kod potrójny, podczas gdy symbol logiki węzłowej wiąże kod potrójny, potencjalnie kodując wszystkie potrójne. Zakodowanie węzła zwolni jego logikę Wolnych Informacji, która przenosi ten potrójny kod do następnego węzła potrójnego. Dzięki temu węzły logicznie organizują się w kod IN.

Zewnętrzna energia, kodująca kod potrójny IN, podtrzymuje wyżej wymienione spektrum częstotliwości.

Powstająca struktura logiczna IN przenosi potrójny kod na hierarchię czasoprzestrzenną każdego węzła, a ostatni potrójny w sieci zbiera i zamyka cały kod informacyjny sieci.

Sieć, zbudowana poprzez rezonans, ma ograniczoną stabilność.

Dlatego też każde IN zawiera skończoną strukturę. Dlatego proces obserwacyjny sam buduje wiele ograniczonych IN poprzez Wolną Informację w swoich węzłach końcowych.

Końcowy trójkąt w każdej sieci zawiera maksymalną ilość załączonej bezpłatnej informacji.

Ograniczone sieci rozwijają samo-połączenia poprzez przyciąganie swoich *trojaczków końcowych.*

Nawet po tym, jak każdy IN potencjalnie traci stabilność, ewoluując w chaosie, posiada on zdolność do samoodnowy [41].

Wielokrotne IN rozwijają samo-współpracę w domenie hierarchicznej, zaczynając od każdego z trzech zakończonych trójkątów Wolna Informacja współpracuje w węźle, który łączy się z trójkątami IN w rezonansie. Ta IN kończąca węzeł Wolna Informacja rezonuje z pozostałymi trzema IN kończącymi Wolną Informację, tworząc strukturę trypletu analogiczną do trypletu elementarnego. Ten triplet wysokiego poziomu łączy te trzy IN, tworząc kolejne IN w hierarchii domen. Hierarchiczna trajektoria logiczna opisuje strukturę czasoprzestrzennej spirali (rys. 7, 9), ewoluującą w obserwacji. Hierarchia ta umożliwia generowanie kolejnych potrójnych kodów umieszczonych na rotacyjnej trajektorii wierzchołków stożka, które są rozmieszczone przestrzennie na różnych poziomach hierarchii wielu IN i hierarchii domen.

Taki dyskretny kod czasoprzestrzenny (DSS) integruje proces obserwacji w geometrii informacji czasoprzestrzennej, samoorganizując Obserwatora.

Pozostaje jednak pytanie: *Jaka jest samoorganizacja struktury jednostek informacyjnych w geometrycznym kształcie czasoprzestrzeni Obserwatora podczas ich ruchu po trajektorii obserwacyjnej?*

5.2.4 Funkcja Fala Obserwacyjna samoformująca się, hierarchicznie rozłożona struktura logiczna poznania

Samotworzące się jednostki hierarchii generują częstotliwości dostarczające widmo $\{\omega_1, \omega_2, [\omega_1 = \omega_1]_{\Delta t_{10}}, \omega_2, [\omega_1 = \omega_1]_{\Delta t_{20}}, \omega_2, [\omega_1 = \omega_1]_{\Delta t_{30}}, \} = \omega_{\Sigma 10}$, które rośnie w potrójnych, sekwencyjnie skracających się odstępach $|\Delta t_{10}, \Delta t_{20}, \Delta t_{30}|$ dla każdej z trajektorii segmentu. i

Odpowiedź na poprzednie pytanie jest określona w poniższych propozycjach ze wspólnymi warunkami początkowymi.

Przestrzeniowo-czasowa trajektoria spirali EF skrajnej (rys. 3) opisuje sekwencję wielowymiarowych, zakrzywionych, obracających się segmentów, reprezentujących wzajemnie oddziałujące impulsy procesu obserwacyjnego, który integruje logikę procesu obserwacyjnego. Impuls każdego odcinka z niezmienną miarą entropii $1Nat$ porusza się po trajektorii, obracając impuls z niezmienną miarą geometryczną π.

Ta trójwymiarowa miara impulsu krzywoliniowego obejmuje pomiar współrzędnych czasowych $\tau_i = \pi / \sqrt{2}$, współrzędnych przestrzennych powierzchni płaskiej $l_i = \sqrt{2}$ oraz współrzędnych przestrzennych $h_i = \pi$ prostopadłych do nich obu. Miara informacyjna zawiera $1Nat$ Bit logiczny impulsu $\ln 2$ oraz wolną, asymetryczną miarę logiczną $f_{li} = 1 - \ln 2 \cong 0.3Nat$ na każdym odcinku trajektorii. Gęstość logiczna na każdy trzeci odcinek zwiększa się zgodnie z $v_i^S = \tau_i \times l_i \times h_i = \pi^2 \; D_i^l = k_i Nat / v_i^s$, $k_i = 3,5,7,...$

Logika asymetryczna dzieli segmenty sekwencyjne według barier: logicznych, informacyjnych i fizycznych. Pomiędzy segmentami bariery przenoszą antysymetryczny przedział logiki Δt_1 interaktywnej, podążając za przedziałem Δt_B zapamiętywania Bitu oraz przedziałem Δt_{en} kodowania i uwalniania Wolnej Informacji. Te trzy interwały identyfikują mosty wzdłuż trajektorii czasoprzestrzeni. Każdy kolejny most na trajektorii powtarza ten potrójny z niezmiennym widmem częstotliwości $\{\omega_1, \omega_2, \omega_1\} = \omega_o, \omega_o \cong (1.068, 3.0.2, 1.068)$. Stosunek sąsiednich części widma do jego części środkowej powtarza się z częstotliwością $f_{io} = 1 / k_i$, gdzie k_i wskazuje każdą trzecią logikę gęstości na odcinku.

Tak więc, wzdłuż trajektorii, niezmienne potrójne częstotliwości widma zmieniają się na przemian na sekwencjach mostów. Albo każdy most na trajektorii identyfikuje powtarzającą się częstotliwość tego widma.

Propozycje 5.1.

Wzdłuż każdego z trójwymiarowych i segmentów czasoprzestrzennych obraca się *trójwymiarowa funkcja fali przestrzennej* na zewnętrznym kształcie stożka, Rys. 3 z następującymi prędkościami obrotowymi:

a) wokół każdego przekroju poprzecznego spirali $\alpha_i^s = 1[square / radian]$, lub $\alpha_i^{s_o} = \pi / radian$, oraz

b) prostopadłej do tej prędkości przestrzeni obrotu $\alpha_i^h = 1[volume / radian]$, lub $\alpha_i^{h_o} = \pi / radian$.

Odpowiednio, powiązane częstotliwości każdego obrotu ortogonalnego są i $\omega_i^s = \alpha_i^s / 2\pi, \omega_i^{so} = 1/2$ $\omega_i^h = \alpha_i^h / 2\pi, \omega_i^{ho} = 1/2$.
Przekrojowy obrót $i$każdego z segmentów wymiarowych obraca się w przedziale przestrzennym πmiary niezmiennej segmentów. Funkcja fali trójwymiarowej rozkłada rotację w przestrzeni wzdłuż odcinków trajektorii z powyższymi prędkościami niezmiennymi, dostarczając widmo niezmienne $\{\omega_1, \omega_2, \omega_1\} = \omega_o, \omega_o \cong (1.068, 3.0.2, 1.068)$.

Dowód. Stosujemy równanie fali w $u = F(vt - x)$zależności od prędkości ruchu vi odległości ruchu po trajektorii. Równanie to stosujemy do funkcji fali$u(u_s, u_h)$, której składowa $u_s$opisuje rotację fali biegnącej wzdłuż tworzącego ją kwadratu przekroju poprzecznego$s_i^w = \tau_i \times l_i = \pi$, oraz składowej biegnącej $u_h$wzdłuż obracającej się przestrzeni ortogonalnej$h_i = \pi$. $u_s = F(f_{ws})$ Argument $f_{iws} = \alpha_i^s \rho_i^s - s_i^w$funkcji fali opisuje dwuwymiarowy obrót obracającego się po trajektorii i ρ_i^sstożka rotującego z prędkością, α_i^sgdzie ρ_i^sjest analogiem zakrzywionej odległości poruszającej się do kwadratu przekroju poprzecznego$s_i^w = \pi$.

Z geometrii ruchu obrotowego wynika, że każdy i-odcinek obraca się po trajektorii na stożkowej podstawie kwadratowej osiągającej kąt $\varphi_i^s = k_{io}\pi_{io}$, gdzie $k_{io} = 1,2,3,..$jest ciągiem podstawy stożka dla odcinka (rys. $1,2,3,..,i,...3$, 8). Obrót ten osiąga odległość$s_i^w = \pi$ $f_{iws} = \alpha_i^s \rho_i^s - s_i^w = 0$, gdy promień ρ_i^sobracającego się przekroju fali z prędkością α_i^sosiąga miarę geometryczną odcinka π. Ponieważ argument funkcji fali osiąga f_{iws}na $s_i^w = \pi$ $f_{iws} = 0$końcu każdego z $i$segmentów okres równy pomiarowi impulsowemuπ, funkcja fali $u_s$jest okresowa z okresem$\alpha_i^s = 1\ \pi$.

Funkcja faliu_s, poruszającej się po przekroju poprzecznym z prędkością $\alpha_i^s = 1[square / radian]$, lub $\alpha_i^{s_o} = \pi / radian$, posiadającą odpowiednią częstotliwość $\omega_i^s = \alpha_i^s / 2\pi$.

Argument $u_h = F(f_{wh})$funkcji fali f_{iwh}przesuwa się po długości odcinka h_i^w z przestrzenną prędkością obrotową, α_i^haby osiągnąć objętość impulsu zgodnie z Eq. v_{ih}^t $f_{iwh} = \alpha_i^h h_i^w - v_i^w$. Ruch osiąga objętość $v_i^w = \pi^2$ $f_{iwh} = \alpha_i^h h_i^w - v_i^w = 0$ $h_i^w = h_i = \pi$ z prędkością $\alpha_i^h = \pi^2 / \pi = 1[volume / radian]$i związaną z tym częstotliwością $\omega_i^{ho} = 1/2$. W ten sposób fala przenosi częstotliwość po $\omega_i^{ho}=1/2$trajektorii spiralnej i równą częstotliwość $\omega_i^{so}=1/2$po jej przekroju poprzecznym. Albo każdy i-obrót z częstotliwością równąω_i^s częstotliwości ω_i^hpowoduje obrót przestrzenny podczas obrotu w przekroju poprzecznym, lub odwrotnie.

Ponieważ argument funkcji falif_{iwh}, malejący wzdłuż trajektorii spiralnej, osiąga na $f_{iwh}=0$końcu każdego z $i$segmentów, z kropką równą miarze impulsuπ, funkcja fali $u_h$jest również cykliczna, z kropką π. Argumenty tych ortogonalnych składowych funkcji falowej łączą zależność $\arg(F)=f, f=f_{ws}\times f_{wh}$. •

Dlatego też trajektoria czasoprzestrzenna, zaczynając od podstawy kształtu stożka i poruszając się po jego zewnętrznym kształcie, osiąga wierzchołek stożka, gdy rzut tej trajektorii dotrze do środka kształtu podstawy (Rys. 3, 8).

Gdy każdy i-obracający się segment dotrze do wierzchołka stożka, tworzy logiczny mostek pomiędzy $i$następnym $i+1$segmentem na ruchomej trajektorii czasoprzestrzeni. Mostek ten utrzymuje względny odstęp czasu 0.00653tej logiki (2.6.3.55 w rozdziale 2.2.6). W zależności od przebiegu czasu na ruchomej trajektorii, mostek logiczny przesuwa się do mostka pamięci po mostku kodującym. Podczas ruchu po trajektorii, odcinki stożkowe$i, i+1$ $i+2$łączą się z trójkątem, którego mostki rozwijają sekwencję węzłów: dla tripletu logicznego, zapamiętanego tripletu, po triplecie kodującym.

Ponadto, ponieważ te jednostki tripletowe łączą się sekwencyjnie w węzeł IN, tworząc zgodnie z przebiegiem czasu, logiczne, zapamiętane i struktury kodowania, węzły te stają się węzłami powiązanych IN.

Jeden ze scenariuszy ilustrujących trajektorie montażowe trójkąta czasoprzestrzennego pokazano na rys. 6,

Węzły trojaczków, współpracujących w IN, pokazano na rys. 7. Mostki w chwili obecnej (t_1,t_2Rys. 4) tworzą się w miarę łączenia się segmentów podwójnych. W chwili obecnej t_3łączą się w węźle trojaczki. •

Propozycja 5.2

Rozważmy $i, i+1, i+2$ trójwymiarowe segmenty wzdłuż wielowymiarowych segmentów wirujących na skrajnej trajektorii znajdującej się na powiązanych wymiarach wielowymiarowej trajektorii z ich umiejscowieniem specyficzną zamkniętą logiką. Wzdłuż trajektorii krańcowej, każdy odcinek o równej wielkości π zwiększa gęstość, która jest proporcjonalna do skracania przez odcinek odstępów niezmiennych $|\Delta t_{10}, \Delta t_{20}, \Delta t_{30}|$ na ich położeniach wzdłuż trajektorii. Z tych lokalizacji segmenty te dostarczają odpowiednie widmo niezmienne $\{\omega_1, \omega_2, \omega_1\} = \omega_o, \omega_o \cong (1.068, 3.0.2, 1.068)$ poprzez rotację przekroju poprzecznego, która przyspiesza rotację przestrzeni, która rozdziela widmo wzdłuż tych trójwymiarowych segmentów przestrzeni.

Następnie, częstotliwości funkcji fali synchronizują logikę potrójnego segmentu w rezonansie zbiorczym. Sekwencyjnie tworzące się potrójne węzły zaporowe ściskają początkowe obserwujące wielowymiarowe segmenty procesu, najpierw do trójwymiarowego obrotu, a w końcu do jednowymiarowego procesu informacyjnego kodującego Bity wszystkich wielu węzłów.

Dowód. Fala kolejnych trójwymiarowych ruchów przestrzennych wybiera segmenty i, $i+1$ $i+2$ kolejno z poszczególnych miejsc trajektorii każdego z tych segmentów w tych wymiarach, a jednocześnie zaczyna obracać każdy z nich w odstępie czasu $|\Delta t_{10}, \Delta t_{20}, \Delta t_{30}|$, umieszczając te skracające się odstępy pomiędzy segmentami i, $i+1$ $i+2$ odpowiednio. Gęstości rosną proporcjonalnie do skracania się-zmniejszania odstępów czasowych mierzy się wzdłuż każdego z tych wymiarów trajektorii.

Pierwszy z fal trójwymiarowego obrotu porusza i segment obracający się w odstępie czasu ($\Delta t_{10} = 1$ równoważny odstępowi czasu z proporcjonalną gęstością π $k_i = 1$). Drugi z falowej trójwymiarowej rotacji porusza $i+1$ segmentem obracającym się w odstępie czasu (równoważnym odstępowi $\Delta t_{20} = 1/2 \Delta t_{10}$ π czasu z gęstością proporcjonalną do $k_i = 2$). Trzecia fala trójwymiarowej rotacji porusza segmentem w przedziale $i+2$ $\Delta t_{30} = 1/3$ czasowym (równoważnym z π przedziałem przestrzennym o gęstości proporcjonalnej do) $k_i = 3$.

Wraz ze wzrostem gęstości informacji wzdłuż trajektorii, te trójwymiarowe ruchy powtarzają skracanie tych przedziałów dla każdego potrójnego segmentu z rosnącą częstotliwością $f_i = k_i, k_i = 3,5,7,...$

Ponieważ każdy z segmentów dostarcza równoważne widma, równe częstotliwości widma segmentów sekwencyjnych $\{\omega_1, \omega_2, [\omega_1 = \omega_1]_{\Delta t_{10}}, \omega_2, [\omega_1 = \omega_1]_{\Delta t_{20}}, \omega_2, [\omega_1 = \omega_1]_{\Delta t_{30}}, \} = \omega_{\Sigma 10}$ są synchronizowane w ciągu tych przedziałów czasowych.

Zgodnie z warunkiem wstępnym Propozycji 5.1, częstotliwość widma niezmiennego ω_1 powtarza przedział czasowy logicznego antysymetrycznego oddziaływania na most oddzielający i $i-1\, i$ segmenty na trajektorii. Koniec tego interwału wskazuje początek interwału czasowego na $\Delta t_B\, i$ odcinku powtarzającym się z częstotliwością ω_2. W czasie trwania Δt_B segmentu Bit jest zapamiętywany. Koniec tego interwału wskazuje początek przedziału $\Delta t_B\ \Delta t_{en}$ czasowego logiki wolnej informacji, która identyfikuje początek mostu separacyjnego i $i\, i+1$ odcinków na trajektorii. Wolna Informacja przyciąga oddzielone segmenty.

Odstępy czasowe kolejno ściskających się segmentów utrzymują, po pierwsze, podwójną synchronizację w odstępie czasu $\Delta t_{20} = 1/2 \Delta t_{10}$, a po drugie, podwójną synchronizację w odstępie czasu $\Delta t_{30} = 1/3 \Delta t_{23} = \Delta t_{20} - \Delta t_{30} = 1/2 - 1/3 = 1/6$.

Suma ta $\Delta t_{33} = \Delta t_{20} + \Delta t_{23} + \Delta t_{30} = 1/2 + 1/6 + 1/3 = 1$ jest równa pierwszemu przedziałowi, Δt_{10} w którym tworzą się wszystkie dublety. Trzy segmenty ostatecznie dostarczają trzy zapamiętane Bity z ich trzema wolnymi przedziałami informacyjnymi, które sekwencyjnie przyciągają synchronizujące dublety podczas ruchu obrotowego.

Przyciąganie informacji w tych przedziałach czasowych przylega do zsynchronizowanego przedziału informacyjnego w potrójnym odstępie wymiarowym $i\ \Delta t_{10} = 1$. Formowanie trójkąta uzupełnia Wolną Informację, która dostarcza każdy $i+2$ segment z potrójną częstotliwością przy zachowaniu niezmiennego widma.

Częstotliwości funkcji falowej synchronizują logikę tripletu w rezonansie zbiorczym.

Wolna Informacja trójkąta łączy trzy zapamiętane Bity w trójkątnym mostku, gdzie podczas dodatkowego odstępu Wolnej Informacji 0.01847 Bity są zakodowane w węźle trójkąta.

Częstotliwości skracających się przedziałów czasowych rozkładają ortogonalne rotacje przestrzeni wzdłuż odcinków wielowymiarowej trajektorii obserwacyjnej, która porusza się w *trójwymiarowej funkcji fali przestrzennej* dla każdego z wielowymiarowych wymiarów tej trajektorii. Każdy z trzech wymiarów" skracający się przedział czasowy, w którym porusza się trójwymiarowy obrót, powoduje powstanie trójwymiarowego węzła łączącego te trzy wymiary w jeden.

Zastosowanie sumy interwału skracającego składanie trójkąta w węźle $\cong \pi / 2$do segmentów położonych na trzech niezależnych ortogonalnych wymiarach$3\pi / 2$, prowadzi do ściśnięcia tych wymiarów do jednego na węźle trójkątnym. Natomiast przy formowaniu trójkąta segmentów podczas rezonansu trajektoria składa każdy z trzech segmentów w pętli cyklicznej.

Sekwencyjnie tworzące się potrójne węzły ściskają początkowy obserwujący wielowymiarowy proces najpierw do trójwymiarowego obrotu, a następnie do jednowymiarowego procesu informacyjnego kodującego Bity wszystkich wielokrotnych węzłów. Ściskanie wymiarów towarzyszy sekwencyjnemu zapamiętywaniu i kodowaniu węzła poziomów hierarchicznych IN. Skraca to liczbę poziomów kognitywnych IN, uwalniając kognitywne pętle logiczne zapamiętane w węźle kodującym.

Wreszcie, funkcja fali okresowej obejmuje sekwencję powtarzających się argumentów wzdłuż obu obrotów ortogonalnych:

$u_{sh} = u_s \times u_h, f_{ws} = \{f_{iws}\}, f_{wh}\{f_{iws}\}$który wykonuje wielokrotny ruch trójwymiarowy z *trójwymiarowymi funkcjami fal kosmicznych.*

Ruch rozkłada skrajne segmenty trajektorii na struktury przestrzenne zlokalizowanych sieci informacyjnych, które łączą trójkąty synchronizujące w składaniu węzłów i tworzą wielokrotną strukturę Obserwatora Informacji.

Kształt funkcji wielu fal opisuje skrajną wielowymiarową trajektorię, formalizując proces obserwacji minimax, który modeluje obracające się segmenty na stożkach (rys. 3), a następnie kontynuuje na spiralnej strukturze stożka DSS analogicznie do rys. 9, 9a. •

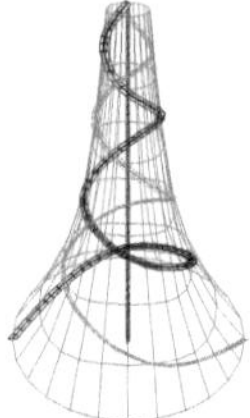

Rys.9a. Symulacja trójwymiarowej konstrukcji stożka o podwójnej spirali skracającej wymiary

Wirująca trajektoria niezmiennych impulsów przestrzeni czasowej buduje geometrię informacji Obserwator.

Uwagi 5.2

Warunki łączenia sekwencyjnego skrajnych n wymiarów we wspólnych jednowymiarowych skrajnych wymiarach determinują wyniki [94].
To dowodzi, że takie ekstrema powinny mieć ograniczenie J Jacobean przez warunek

$a \leq J < b$ (5.1.2)

gdzie warunek $J < a$ określa k-typ skrajności.

Te skrajne wartości będą połączone w kolejności $N_o, N_1, N_2, \ldots N_k$ N_k, w której jest liczba skrajnych wartości typu $k > 1$ z dwoma sąsiadującymi typami, N_1 jest to liczba wartości skrajnych $N_1 + 1$ typu 1 z dwoma sąsiadującymi typami (tj. jedna wartość skrajna z $J < a$) oraz N_o jest to typ wartości skrajnych z zerowym punktem sąsiadującym (tj. jest to jedna wartość skrajna już łącząca te punkty lub zamykająca lukę między tymi punktami).

Z tego wynika, że te skrajności mogą się połączyć, redukując swoją liczbę kolejno z n do 1.

Jednakże w przypadku, gdy sekwencyjnie łączące się grupy skrajne gromadzą więcej obserwowanych informacji, informacje te mogłyby ograniczyć skrajną grupę IPF o warunek (5.1.2), który charakteryzuje się maksymalnym $J \geq a$ zaspokojeniem minimalnym $J < b$. Tak więc, Jacobean-Hamiltonian ($H = V + P$ w sekcji 3.3.3) powinien spełniać warunek max min, który ogranicza jego potencjalną funkcję P i liczbę całkowitą V.

Ponieważ zarówno entropia funkcjonalna jak i integralna ścieżka spełniają warunki minimalne, każdy z ich Jacobeans dla skrajnych, które łączą się sekwencyjnie, jest stały i ograniczony przez stały warunek minimalny a,b powyżej. Kolejność sekwencji, łączącej uporządkowaną sekwencję łączących się punktów skrajnych, jest odrębna. Co więcej, każdy łączący się punkt krańcowy reprezentuje granicę łączącą krańcowe punkty, których informacja rośnie sekwencyjnie.

Wreszcie, wielowymiarowe skrajności *będą łączyć się w powyższej sekwencji w jednowymiarowe skrajności, podczas* gdy sekwencyjnie *zbierane informacje automatycznie ograniczają zasadę minimax*. To potwierdza Propozycję.5.2.•

Częstotliwości i właściwości funkcji falowych

1. 1. Funkcja fali o powyższych prędkościach i częstotliwościach pojawia się w procesie obserwacyjnym, gdy w mikroprocesorze impulsowym w odwracalnym przedziale czasowym impulsowej $\varepsilon_{ok} = 0.015625$ miary niezmiennej pojawi się odstęp kosmiczny równoważny π 1Nat. Wcześniej trajektoria obserwacyjna opisała funkcję czasu probabilistycznego, której prawdopodobieństwo $P_{\Delta}^{*} \cong 0.821214$ wskazuje na pojawienie się fali probabilistycznej czasoprzestrzeni. Podczas obserwacji czasu probabilistycznego entropia prawdopodobieństw Bayesa *a priori-a posteriori* mierzy symetryczną logikę probabilistyczną ciągu tych prawdopodobieństw.

Tak więc, funkcja fali zaczyna pojawiać się w obserwacjach probabilistycznych jako fala prawdopodobieństwa w polu prawdopodobieństwa.

Na początku mikroprocesu fala probabilistyczna mierzy tylko czas jej rozprzestrzeniania się.

2. W obrębie mikroprocesora wyłania się asymetryczna logika z pojawieniem się wolnego przedziału logicznego $\Delta t_{fo} \cong 0.1597 \cong 1/2\pi$, który powtarzając się z równą częstotliwością fal ω_i^s, wskazuje początek interaktywnej rotującej asymetrii na głównym mostku i odcinku. Od

tego momentu, logika obserwacyjna na trajektorii staje się asymetryczną częścią całkowicie wolnej logiki $f_{li} = 1 - \ln 2 \cong 0.3 Nat$. Pojawia się asymetryczna fala *logiczna*. Zbliżając się $p_{\pm a} = \exp(-2h_{\alpha}^{o*1}) \cong 0.9866617771$, prawdopodobieństwo asymetrycznej logiki pojawia się z pewnością-rzeczywistością uprzednio ukrytego Bitu asymetrycznego. Taka logika chwilowo zapamiętuje korelację z prawdopodobieństwem, które niesie ze sobą Bit logiczny pewnej logiki.

Taki pewien logiczny bit może przenosić energię w prawdziwie interaktywnym procesie, opisał proces dyfuzji Markowa. Droga do utworzenia pewnego Bitu obejmuje wzrost prawdopodobieństwa $\Delta P_{ie} = 0.9855507502 - 0.981699525437 \cong 0.004$ rozpoczęcia wtrysku energii z interaktywnego impulsu procesu Markowa (rozdział 3.5). Tak więc, pewna logika swobodnego impulsu niesie ze sobą pewne logiczne przyciąganie.

Funkcja Fala w mikroprocesorze jest probabilistyczna do momentu pojawienia się pewnego logicznego bitu informacyjnego.

Pewien asymetryczny Bit logiczny staje się Bitem fizycznym poprzez wymazanie entropii tej logiki, co pozwala na zastąpienie logiki poprzez zapamiętanie jej Bitu.

3. Funkcja fali rozpoczyna się od procesu obserwacji, który jest prognozą trajektorii skrajnej EF, niosąc falę probabilistyczną, która przekształca proces obserwacji w pewność rzeczywistej obserwacji. Ruch wirowy trajektorii czasoprzestrzennej opisuje prędkość niezmienną otaczającą przekrój jej wirujących impulsów-segmentów, która rozprzestrzenia niezmienną prędkość przestrzeni wirowej wzdłuż trajektorii segmentów. Widmo niezmienne odcinka $\{\omega_1, \omega_2, [\omega_1 = \omega_1]_{\Delta t_{10}}, \omega_2, [\omega_1 = \omega_1]_{\Delta t_{20}}, \omega_2, [\omega_1 = \omega_1]_{\Delta t_{30}}, \} = \omega_{\Sigma 10}$ powtarza potrójne częstotliwości tych trzykrotnych odstępów czasu pomiędzy nimi. Skraca to odległość równych częstotliwości widma i przypomina je w rezonansie tworząc wspólne struktury logiczne-triplety aż do hierarchii i domen IN. Absolutne maksimum częstotliwości wskazuje na skończony koniec jej tworzenia. Minimalna energia rezonansu wspiera tworzącą się pętlę logiczną. •

Rozkład hierarchii czasu i przestrzeni

1. Hierarchia samowystarczalnych trójkątów rozkłada rotację przestrzeni pojawiającej się wzdłuż odcinków EF skrajnej trajektorii czasoprzestrzeni, gdzie każdy trzeci impuls stopniowo zwiększa miarę gęstości informacji swojego Bitu w trójkącie. Hierarchia czasowo-przestrzenna jednostek zaczyna wyłaniać się w obserwacji logiki symetrycznej przy pojawieniu się interwału kosmicznego w mikroprocesorze. Logika ta samoczynnie tworzy hierarchię struktur jednostek logicznych poprzez wzajemną logikę wolną od przyciągania impulsów, która, kolejno przyciągając prędkości jednostek ruchomych, wyrównuje ich częstotliwości w rezonansie, który przypomina logikę obserwatora wzdłuż hierarchii jednostek.

2. Hierarchia jednostek współpracujących logicznie staje się asymetryczna z pojawieniem się pewnego bitu logicznego na skrajnej trajektorii. Powtarzający się wolny przedział logiczny wskazuje na częstotliwość fali $\omega_1 = f_i^s = 1/2\pi$.

Obrotowa trajektoria EF trzech segmentów wyrównuje ich Prędkości informacyjne łączące się w częstotliwości rezonansowej podczas rotacji przestrzeni, która współpracuje z każdym trzecim segmentem Bitu logicznego na trajektorii i logicznie komponuje każdą strukturę tripletową w jednostkowej hierarchii przestrzeni.

3. Pojawienie się asymetrycznego bitu logicznego na skrajnej trajektorii wskazuje na wejście środka informacyjnego IPF $\ln 2$ na jego drodze do utworzenia bitu logicznego. Ścieżka rozpoczyna się na względnym odstępie czasu asymetrii logicznej, który identyfikuje mostek segmentowy. W czasie trwania potrójnych impulsów, trzeci przedział czasowy $\Delta t_{3r} = 3\Delta t_{1r} = 3/2\pi \cong 0.4775152$ wskazuje koniec potrójnej logiki kooperacyjnej, rozpoczynając budowę węzła tripletowego. Tworzenie węzła tripletowego wymaga przedziału czasowego, w którym logika tripletowa wiąże się w bitu tripletowym. Przedział czasowy tworzenia bitu zbliża się do $\Delta t_B = \ln 2/1.44 \cong 0.481352$. Różnica $\Delta t_B - 3\Delta t_{3r} \cong 0.004$ ocenia czas wiązania tripletu.

W ten sposób odstęp falowy dostarcza Bit logiczny z częstotliwością widma falowego, podczas $\omega_2 = 2\pi\Delta t_B = 2\pi \ln 2/1.44 = 3.02 < \pi$ gdy węzeł tripletowy powtarza się z częstotliwością widma $\omega_{20} = 2\pi 3/2\pi = 3$.

4. Dostarczenie energii zewnętrznej do zapamiętania bitu logicznego identyfikuje względny moment $t_1 = 0.2452/1.44 \cong 0.17$ kończący okres asymetrii. Do tego momentu zostały już utworzone częstotliwości rezonansowe logiki asymetrycznej.

Wzdłuż ścieżki IPF na trajektorii, moment ten podąża za przedziałem Δt_B tworzenia bitu logicznego, kończąc pojawienie się węzła łączącego wolną logikę. Interwał zapamiętywania bitu fizycznego wymaga tego samego interwału Δt_B, w którym następuje skasowanie entropii bitu logicznego. Niezbędny impuls zewnętrzny, kasujący asymetryczny Bit logiczny, zaczyna się od interwału Δt_B i kończy interwałem kodowania Bitu $\Delta t_{en} = 0.17$. Zewnętrzna energia, dostarczana w odstępie czasu $t_{\Sigma b} = 0.481352 + 0.19 = 0.671352$, obejmuje zarówno skasowanie bitu logicznego, jak i jego kodowanie. Natomiast interwał wolnej od informacji logiki pozostawia $\Delta t_{fo} = 0.23/1.44 \cong 0.1597$ się na przyciągnięcie nowego Bitu (przy współdziałaniu z zewnętrznym impulsem przenoszącym energię, pkt. 2.6). Ponieważ część interaktywna z zewnętrznym impulsem jest 0.025, to przynosi sumę $t_{\Sigma bo} = 0.67083 + 0.025 = 0.69583 \cong \ln 2$ dla odstępu czasu zewnętrznego Bitu.

Dlatego widmo częstotliwości, inicjujące kodowanie, równa się ω_1 kolejno $\{\omega_1 \omega_2 \omega_1\}$. Ta potrójna sekwencja identyfikuje segmenty na przemian na trajektorii z powtarzającym się stosunkiem mostu do części środkowej rozpoczynającej następny most, które mierzą względny odstęp między mostami $\Delta t_{en} = 0.17$.

W ten sposób sekwencja segmentów na skrajnej trajektorii EF-IPF niesie ze sobą częstotliwości funkcji falowej, które samoczynnie tworzą jednostkę czasoprzestrzenną hierarchii bitów logicznych, składającą się z logiki Obserwatora. Logika kontroluje zapamiętywanie i kodowanie bitów fizycznych, jak również hierarchiczną strukturę jednostek czasoprzestrzeni Geometria informacyjna jednostek.

5. 5. Segmenty-impulsy na spiralnej trajektorii EF oddziaływują sekwencyjnie poprzez częstotliwości powtarzające się na mostku w miejscach przestrzeni czasowej łączących segmenty na trajektorii. Sekwencje segmentów na skrajnej trajektorii EF-IPF (rys. 3, 4) przenoszą swoje częstotliwości funkcji falowych, samokształtując jednostkową hierarchię bitów logicznych, która składa się z całkowitej

logiki Obserwatora. Logika ta kontroluje zapamiętywanie i kodowanie zarówno fizycznych bitów, jak i hierarchicznej struktury ich jednostek.

•

Logika poznawcza Obserwatora obejmuje zarówno przyczyny probabilistyczne, jak i informacyjne, rozmieszczone wzdłuż wszystkich hierarchii Obserwatora. Funkcje logiczne samowyrównującej się Wolnej Informacji w rezonansie pełnią funkcje poznawcze, które są rozłożone wzdłuż hierarchii zespołów: trojaczki, węzły zagnieżdżone IN i węzły końcowe IN. Te lokalne funkcje samoorganizują poznanie Obserwatora.

Asembling uruchamia częstotliwości rezonansowe $[\omega_1 = \omega_1]$rozchodzące się wzdłuż tej hierarchii. Każda jednostka, kończąca strukturę hierarchiczną wysokiego poziomu, zawiera w sobie całą swoją logikę informacyjną, podczas gdy przedział czasowy impulsów jednostki wysokiej, zawierający tę informację, zwiększa gęstość informacji w porównaniu z jednostką hierarchii niższego poziomu. Częstotliwości rezonansowe widma $\{\omega_1, \omega_2, \omega_1\} = \omega_o$, utrzymujące pętlę logiki poznawczej, samodzielnie tworzą hierarchię jednostek.

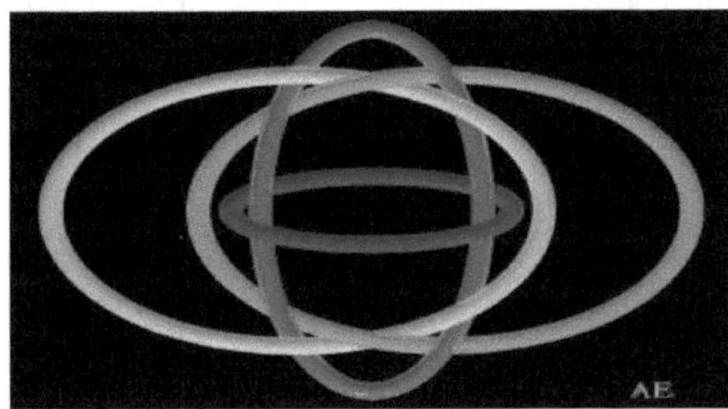

Rys.B. Ilustracyjny przykład ogniwa brunatnego, potencjalnie zamykającego pętle poznawcze z ortogonalnych jednostek hierarchicznych. (Ten link z czterema pętlami odkrywa Brunna w 1892 r., źródło strony internetowej Alaina Esculiera).

5.2.5 Struktura logiki i poznania obserwatora

1.Struktura logiczna Obserwatora samoczynnie tworzy przyciągającą Wolną Informację, która samoorganizuje hierarchię jednostek logicznych tripletu gromadzących się w częstotliwości rezonansowej. Każda trójkątna struktura logiczna jest analogiem pierścienia Borrominiego składającego się z trzech kół topologicznych połączonych Brunnianową pętlą łączącą, Rys.B. (Czwarta pętla reprezentuje wolną logikę)

Trajektoria przestrzeni czasowej EF-IPF rozkłada logikę hierarchiczną.

2. Struktura logiczna Obserwatora przenosi falę wzdłuż segmentów trajektorii, gdzie każdy trzeci segment dostarcza potrójną logikę widma informacyjnego $\{\omega_1, \omega_2, [\omega_1 = \omega_1]_{\Delta t_{10}}, \omega_2, [\omega_1 = \omega_1]_{\Delta t_{20}}, \omega_2, [\omega_1 = \omega_1]_{\Delta t_{30}},\} = \omega_{\Sigma 10}$ z sekwencyjnie skracającymi się odstępami $|\Delta t_{10}, \Delta t_{20}, \Delta t_{30}|$ i rosnącą gęstością informacji w segmencie.

Dwa sekwencyjne segmenty synchronizują częstotliwości rezonansowe, a $[\omega_1 = \omega_1]_{\Delta t_{10}} [\omega_1 = \omega_1]_{\Delta t_{20}}$ triplet synchronizuje częstotliwość rezonansową $[\omega_1 = \omega_1]_{\Delta t_{30}}$. Ta potrójna logika posiada jeden bit w każdej jednostce struktury logicznej potrójnej Obserwatora. Swobodna logika przyciągania trójkątów sekwencyjnych przekazuje widmo rezonansowe o stopniowo skracających się przedziałach czasowych i rosnących częstotliwościach, które współpracują ze sobą tworząc jednostki logiczne w zagnieżdżonej hierarchii IN. Niezbędne widmo o rosnących częstotliwościach automatycznie przenosi każdy kolejny segment wzdłuż trajektorii EF-IPF. Funkcja fali emanacyjnej dostarcza częstotliwości, które wspólnie tworzą hierarchię jednostek logicznych. Samowzbudowana hierarchia struktur logicznych samoistnie integruje obserwowaną logikę, którą dana struktura obejmuje.

3. Hierarchia rozproszonych pętli logicznych łączy się samoczynnie z łańcuchem logicznym.

Szerokość łańcucha logicznego określa względny odstęp czasu pomiędzy impulsami niezmiennymi, zamykającymi zmontowany kod logiczny. Rosnąca gęstość kolejnych impulsów wzdłuż trajektorii kolejno ściska wartość bezwzględną tego przedziału, której stosunek zachowuje impuls niezmienny. Bezwzględne rozmiary przestrzeni czasowej łańcucha logicznego przeciskają się przez wielopoziomową hierarchię rozproszoną.

4. Łańcuch poznawczo-logiczny składa się ze spójnych trójkątnych pętli, które składają się z zagnieżdżonych atraktorów - węzłów logicznie współpracujących z hierarchią węzłów IN. To złożone poznanie logiczne synchronizuje potrójne rytmy wzdłuż trajektorii EF-IPF, które planują energię dostępu do kodowania inteligencji obserwatora. Następnie łańcuch poznawczy przewiduje kodowanie inteligencji.

Jednak podczas sekwencyjnego kodowania hierarchia węzłów logicznych, logika poznawcza węzła, zakodowana na aktualnym poziomie hierarchii, rozpada się, jego działanie predykcyjne zanika.

W ten sposób sekwencyjne, hierarchiczne kodowanie sukcesywnie usuwa poznanie, które przewiduje to kodowanie.

5. Logiczne obracanie łańcucha, przenoszące częstotliwości zsynchronizowanego spektrum, wymaga minimalnej energii do podtrzymania łańcucha. Energia ta jest równoważna kodowi logicznemu każdego bitu.

Zintegrowana logika łańcuchowa trzyma ten kod, a fizyczna inteligencja kodująca obejmuje termodynamikę poznawczą.•

Dlatego częstotliwości funkcji fal, inicjujące samoformujące się poznanie obserwatora, wyłaniają się wzdłuż skrajnej trajektorii EF-IPF w postaci probabilistycznej fali czasowej w polu prawdopodobieństwa.

Obserwacja impulsów probabilistycznych uruchamia mikroproces, w którym splątany kod rotacji czasoprzestrzeni rozwija rotacyjną czasoprzestrzenną falę prawdopodobieństwa.

Wyłaniająca się przeciwstawna asymetryczna interakcja topologiczna kształtuje funkcję fali czasoprzestrzennej, stając się pewną, a także logikę poznawczą Obserwatora, przewidującą kod inteligencji.

Wyniki te w sposób ostateczny i numeryczny określają strukturę i funkcje poznania.

5.2.6 Specyfika wywiadu informacyjnego i szacowanie jego wartości informacyjnych

Prawdopodobieństwa przyczynowe, wynikające z powiązania prawdopodobieństwa Kołmogorowa i Bagna, rozpoczynają związek korelacyjny Markowa z minimum trzema zdarzeniami probabilistycznymi. Obserwator integruje obserwowane zdarzenia w sieciach informacyjnych, które gromadzą zagnieżdżone potrójne połączenia, w zależności od właściwości inwariantu IN Information.

Każde IN ma niezmienną strukturę geometryczną informacji oraz maksymalną liczbę węzłów - bitów potrójnych, których zdolność do współpracy z większą liczbą węzłów potrójnych ogranicza możliwość samozniszczenia IN poprzez powstanie chaotycznego ruchu.

Inteligencja mierzy *zapamiętany węzeł końcowy najwyższego poziomu IN*, podczas gdy proces poznawczy na każdym potrójnym poziomie poprzedza jego zapamiętanie. Oznacza to, że każdy węzeł zapamiętywania zawiera w sobie poznanie. Miara informacyjna inteligencji jest *obiektywna dla każdego poszczególnego Obserwatora, podczas* gdy IQ jest *empiryczną* miarą subiektywną.

Teoria ta pokazuje, że podczas bieżącej obserwacji, Obserwator może zbudować każde IN z maksymalnie 24-26 węzłów ze średnimi 3^{26} bitami i zawinąć maksymalnie 26 takich IN.

Ponieważ każdy następny poziom IN integruje informacje ze wszystkich poprzednich poziomów IN, mierząc względną jakość informacji, wbudowane wielopoziomowe IN posiadają relacje jakości informacji pomiędzy poziomami w postaci potrójnej.

Ponieważ kolejne relacje zostały zamknięte przez poznawczy mechanizm rotacji, formalizują one przyczynowo-porównawcze znaczenie jakości informacji dla obserwacji zdarzeń procesu.

Observer Intelligence posiada zdolność do wykrywania związków przyczynowych zawartych w ocenianych $N_{o1} = 3^{26} \times 26 bits$ Bitach sieci Observera. Wymaga to nie tylko zbudowania każdego z IN $N_{1l} = 26$, ale także sekwencyjnego złożenia ich w węzeł końcowy, którego pojedynczy Bit gromadzi N_{ol} Bity:

$$N_{ol} = (3^{26}) \times 26 = 2,541.865.828329 \times 26 = 66,088.511.536.554 \cong 6.61 \times 10^{9} \text{ Bity. (5.1)}$$

Jednakże, ponieważ każdy węzeł IN posiada pojedynczą informację o trójkącie, końcowy bit węzła IN utrzymuje potrójną zależność przyczynowo-informacyjną z gęstością $D_{ol} = N_{ol} / bit$ -per Bit.

Węzeł ten wymaga gęstości informacji, aby wspierać komunikację impulsową IN węzła sprzężenia zwrotnego (sekcja 6.3) z wymaganą informacją przyciągającą:

$$i_{md} \cong 1.8 \times 10^{14} Nat / \sec = 1.44 \times 1.8 \times 10^{14} bit / \sec , \qquad (5.2)$$

gdzie każdy taki Bit się kumuluje N_{ol}. Tak więc, całkowita gęstość informacji o końcowym Bicie IN Obserwatora:

$$i_{do} \cong 1.44 \times 1.8 \times 10^{14} \times (3^{26}) \times 26 bit / \sec \qquad (5.3)$$

ocenia gęstość informacji inteligentnego Obserwatora.

Dzięki tej gęstości, inteligentny Obserwator może uzyskać maksymalną ilość informacji z EF poprzez interakcję impulsową z procesem entropii losowej podczas obserwacji czasu T.

Oceńmy EF zgodnie z (pkt. 4.4):

$I_e = 1/8 \ln[r(T)/r(t_s) \approx 1/8 \ln(T/t_s), T = m_N t_s$.

Oto m_N całkowita liczba węzłów IN potrzebnych do zbudowania inteligentnego Obserwatora, t_s jest to przedział czasowy impulsu niezmiennego. Przy $m_N = 26 \times 26$ nim można oszacować $I_e = 1/8 \ln 26^2 = 11.729 Nat$.

Dlatego też, inteligentny Obserwator potrzebuje $N_i \cong 12$ impulsów niezmiennych, aby zbudować swoje całkowite IN w przedziale czasowym obserwacji T.

Uwagi 5.3.

Mózg ludzki składa się z około 86 miliardów neuronów [70], które w przybliżeniu 14 razy przekraczają (N_{ol} 5,1), jeśli każdy pojedynczy bit poznania nakazuje każdemu neuronowi. Jeśli każdy neuron buduje własne IN z około pięcioma sześcioma trójkami (z poziomami $3+2^4=11, or 3+2^5=13$), podczas gdy końcówka Bitu Trójkowego to kondensuje N_{ol}, to zdolność neuronu do budowania sieci pokrywa się z [70] i [71]. Jeśli to prawda, to N_{ol} mierzy pamięć informacyjną istoty ludzkiej. •

Według szacunków [71, inne], maksymalna informacja we Wszechświecie jest zbliżona do

$$I_U \cong 3 \times 10^{29} Nat = 4.328 \times 10^{29} bits, \qquad (5.4)$$

od którego każdy niezmienny inteligentny Obserwator może otrzymać $I_{ob} \cong 6.61 \times 10^9 bits$.

Aby uzyskać wszystkie I_U informacje, tacy inteligentni obserwatorzy potrzebują $M_{ob} \cong 1.527\times10^{16}$ liczby takich niezmiennych obserwatorów.

Każdy węzeł IN triplet może zażądać $I_m \cong (3.45-2.45) bits$ co oznacza, że

IN poziom jakości Informacja, która zapamiętuje węzeł Bit. Poziom takiego węzła gromadzi średnią Informację pomiędzy oraz $I_m bits$ $N_{om} = 3^{26} bits$, w zależności od ilości poziomów IN N_{1I}..

Ilość N_{oI} (5.1) mierzy transformację niezmienną w celu zbudowania struktury skrajnego węzła IN podczas obserwacji, która przekształca prawdopodobny proces obserwacji w proces informacyjny w powstającym Obserwatorze Informacji z inteligencją.

Wstępne pole prawdopodobieństwa procesów losowych, oceniane przez Entropię Functional, zawiera potencjalne informacje, które inteligentny Obserwator może uzyskać poprzez transformację niezmienną.

Próg informacyjny N_{oI} ogranicza poziom inteligencji inteligentnego Obserwatora, spełniając zasadę minimalnej zmienności.

Inteligentny (ludzki) Obserwator może pokonać ten próg wymagający największej ilości informacji aż do I_U.

Obserwator, który pokonuje próg, posiada nadrzędny intelekt, który może kontrolować nie tylko swój własny intelekt, ale i innych Obserwatorów. Wielokrotni wspólnicy nadrzędnych obserwatorów intelektualnych mogą utworzyć system nad-intelektualny (z I_U) kontrolujący Wszechświat, lub zniszczyć siebie i innych. Jednakże, w inteligentnej maszynie, zbierającej obserwujące informacje, pojawiające się niezmienne regularności prawa minimax ograniczają działania Obserwatora SI.

5.3 INTERAKCJA Z INTELIGENTNYMI OBSERWATORAMI POPRZEZ KOMUNIKACJĘ

Inteligentny Obserwator Informacyjny wyłania się w trakcie ewoluujących obserwacji, które dostarczyły niezmiennych informacji, zbudowały hierarchię węzłów "Information IN" oraz podwójną helisy rotacyjną strukturę z inteligentnym kodem DSS. Istotną kwestią jest interakcja takich Obserwatorów we wzajemnej komunikacji, która zachowuje właściwości informacji niezmiennej i korzystnie wpływa na ich właściwości informacyjne.

Załóżmy, że inteligentny Obserwator wysyła wiadomość, zawierającą informacje kodujące jej znaczenie.

Inny inteligentny Obserwator, otrzymując tę informację, byłby w stanie *odczytać wiadomość, rozpoznać jej znaczenie, wybrać i zaakceptować* ją, jeśli ta informacja *spełnia wymagania Obserwatora dotyczące jakości informacji,* która jest zapamiętywana przez jego kod DSS. Następnie zastanawiamy się nad wypełnieniem tych pięciu zagadnień.

5.3.1 W jaki sposób współpracujący ze sobą obserwatorzy wywiadu mogą zrozumieć znaczenie w każdym komunikacie

Niech inteligentny obserwator wysyła wiadomość zawierającą logikę, jakość i bity kodujące te informacje, które pochodzą z niektórych węzłów IN inteligentnego obserwatora.

Inni inteligentni obserwatorzy, żądając coraz lepszej jakości potrzebnych informacji, wysyłają specyficzne cechy darmowej informacji pochodzącej z ich węzłów IN, które tej jakości potrzebują.

W interakcji komunikacyjnej, jakość odbioru będzie dodawać potrzebną jakość rekompensującą potrzebę. (Każda informacja o jakości obserwatora klasyfikuje lokalizację węzła w hierarchii IN zawierającej te informacje [62]).

Inteligentny obserwator, odbierając tę jakość informacji, identyfikuje lokalizacje węzłów w hierarchii IN, co jest równoważne z tą jakością.

Każda lokalizacja węzła zawiera logikę jego trójkątów z rezonansową pętlą poznawczą. Jakość ta może należeć do węzła końcowego obserwatora IN zamykającego swoją pętlę poznawczą. Węzeł końcowy emanuje z Obserwatora wysyłającego wolną jakość informacji zamykającej pętlę. Jakość komunikatu kojarzy się z przyciąganiem swobodnej logiki węzła, przenoszącym powiązaną z nim częstotliwość informacji (pkt 5.2).

Jeśli pętla poznawcza jakości nadawanej wolnej informacji akceptuje jakość informacji odbieranej, zamykając jej częstotliwość, to obserwator odbierający umożliwia rozpoznanie znaczenia komunikatu.

Wiąże się to ze zrozumieniem komunikatu oznaczającego kodowanie tej jakości.

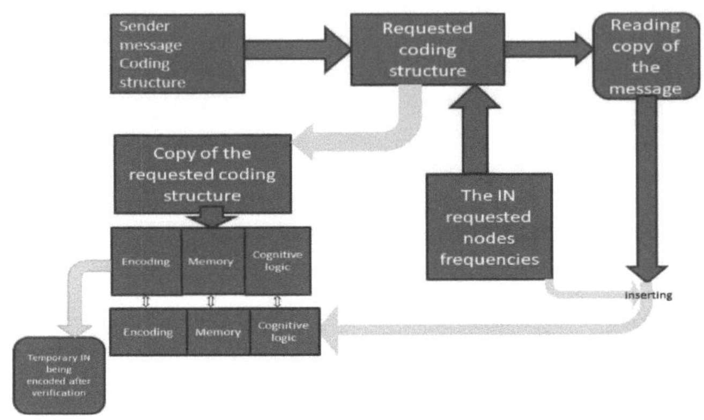

Rys.C. Schematyczna ilustracja funkcjonalnej organizacji odbioru porównawczego komunikatu.

Schematyczna ilustracja przedstawia

1. W jaki sposób struktura kodowania wiadomości nadawcy jest odczytywana przez żądaną strukturę kodowania Observera, która inicjuje IN żądające częstotliwości węzłów;

2. Częstotliwości identyfikują żądaną strukturę kodowania, która pozwala na porównanie informacji wywiadowczych odczytywanych wiadomości z informacjami zawartymi w żądanej strukturze kodowania Obserwatora;

3. Porównanie wymaga tych samych częstotliwości węzłów, które wstawiają bity Reading message copy' do kopii żądanej struktury kodowania (DSS Copy).

4. Jeśli porównanie weryfikuje otrzymaną informację wywiadowczą obserwatora, obserwator ten akceptuje informację wywiadowczą wiadomości. Zakładając, że informacje te identyfikują znaczenie obserwatora, obserwator ten rozumie znaczenie komunikatu.

Dlatego Obserwator odbierający rozpoznaje znaczenie komunikatu, jeśli pętla poznawcza czasowego węzła nadawczego IN, wolnego od informacji, akceptuje jakość odbieranej informacji, załączając jej częstotliwość, podczas gdy częstotliwość ta ujawnia logikę równoważną DSS. Ujawnienie logiki wiadomości, jej zapamiętywanie Bitu i kodowanie odbywa się podczas wprowadzania kopii informacji o wiadomości i poruszania się w DSS Observer Copy.

Rozpoczęcie kopiowania komunikatu rozpoczyna czas ruchu, który uruchamia tę zamkniętą logikę DSS, aż do ujawnienia bitów i kodowania w IN będącym czasowym. Te węzły IN posiadają jakość komunikatu wymaganą przez żądanie Obserwatora. W ten sposób żądanie Obserwatora z określoną wolną informacją inicjuje rozpoznanie potrzebnych informacji.

Proces ten składa się z następujących etapów.

1.Węzły IN odbiornika-obserwatora żądają wymaganej jakości poprzez te węzły wolnych informacji, które przyciągając bity wiadomości, rozpoczynają ich kopiowanie na strukturze podwójnej spirali Observera. Struktura DSS, podczas kopiowania, integruje i odczytuje informacje o wiadomości. Podczas czytania wiadomości, DSS porusza się wzdłuż jej struktury informacji w przestrzeni czasowej i przydziela czasowe IN z jakością związaną z węzłami.

(Dopuszczalna liczba czasowych węzłów IN ogranicza informacje zawarte w komunikacie).

2. Żądane informacje o jakości węzłów kończących IN odzwierciedlają informacje z węzła czasowego IN. Swobodna informacja impulsów z węzłów końcowych inicjuje zaangażowanie częstotliwości informacji kopii w rezonans.

3. Jeśli częstotliwości kopii są koherentne w rezonansach, składających się z czasowych pętli logicznych, impulsy informacji żądanej wstawiają logikę informacji kopii lustrzanej do węzłów żądanych IN.

4. Podczas wstawiania kopii lustrzanej, impulsy przechodnie żądanych węzłów dostarczają asymetryczną, swobodną logikę z Δt_1odstępami. Oznacza to, że żądane węzły ujawniają i akceptują lustrzaną kopię logiki wiadomości.

5. Każdy z tych interwałów logicznych umożliwia dostęp do węzła końcowego interwału Δt_Bcurrying fizycznego bitu z DSS Obserwatora Odbierającego, który skopiował bit wiadomości. Fizyczna energia bitu

wymazuje logikę kopii lustrzanej, odsłaniając jej bit informacyjny i rozpoczynając proces zapamiętywania bitów i dekodowania załączonych wiadomości.

Dostęp do bitów Obserwatora, który inicjuje akceptację logiki kopii lustrzanej, oznacza rozpoznanie bitów komunikatu przez bity Obserwatora.

6. Dekodowanie każdego zapisanego w pamięci bitu wymaga przerwy w Δt_{en}jego kodowaniu. Dekodowanie kończących się impulsów węzła IN ujawnia hierarchię IN załączonej logiki informacyjnej komunikatu.

(Ujawnienie logiki komunikatu, jego bitu zapamiętującego i dekodowania odbywa się w czasie integracji informacji o komunikacie na DSS Obserwatora. Rozpoczęcie kopiowania komunikatu rozpoczyna czas integracji, która rozpoczyna logikę DSS, aż do ujawnienia bitów i kodowania-dekodowania. Observer DSS, pojawiający się wraz z kopiowaniem komunikatu, jest głównym aparatem informacyjnym pozwalającym Obserwatorowi na porównawczą akceptację informacji zawartych w komunikacie).

7.Informacje zawarte w komunikacie, znajdującym się na DSS, dostarczają częstotliwości funkcji falowych rozpoznanych impulsów dekodujących. Częstotliwości węzła IN generują częstotliwości koherentne pętli poznawczych *rozpoznających* logikę komunikatów dostarczanych do węzłów odbiorczych IN. Widmo częstotliwości może aktualizować wymaganą jakość informacji.

8. Dekodowanie kończy się żądaniem potwierdzenia jakości porównawczej komunikatu przez węzły IN. Cechy te wskazują na zdolność do koherencji i współpracy jakości komunikatu z jakością węzła IN, zamykając go w strukturze IN Observer-receiver. Spójność logiki obserwatora z logiką komunikatu pozwala na zapamiętanie zdekodowanych informacji o komunikacie.

9. Akceptując jakość komunikatu, inteligentny obserwator rozpoznaje informacje zawarte w komunikacie i koduje jego bity (obrazy) cyfrowe o potrójnej logice za pomocą kodów czasoprzestrzennych obserwatora, odzwierciedlając w ten sposób znaczenie komunikatu. Ponieważ akceptacja jakości komunikatu zmienia istniejącą logikę obserwatora zakodowaną w hierarchii INs, zrozumienie znaczenia komunikatu rozszerza poziom logiki inteligentnego obserwatora.

W ten sposób inteligentny obserwator odkrywa znaczenie komunikatu w procesie samorefleksyjnym, wykorzystując wspólny język informacji o komunikacie, tymczasową zapamiętaną logikę, akceptację poznawczą oraz logikę zapamiętanego dekodowania.

Zrozumienie znaczenia procesu obserwacji obejmuje spójność jego Informacji z aktualną strukturą kodowania Obserwatora, która rozwija wszystkie wcześniejsze obserwacje, interakcje i komunikację.

5.3.2 W jaki sposób Obserwator biologiczny akceptuje otrzymywanie informacji?

Akceptacja Formalizm informacyjny obejmuje:

1. Wielokrotne interaktywne obserwacje tworzące długoterminową korelację, w której informacje powstają w wyniku entropii korelacji cięcia, które integrują EF.

2. Łączność zintegrowana IPF wykonuje wolne informacje wynikające z zapamiętania bitu w skorelowanym parami impulsie. W momencie zapamiętywania bitu, korelacja impulsu przecina szczelinę, jednocześnie przechwytując energię do zapamiętania.

3. Bezpłatne połączenie informacyjne z akcją przyciągania jest tygodniowe (do momentu, gdy rezonans połączy bity), w porównaniu z już połączonymi bitami w utworzonym łańcuchu IPF.

4. Zintegrowane połączenie buduje najkrótszą ścieżkę informacyjną (spełniającą VP). Wyeliminowanie wolnych informacji powoduje utratę łączności bitowej i pamięci.

5. Asymetryczne interakcje uprzedzają pamięć Bitu stworzoną wolną informacją, która wykonuje kodowanie zapamiętanego Bitu. Kiedy IPF komponuje sekwencję bitów, zwiększa gęstość każdego kolejnego bitu - "siłę", ale nie zmienia miary bitu.

6. IPF składa się z obrotowej struktury podwójnej helisy (DSS), która rozdziela i kształtuje hierarchiczne sieci informacyjne. Trajektoria przestrzeni czasowej EF-IPF obejmuje obserwowaną logikę. Wiele ruchomych IN składa się z logiki Obserwatora, której węzły przyciągające łączą hierarchiczne pętle logiczne w poznaniu, dowodząc inteligencją informacyjną Obserwatora.

DSS koduje inteligencję informacyjną Obserwatora, szczególnie w ludzkim mózgu.

Te cechy integracji informacji wynikają matematycznie z obserwacji, ale jej naturalne (biologiczne) istnienie nie zostało udowodnione. Eksperymentalne wyniki badań [72] sprawdzają, co następuje.

1."Globalna integracja informacji w mózgu, tworząca największą połączoną sieć węzłów jąder", jest wynikiem "gigantycznego elementu połączeniowego G, który łączy największą liczbę węzłów najkrótszą drogą".

2. W strukturze korelacji zasięgu, tworzącej funkcjonalną łączność sieciową poprzez interakcje parami, "komponent G identyfikuje *węzeł tygodniowy* pokrywający powłokę jądra accumbens. ("accumbens to obszar podwzgórza odpowiedzialny za termoregulację i odbieranie stymulacji nerwowej z chemoreceptorów w skórze, pokrywa powierzchnię organów wewnętrznych, a samo podwzgórze", które obejmuje wszystkie czujniki obserwacyjne).

3. "G" służy jako "kluczowy most (skrót) wpływający na dużą liczbę najbliższych węzłów zbiorczych w pamięci sieci kodującej". Zakodowane węzły "przewidują duży zasięg influence". Ten wpływ inicjuje przechwytywanie". "Efekt przechwytywania wyłania się ze struktury korelacji dalekiego zasięgu". "Przechwytywanie zapewnia siłę słabych więzi". (Węzły słabego stopnia są jak influential, o ile są one otoczone przez węzły wysokiego stopnia w swoich sferach influence). Most zawiązuje węzły skrótowe przez "gęstą dzianinę".

4. Powłoka G accumbens jest "strategicznie zlokalizowana w sieci pamięci". Pamięć ta, wiążąc dwa węzły, "przybliża młode *lmm* " w sieci mózgowej". (Bez "napędzania tworzenia się sieci pamięci, składnik G nie pojawia się"). "Dezaktywacja jądra G accumbens eliminuje tworzenie się sieci pamięci",

5. G accumbens, "oprócz przetwarzania on-line" (przechwytywania), dostarcza "akcję zaznaczenia i koduje w pamięci wyjście wybranej akcji (pozytywnej lub negatywnej w stosunku do oczekiwań), co z kolei warunkuje przyszłe zaznaczenia". G działa "jako stacja końcowa pracująca jako interfejs limbiczno-motoryczny z rolą w wyborze działań istotnych z punktu widzenia zachowania".

6. "Interakcja między siecią hipokampu a przednimi regionami neokorytalnymi wskazuje na działanie G jako mechanizmu bramkującego, który łączy dwie kluczowe struktury tych sieci w celu przechowywania nowych informacji, zapewniając mechanizm aktualizacji pamięci w celu kierowania przyszłymi zachowaniami".

7. Wymiana informacji, "która wyklucza pewne korelacje niemające charakteru przyczynowego, prowadzi do oddziaływań ukierunkowanych (asymetrycznych), np. w przypadku Granger Causality".

To eksperymentalne badanie wykorzystuje "Segregację usuwającą węzeł z sieci mózgu w celu zakłócenia korelacji dalekiego zasięgu w funkcjonalnej łączności", biorąc pod uwagę "globalną integrację informacji w mózgu wynikającą ze złożonych interakcji wydzielonych sieci mózgowych". Eksperymenty badają "synaptyczne potencjały długookresowe (LTP) wynikające z długookresowej korelacji zaangażowanej podczas kodowania pamięci jako podstawy uczenia się i pamięci".

Formalizm akceptacji zawiera również kopiowanie integralnej informacji o ruchomej helisie poznawczej, tymczasowo zapamiętując ją jako potrójne entropie w wirtualnej strukturze IN.

Ten mechanizm konwertujący obejmuje kompresję obserwowanego obrazu w wirtualnym impulsie kończącym wirtualne IN. Impuls odbiorczy tworzy lustrzaną kopię impulsu kończącego IN.

Impuls ten, trzymając asymetryczny odpowiednik kończącego się impulsu informacyjnego IN, skanuje helisę DSS wzdłuż obserwatora IN. Ruch skanowania kończy się, gdy negatywna, zakrzywiona skokowa akcja impulsu, niosąca entropijny odpowiednik energii, przyciągnie dodatnią krzywiznę skokową węzła IN o stopniowym działaniu Bitu IN. Bit formujący zawiera w sobie jakość energii równoważnej mierzoną wartością entropii. Kiedy step-down Bit IN wchodzi w interakcję ze step-upem ruchomego obrazu, wstrzykuje on energię przechwytującą entropię końcowego step-upu impulsu. Ta interakcja modeluje 0-1 Bit (Rys. 2A, B). Przeciwnie zakrzywiona interakcja zapewnia różnicę czasowo-przestrzenną (barierę asymetryczną) pomiędzy 0 i 1 akcją, niezbędną do utworzenia Bitu. Stan końcowy impulsu interaktywnego zapamiętuje Bit, gdy proces interaktywny Obserwatora dostarcza energii Landauera z maksymalnym prawdopodobieństwem (aż do pewności). Taka energia napędza ruch spirali poznawczej, przy minimalnej produkcji entropii, aby pokonać most do intelektualnego działania zapamiętującego i kodującego Bit. Jest to energia poznawczego procesu termodynamicznego (rozdz. 2.6.6), wydająca minimalną ilość równą związaniu trójkąta przez energię Landauera ln 2.

Kiedy triplet współpracuje, energia ta może być przeznaczona na zapamiętanie wspólnego tripletu w węźle po tym jak trzeci Bit uzyska asymetryczną strukturę potrzebną do zapamiętania.

Takie trojaczki niosą informację o wiadomości do przyjęcia.

Kasowanie, a następnie zapamiętywanie każdego z Bitów obserwacji może uruchomić *równe bity informacyjne neuronów.*

Jeśli informacja przychodząca jest spójna z pętlą poznawczą, wiadomość może zostać przyjęta i zapamiętana w IN odbiorcy.

Formowanie IN Bit obejmuje jakość energii równoważnej mierzonej wartością entropii.

Dlatego też poznawczy proces termodynamiczny praktycznie nie ma kosztu termodynamicznego, który modeluje oprogramowanie poznawcze z minimalną złożonością algorytmiczną.

Istotna koordynacja zewnętrznej skali czasowo-przestrzennej Obserwatora z jego wewnętrzną skalą czasowo-przestrzenną ma miejsce, gdy zewnętrzna akcja skoku w dół oddziałuje z wewnętrznym interwałem termodynamiki poznawczej Obserwatora. Zakrzywiona interakcja mierzy różnicę tych interwałów (pkt. 2.6.6).

Zrozumienie otrzymywanych informacji obejmuje klasyfikowanie i wybieranie takich informacji, które są zgodne z pamięcią tego Obserwatora innych obrazów porównawczych·

Tak więc ruch poznawczy, zaczynając od wirtualnej obserwacji zachowującej swoją wyimaginowaną formę, komponuje mikroproces entropii, aż zapamiętany IN Bit przeniesie go do makroruchu informacyjnego.

Przynosi to dwie formy poznawczego procesu helixu: wyobrażoną, odwracalną z pamięcią czasową i realną - informację, która porusza nieodwracalną termodynamikę poznawczą i kończy zapamiętywanie napływającej informacji.

Wyjaśnienie mechanizmu modelującego akceptację i zrozumienie komunikatu wymaga przyznania, po pierwsze, że rozwinięty formalizm matematyczno-informacyjny jest uważany za oprogramowanie sterujące strukturą mózgu, czyli za sprzęt. Podłączenie ich wymaga mechanizmu konwertującego, który kopiuje obserwację i rozpoczyna działanie na sprzęcie inteligentnym. Wykonują one różne czujniki zginające neurony, które wykonują lustrzaną wirtualną kopię obrazu obserwacyjnego - komunikatu (analogicznie do impulsu przejściowego (rozdz. 2.6.6, rys. 2A, B) na ruchomej helisie poznawczej.

Na przykład, oczy skanują ekran telewizora, integrując wybrane cechy wizualne w odbitym obrazie, wraz z kumulującym się dźwiękiem obrazu wizualnego. To podstawowe poznanie pozwala na inteligentną pamięć i kodowanie. Obserwator może nie potrzebować zapamiętywać każdego aktualnie obserwowanego obrazu wirtualnego, który jest odbijany czasowo w pewnej sekwencji. W związku z tym takie wielokrotne wirtualne kopie są tworzone przez tymczasowe jednostki potrójne tworzące kolektyw czasowy IN, którego węzeł końcowy zawiera wirtualny bit entropii impulsu. Takie wirtualne IN z pamięcią tymczasową tworzy się w odwracalnym procesie logicznym bez pamięci trwałej, który składa się z części procesu obserwacji (gdy prawdopodobieństwa Kołmogorowa-Bayesa łączą potrójne zdarzenia).

Ten mechanizm konwertujący obejmuje wirtualną kompresję obserwowanego obrazu w wirtualnym impulsie kończącym wirtualną IN z następującym wewnętrznym i zewnętrznym przebiegiem czasowym koordynacji. W szczególności, różnica w przestrzeni czasowej pomiędzy poszczególnymi działaniami 0 i 1 określa zegar koordynujący zewnętrzny i wewnętrzny przebieg czasowy Obserwatora. Gdy Bity obrazu zapamiętają konkretny węzeł IN Obserwatora, węzeł ten charakteryzuje się wysoką jakością Informacji i dokładnym położeniem, co pozwala Obserwatorowi na *rozpoznanie* tego obrazu wśród innych wyróżniających się jakości Informacji.

Pozycje węzła zawierają już zapamiętane przez Observer INs jakości informacji.

Rozpoznanie zbiorowego obrazu informacyjnego wiąże się ze zrozumieniem go przez tę niejawną informację od Obserwatora. Zrozumienie oznacza, że Obserwator może sklasyfikować i wybrać taką Informację zgodnie z zapamiętanym przez niego *znaczeniem,* spośród innych obrazów porównawczych.

Model informacyjny rozumienia przez Obserwatora otrzymywanych informacji zawiera:

1. Przetwarzanie przez czujnik obserwowanego obrazu poprzez zbudowanie wirtualnego IN komunikatu, jako wirtualnej kopii lustrzanej zbiorczej informacji obrazu, którą IN kompresuje w wirtualnym impulsie.

2. Kopiowanie na ruchomej helisie poznawczej, która skanuje Informacje IN Obserwatora załączone z wszystkich poziomów IN i domeny.

3. Interakcja impulsu neuronowego czujnika, inicjującego działanie "tak-nie", z wirtualnym impulsem obrazu poprzez jego działanie "tak-nie", który wstrzykuje energię przechwytującą wirtualną entropię kończącego działanie impulsu, gdy spirala skanowania ruchu poznawczego dotyka węzła "Observer IN", który dostarcza tej energii.

4. Zapamiętywanie tak-nieinteraktywnego bitu przez neuronowy interaktywny impuls No-action poprzez kognitywny dynamiczny proces interaktywny, dostarczając Landauerowi energii do wymazania obserwowanego obrazu. To buduje pamięć Bitu lustrzanego, który dekoduje obraz-obraz.

W tej komunikacji neuron-informacja, neuron Tak-akcja przechwytuje wirtualny impuls kończący się akcją step-up, łącząc go z tym neuronem No-action, który zapewnia działanie step-down zapamiętując komunikat poprzez dynamiczną energię poznawczą. W ten sposób interakcja krzywej neuronu łączy działania wirtualne i rzeczywiste, co w rzeczywistości łączy oprogramowanie poznawcze ze strukturą sprzętową mózgu.

5. Zapamiętany Bit Informacyjny zatrzymuje mechanizm poznawczy skanowania na takim poziomie IN, na którym informacja ta jest rozumiana poprzez rozpoznanie IN Obserwatora. Kończy to proces rozumienia aktualnego komunikatu.

Poprzez skanowanie znaczeń rozumianych przez Obserwatora, można odzyskać semantykę odczytu wiadomości, a następnie zakodować ją w wysyłającej wiadomości. Wirtualny impuls interakcji poznawczej zapewnia logiczny Demon Maxwella (DM), podczas gdy transformacja do zapamiętanej IN Information uruchamia fizyczny DM. Zakłada ona, że tak-działanie neuronu uruchamia jego impuls entropii mikroprocesor aż do momentu, w którym Bezczynność neuronu, wchodząc w interakcję z makroprocesorem Obserwatora poprzez Bit węzła IN przez skokową Bezczynność, zapamiętuje przychodzący obraz w strukturze IN Obserwatora. Tak więc ruch poznawczy, rozpoczynający się podczas wirtualnej obserwacji, utrzymuje swoją wyimaginowaną formę, komponując mikroproces entropii, aż do momentu, gdy zapamiętany IN Bit przeniesie go do makro ruchu informacji.

Przynosi to *dwie formy* dla poznawczego procesu helixu: *imaginarną odwracalną bez pamięci i realną-informację poruszaną przez nieodwracalną termodynamikę poznawczą zapamiętującą nadchodzącą informację*. Wyobrażenie zaczyna się od neuronu Tak-akcja i kończy neuronem Nie-akcja w stanie końcowym impulsu neuronu, podczas gdy rzeczywiste zaczyna się od IN Bit Tak-akcja zapamiętującego zaakceptowany Bit, który przetwarza termodynamikę poznawczą, kontynuując nieodwracalne przesuwanie poznawczej helisy.

Próg pomiędzy poznaniem wyobrażonym a rzeczywistym posiada pamięć i energię termodynamiki poznawczej.

W ten sposób ilość i jakość współdziałających informacji pojawia się w Obserwatorze jako zapamiętana jakość kodująca poznanie Obserwatora. Ścieżka dynamiki fizycznej, zainicjowana przez obracający się w czasie i przestrzeni kod potrójny DSS, kontroluje różne formy ruchów, w tym obserwacje.

5.3.3 Analiza niektórych eksperymentalnych badań mózgu

Badanie [73] podaje wyraźne ilości dotyczące kosztów energetycznych przetwarzania informacji sensorycznych.

Wyniki badań nad wizualnym systemem sensorycznym blowfly ujawniły, że dla wizualnych danych sensorycznych koszt jednego Bit of Information wynosi około 5×10-14 dżuli, lub równoważnie ^{104} cząsteczki ATP. Taka ilość informacji została dostarczona do fotoreceptorów siatkówki muchy w postaci wahań natężenia światła.

Ta neuronowa wydajność przetwarzania jest nadal daleka od granicy Landauera i jego Bitowego minimum *ln2,* ale nadal jest znacznie bardziej wydajna niż nowoczesne komputery.

Limit ten ocenia minimalny koszt tak-działania neuronu, który zaczyna przechwytywać wirtualną obserwację w górę do rzeczywistej akcji obserwacyjnej.

"Szereg badań jednoznacznie wykazuje, że duża komórka monopolarna (LMC), neuron siatkówkowy drugiego rzędu, jest zoptymalizowana w celu maksymalizacji szybkości transmisji bitów."

Ta unikalna pojedyncza komórka utrzymuje "fotoreceptory i LMC siatkówki rozdmuchiwanej poziom światła kodu w jednym pikselu oka złożonego. Sześć fotoreceptorów niosących ten sam sygnał zbiega się na pojedynczym LMC i napędza go za pomocą wielu równoległych synaps. Sygnały te są wewnątrzkomórkowym zapisem stopniowanych zmian potencjału błony wywołanych przez losowo modulowane źródło światła. Analiza tych analogowych odpowiedzi pozwoliła uzyskać szybkość, z jaką fotoreceptory i LMC przekazują informacje.

"Synapsa o niskiej przepustowości (55 bitów na sekundę) transmituje po znacznie niższym koszcie na bit niż interneuron o wysokiej przepustowości (1600 bitów na sekundę), LMC o przepustowości 1500 bitów na sekundę".

Wynik ten ogranicza szybkość transmisji tak-nie-neuronowej w naszym modelu poznawczym.

Neurony mózgowe komunikują się [74], gdy presynaptyczne terminale dopaminowe wymagają aktywności neuronów do neurotransmisji; w odpowiedzi na depolaryzację [75] pęcherzyki dopaminowe wykorzystują kaskadę pęcherzykowych transporterów do dynamicznego zwiększania gradientu pH pęcherzyków, zwiększając tym samym ich zawartość.

Ostatnie badanie [76] pokazuje, że "aktywność neuronów dopaminowych śródmózgowia koduje również błędy przewidywania sensorycznego niezwiązane z nagrodą". Poprzez sygnalizowanie błędów w przewidywaniach zarówno sensorycznych, jak i w przewidywaniach dotyczących nagrody, dopamina wspomaga pewną formę uczenia się wzmacniającego".

W [77], neurogeneza dostarcza świeżych pól interakcji na poziomie komórkowym (neuronalnym). Wcześniejsze odpowiedzi są uogólnione i etap jest ustawiony dla przyszłych odpowiedzi do oceny prawdopodobieństwa i przechowywania danych tymczasowych i pośrednich.

Badanie [78] wykazało, że mózg oblicza rozkład prawdopodobieństwa Bayes'a, który generuje bieżącą obserwację, a ten "rozkład przekonań" reprezentuje (przetransformowane w logach) tylne rozkłady zakodowane we wzorcu aktywności mózgu wzmacniającym uczenie się i podejmowanie decyzji".

Sieci korowe wykazują różne rodzaje aktywności, takie jak oscylacje, synchronizacja i lawiny neuronowe [79].

Badanie [80] pokazuje, że dopamina moduluje dynamikę mózgu, zwiększając wydajność poznawczą dużych sieci korowych. Konkretnie, "wzmocniona sygnalizacja dopaminergiczna moduluje dwa potencjalnie powiązane aspekty dynamiki korowej na dużą skalę podczas wydajności poznawczej". Tak więc "dopamina zwiększa zdolność do przetwarzania informacji w korze ludzkiej w trakcie działań poznawczych". Potwierdza to komunikację oddziałujących bitów modelujących neurony.

Struktura myśli wynika z Ukrytych modeli poznawczych Markowa [81].

Eksperymenty wykorzystujące matematyczne "problemy piramidy" wspierają piramidalną strukturę przestrzenną inteligencji domeny Obserwatora Informacji.

Bardziej pomocne wyniki wynikają z obrazu sumienia autora [82]:

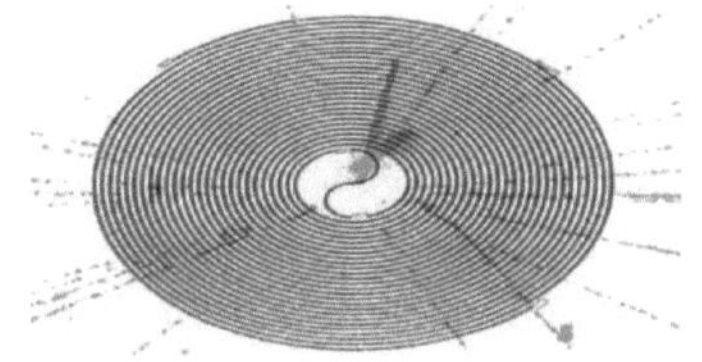

Na tym obrazie pierwszy z nich przedstawia rzut płaski rys. 3, a drugi replikuje rys. 10.

Rola termodynamiki i informacji w aktywności i poznaniu mózgu została omówiona w [83].

Idea *informacji prognostycznej* (jako wzajemnej informacji pomiędzy przeszłością a przyszłością szeregu czasowego) jednoczy powiązania pomiędzy uczeniem się a złożonością [84].

Zgodnie z [85] "Inteligencja mierzy ogólne funkcjonowanie poznawcze, przechwytując wiele różnych funkcji poznawczych. Zakłada się, że mózg pracuje w celu zminimalizowania zasobów przeznaczonych na wyższe funkcje poznawcze, a wydajność pamięci operacyjnej jest związana z równowagą pomiędzy pobudzeniem a zahamowaniem w mózgu". "Jeśli świadomość jest nieodłącznym elementem każdej mentalności, może mieć fundamentalne znaczenie..." Wymaga to fizycznego rachunku, szczegółowego opisu fizyki *uwagi* i autorefleksji, która jest *interakcją*.

Wyniki [87] eksperymentalnie potwierdzają spójne dynamiczne poznanie i konceptualne odtworzenie poznania semantycznego. Według badań eksperymentalnych [84] dopływ energii do mózgu reguluje astrocyty, które regulują przepływ krwi, tworząc anatomiczny most pomiędzy naczyniem a synapsami neuronowymi. Ten molekularny mechanizm potwierdza nasz informacyjny model dostarczania zewnętrznej energii dla inteligencji Obserwatora poprzez most poznawczy, podnosząc inteligencję.

5.4 INDYWIDUALNOŚĆ OBSERWATORA

Indywidualność Obserwatora obejmuje następujące cechy szczególne:

1.Szczególna *triada* pola prawdopodobieństwa obserwująca konkretny zestaw zdarzeń probabilistycznych w powstającym

Obserwator informacji.

2. W zależności od tego, która para impulsów na obserwowanej trajektorii losowej łączy się, pojawia się w mikroprocesorze końcowy konkretny qubit lub Bit. Ponieważ pozycja impulsu na obserwowanej trajektorii mierzy ilość przypadkowej entropii impulsu, entropia ta staje się miarą tworzenia się informacyjnych qubitów lub Bitów. Asymetria końcowego bitu zachowa tę specyfikę.

Takie Bity, uruchamiając makroproces, budując trojaczki, INs, tworząc poznanie i inteligencję Obserwatora, determinują tę indywidualność Obserwatora.

3. Czas obserwacji, pomiar ilości i gęstości Informacji w dostarczonych Bitach.

4.Współpraca Informacji Obserwacyjnej w ograniczonej liczbie węzłów IN-triplet oraz ograniczonej liczbie IN Obserwatora, która zależy od selektywnych działań poszczególnych Obserwatorów [41].

5. Wybiórcze działania określające wspólne siły informacyjne, które zależą od liczby węzłów IN. Minimalna siła kooperacyjna, tworząca pierwszą trójkę, definiuje minimalny selektywny Obserwator.

6. Indywidualna umiejętność wyboru klasyfikuje Obserwatorów Informacyjnych według poziomów hierarchii IN, struktur geometrycznych przestrzeni czasowej i wewnętrznych skal czasowych, których sprzężenie zwrotne posiada *dopuszczalne* spektrum informacyjne obserwacji.

Poszczególne INs Obserwatorów określają jego wyraźną zdolność do samokreacji.

7.Wyprodukowany specyficzny, samodzielnie wytworzony bit uruchamia nową generację osobistych obserwatorów.

Te specyficzne cechy klasyfikują Obserwatorów również według poziomu poznania i inteligencji.

8.Indywidualny kod DSS identyfikuje cel Obserwatora, który zawiera w sobie integralną jakość zdarzeń informacyjnych, które Obserwator gromadzi podczas procesu obserwacji, począwszy od triady pola prawdopodobieństwa. Ta indywidualna specyfika, wynikająca zarówno z obserwacji danego środowiska, jak i ewoluujących atrybutów procesu obserwacyjnego, nie obejmuje mechanizmów budowania Obserwatora. Informacyjny *mechanizm* budowania wszystkich Obserwatorów jest *niezmienny*, który opisuje niezmienne równania dynamiki informacji wynikające z zasady minimax wariacji.

5.5 W JAKI SPOSÓB KOD WYWIADU SAM KONTROLUJE NIEODWRACALNE PROCESY FIZYCZNE OBSERWATORA

Rozproszone działania w zakresie kodowania inteligencji na każdym poziomie hierarchii kontrolują niezbędne zewnętrzne procesy fizyczne. DSS koduje potrójną dynamikę w informacyjnym procesie makrodynamicznym, który implementuje logikę kodowania Obserwatora.

Obserwator żąda energii potrzebnej do realizacji własnych działań z takich poziomów swojej struktury hierarchicznej, które zawierają żądany kod. Żądanie odbywa się w tych samych krokach, które wykonują komunikację, z wyjątkiem kodowania informacji makrodynamicznych poziomów w powiązanym fizycznie nieodwracalnym termodynamice. Po zatwierdzeniu wniosku przez rozpoznanie obserwatora, działanie interaktywne, którego dotyczy wniosek, przyciąga impulsy z potrzebną energią zewnętrzną, wprowadzając gradient entropii $\delta S/\delta x \cong dS/dx\ dx \cong \delta x$ pomiędzy stanami działań interaktywnych. Gradient zapewnia równoważną siłę informacji $X = dS/dx$. Korelacja impulsów określa dyfuzję . bDziałając na dyfuzję, siła ta inicjuje termodynamiczny przepływ (prędkość) potrzebnego zewnętrznego procesu termodynamicznego. Siły termodynamiczne i prędkości przepływu określają w procesie hamiltonowskim $H = X \times I$ siłę do fizycznej realizacji wymaganych działań. Poniższa obserwacja wydajności tych działań dostarcza obserwatorowi informacji zwrotnej, samokontrolując wydajność.

5.6 SAMOKONTROLUJĄCA SIĘ EWOLUCJA OBSERWATORA

1. Obserwując wzajemne oddziaływanie impulsów z energią pola, odcinając entropię impulsu, rozwija jego konwersję do powstającego Bitu Informacji, który sam uczestniczy w ewoluujących interakcjach zmniejszających obserwowalną niepewność. Interakcje te, trzymając się probabilistycznej, a następnie informacyjnej logiki, rozwijają etapy i poziomy procesu.

2. Formalna analiza etapów i poziomów ewolucji, poczynając od wielorakich oddziaływujących ze sobą impulsów obserwowalnych pól losowych, pokazuje, że każdy kolejny poziom pozwala na samotworzenie kolejnego poziomu i samo-tworzenie zagnieżdżonej piramidalnej przestrzeni czasowej, hierarchicznej struktury sieciowej. Ciągła interakcja dostarcza informacji nowego poziomu poprzez sprzężenie zwrotne każdego poziomu z innymi poziomami w hierarchii. Przyciąganie informacji, które mierzy ilość informacji

wymaganych przez etap IN, określa *potencjał* ewolucyjny tego etapu ewolucyjnego. Złożoność informacyjna dynamiki ewolucji [88] mierzy gęstość zbiorowej informacji zakolczykowanej na etapie IN, która określa wartość informacyjną potencjału współpracy dla każdego etapu.

3. Szczególne ograniczenia nałożone na każdy poziom, etap i dziedzinę ograniczają ich jednostki strukturalne.

Kiedy Obserwator próbuje zwiększyć jakość Informacji poprzez nadpisanie jej specyficznego ograniczenia, przypadkowo pojawiające się osobliwości [62] umożliwiają odnowienie lokalizacji ograniczenia Obserwatora, przynosząc nowy oryginalny (indywidualny) poziom lub etap, oraz jakość domeny odróżniającą się od ewolucji dynamiki Informacji w ramach ograniczeń. Inne, niewspółpracujące cechy szczególne przyczyniają się do powstania pola losowego, które samoczynnie zamyka obecny łańcuch *indywidualnej* ewolucji Obserwatora. Interaktywna akwizycja, przynosząca rosnącą jakość Informacji, pozwala na automatyczne przekroczenie niektórych progów, zmniejszając *różnorodność* Obserwatora.

4. Nabywanie informacji poprzez ich interaktywne wiązanie zwiększa tendencję do wzrostu jakości informacji w ewoluujących IN. Dostarcza to rosnących sił informacyjnych, które umożliwiają pokonanie progu i przejście do kolejnego etapu rosnącej jakości. Ewoluująca obserwacja pozwala na samoregulację ograniczeń i progów w kreatywnym Obserwatorze.

5. 5. Obserwatorzy, osiągając potencjalny próg na przestrzeni czasowej lokalizację wzdłuż trajektorii procesu, ale nie mogąc go pokonać, osiedlają się pomiędzy tymi progami, a ostatecznie rozpadają się.

6. Evolution automatycznie wybiera Observera pozostającego na trajektorii i eliminuje innych poprzez zapamiętanie progu poprzez jego kodowanie. Wychodząc od kodu kooperacyjnego, lokalne funkcje intelektualne kontrolują każdy etap ewolucji. Ustanawia on *hierarchię ewolucji* ewoluującej zagnieżdżonej struktury hierarchicznej poziomów IN, etapów i domen.

Stabilność ewolucji zależy od zdolności zapamiętywania informacji z każdego etapu ewolucji.

Obserwator, który nie jest w stanie przekroczyć progu sceny, pozostaje w jej obrębie stabilny.

Pozwala to na zapamiętanie *różnorodności selektywnych i stabilnych obserwatorów.*

7. Ewolucja rozwija się bez żadnych istniejących wcześniej praw na trajektorii każdego Obserwatora, która obejmuje wszystkie jego poziomy, etapy i domeny oraz potencjalne progi między nimi.

Regularność Obserwatora wzrasta w obserwacji impulsowej od samoutworzonych obserwatorów wirtualnych do rzeczywistych, gdzie każdy impuls jest działaniem max-min przenoszonym na kolejne poprzez działanie mini-max. Ta wynikająca z tego zasada zmienności narzuca formę informacyjną prawa, która obejmuje następujące prawidłowości. Skrajna trajektoria procesu, implementując matematyczną formę tego prawa, uwalnia te prawidłowości w najbardziej ogólnej formie informacyjnej. Obserwator sam rozwija specyficzne prawidłowości w przedłużaniu obserwacji i samo-ewolucji, który sam tworzy prawo z rozszerzającymi się regularnościami.

Umiejętności te inicjują łańcuch przyczyn wirtualnych, logicznych i informacyjnych, który obejmuje skrajną trajektorię.

8. Używając tego kodu, Jednostki Samokodowania Informacji w IN code-logic i Obliczenia Obserwatora służą do wspólnej komunikacji zewnętrznej i wewnętrznej, umożliwiając kodowanie różnych interakcji w uniwersalnym języku informacyjnym i prowadzenie wspólnych operacji zarówno wewnątrz jak i na zewnątrz domen i Obserwatora. To jednoczy Obserwatorów.

9. Pojawienie się Obserwatorów w czasie, przestrzeni i Informacji na wielu poziomach hierarchii podąża za powstającą ewolucją Dynamika Informacji, tworząc wielu ewoluujących Obserwatorów z informacyjnymi mechanizmami poznania i inteligencji.

Wyniki te formalizują regularność Obserwatora w kompleksowej informacyjno-fizycznej teorii, łączącej wirtualny świat kwantowy z fizycznym światem klasycznym i relatywistycznym.

5.7 ASPEKTY METAFIZYCZNE ROSNĄCEGO OBSERWATORA INFORMACJI

Zgodnie z [89], Bóg inicjuje przypadkowość tworząc początkowe pole procesu losowego.

Pole fal losowych, oddziałujących z Obserwatorem, eksponuje dyskretne impulsy działające jako kontrola losowa (rozdział 1.4). Analogia to fala świetlna, która po oddziaływaniu (pomiarze) wytwarza wiele kwantów. Łączące obiektywne miary prawdopodobieństwa Kołmogorowa i Bayesa generują proces obserwacji oddziałujących losowo impulsów w miejscu pojawienia się Informacyjnego Obserwatora.

Ilość N_{ol} mierzy transformację niezmienną zbudowaną podczas obserwacji, która przekształca prawdopodobny proces obserwacji w proces informacyjny powstającego Obserwatora Informacji (porównywalny do człowieka). Pokazuje to, że multi-interaktywne, przypadkowe fale w końcu mogą wytworzyć prawdziwą Informację stworzonego przez Boga Wszechświata.

Akceptacja aksjomatów początkowych oznacza, że Wszechświat emanuje interakcjami, które są tylko rzeczywistością.

Pytanie brzmi: jak naturalny inteligentny Obserwator, człowiek, może sam przetransformować zainicjowaną przez Boga przypadkowość w Bożej informacji? Zakładamy, że taki transformator to ludzka wiara.

Według Biblii, Hebrajczyków 11:1: "Teraz wiara jest zapewnieniem rzeczy, których się spodziewamy, przekonaniem rzeczy, których nie widzimy". I po [90]: "Ta definicja wiary zawiera dwa aspekty: zgodę intelektualną i zaufanie. Zgoda intelektualna to uznanie prawdy i zgoda na to, że wspiera ona daną osobę"... "Zaufanie w rzeczywistości polega na tym, że coś jest prawdziwe. '

Informacyjny model poznawczy intelektualnego Obserwatora polega na rozpoznawaniu Informacji poprzez ludzką wiarę Obserwatora, uzgadniając z Obserwatorem zaakceptowanie Informacji, które Obserwator zebrał.

Obserwator informacji opiera się na informacjach uzyskanych podczas ewolucji ścieżki obserwacji od niepewności losowej do pewności informacji z maksymalnym prawdopodobieństwem zbliżającym się do 1.

Ponieważ wiara, powstająca intuicyjnie w człowieku-Obserwerze, zamyka w sobie opisany matematyczny formalizm informacyjny, łączy wiarę i naukę, jak wierzymy. Nie każda osoba-serwer może otrzymać informację przesłaną przez Boga. Z tego punktu widzenia ruch poznawczy, zarówno wirtualny jak i realny, modelujący wiarę, umożliwia ludzką transformację stworzonej przez Boga naturalnej multi-interakcji generującej przypadkowość ludzkiej Informacji. Transformacja zaczyna się od wirtualnego logicznego procesu poznawczego, aż do informacji poznawczej i termodynamiki jako receptora informacji intelektualnej. Dlatego opisywany matematyczny formalizm mógłby otworzyć drogę naukową dla ludzkiej wiedzy Obserwatora do Boga. Ale tylko niektórzy Obserwatorzy umożliwiają pokonanie tej przepaści i wielu opisanych ograniczeń.

Według współczesnej astronomii, Wszechświat jest ograniczony krawędzią lub horyzontem.

Zakładając że granica ta generuje ogromną ilość Informacji która wytwarza pole przypadkowe we wszechświecie, przypuszczam że generatorem tej Informacji jest Bóg znajdujący się na horyzoncie granicznym.

Rozproszony intelektualnie wielokrotny kod DSS (Sec.1.8.3) może modelować niektóre funkcje Generatora. Topologia zakrzywionego horyzontu może generować częstotliwości rezonansowe widma $\{\omega_1,\omega_2,\omega_1\}=\omega_o$ trzymającego w swoim kodowaniu pętlę logiki poznawczej samo-tworzącą wiele informacji. Konkretnie, pierwszy z nich umożliwia tworzenie logiki, drugi generuje Bity Informacyjne, a trzeci jest w stanie stworzyć kod inteligencji w Obserwatorze. (Wszystkie one, zgodnie z ID, powstają w strukturze geometrycznej Obserwatora). Ludzie, i inni ewentualni Obserwatorzy, wybierają i akceptują tylko części pola informacji, podążając drogą od niepewności do pewności. Obserwatorzy ci są więc zgodnie z prawem stworzeni przez Boga i wykonują Jego prawa. Ponadto, Obserwatorzy umożliwiają komunikowanie się z Bogiem poprzez możliwość wyboru Informacji z pola losowego.

Każdy Obserwator jest stworzony z Bożych Bitów, bez wcześniejszego Prawa stającego się Obserwatorem - Uczestnikiem, który wybiera nowe Bity z przypadkowego pola i sam się rozwija. Wynika z tego, że

(1)-Bóg tworzy w sobie wszystkich Obserwatorów generujących informacje,

(2)-Bóg buduje się fizycznie poprzez Obserwatora o strukturze informacyjnej,

(3)-Wszechświat jest fizycznie zbudowany przez Boga,

(4)-Obserwatywne funkcje i przeznaczenie wynikają z wykonywania wyłaniających się boskich zadań informacyjnych, (5)-Wszyscy obserwatorzy, w tym ludzie, żyją wewnątrz Boga, kontynuując budowanie świata fizycznego.

Tak więc, wszechświat jest Bogiem, podczas gdy wszyscy Obserwatorzy są w Bożym Wszechświecie. Każdy Obserwator, ewoluując z Boskich Bitów, staje się Obserwatorem-Uczestnikiem, który wybiera nowe Bity z przypadkowego pola i samorealizuje się bez istniejącego wcześniej Prawa.

Formalizm podejścia informacyjnego ma wiele innych filozoficznych, metafizycznych i socjologicznych interpretacji.

5.8. O STRUKTURZE INFORMACYJNEJ SZTUCZNIE ZAPROJEKTOWANEGO OBSERWATORA: PODSTAWOWE POJĘCIA

Opisana ścieżka wyłaniania się Obserwatora Informacyjnego i ewolucja samoorganizujących się etapów ujawniają *funkcjonalną strukturę informacyjną sztucznie zaprojektowanego Obserwatora*, który nie tylko wykonuje rutynowe manipulacje, ale sam generuje swój mózg wykonując zarówno ludzkie, jak i super ludzkie funkcje intelektualne. Struktura informacyjna sztucznie zaprojektowanego *Obserwatora* zawiera następujące główne składniki funkcjonalne:

1. Obserwacja probabilistyczna mierzona dyskretnymi impulsami probabilistycznymi procesu obserwacyjnego.

2. Redukcja entropii procesu pod wpływem impulsu sondującego i rosnąca logika probabilistyczna.

3. Czas powstania i geometria przestrzeni w procesie obserwacji impulsów.

4. Impuls przekształca proces obserwacji w entropię informacji.

5. Integracja entropii procesu i jej przekształcenie w proces Informacja.

6. Pojawienie się bitu i wielu bitów w mikro- i makroprocesach informacyjnych oraz podniesienie jakości procesu Logika informacyjna.

7. Samoformujące się trójkątne struktury logiczne i ich samodzielna współpraca w sieci informatycznej" (IN) logika hierarchiczna.

8. Samoformująca się, hierarchiczna, rozproszona struktura logiczna poznania.

9. Samodzielna współpraca wielu struktur informacyjnych INs w domenie hierarchicznej.

10. Wielopoziomowe samokodowanie się hierarchicznej logiki poznawczej w kodzie inteligentnym.

11. Inteligentny kod kooperacyjny zamykający utworzoną strukturę geometryczną Informacji Obserwatora.

12. Kod inteligencji samokontrolujący ewolucję Obserwatora.

13. Zrozumienie znaczenia w każdej komunikacji współdziałających inteligentnych obserwatorów.

Opracowany formalizm matematyczny pozwala na opisanie tych prawidłowości funkcjonalnych i struktury informacyjnej sztucznie zaprojektowanego Obserwatora w kierunku sztucznego mózgu.

VI. PODSUMOWANIE ŚCIEŻKI INFORMACYJNEJ POWSTAJĄCEGO OBSERWATORA INFORMACJI

6.1. PRZEGLĄD

6.1.1. Podstawy

1. Interakcje są podstawowymi zjawiskami naturalnymi we wszechświecie.

2. Każda elementarna interakcja jest działaniem i reakcją. Jest to impuls, który może być reprezentowany jako symbol Tak-Nie modelujący binarną wartość 1-0, Bit. Łączy to zjawisko Interakcji ze zjawiskiem Informacji, pojawiającym się w obserwacji impulsu.

3. Wprowadzone pojęcie Informacji prowadzi do ewolucji Obserwatora Informacyjnego w interaktywnych obserwacjach. Zmienia ono stosunek Informacji do entropii, pochodzenie przyczynowości, logikę, dynamikę Informacji, mikroprocesy, złożoność, poznanie Obserwatora i logikę inteligencji oraz wiele innych istotnych pojęć.

W niniejszym opracowaniu uzasadniono je wszystkie i zatwierdzono analitycznie i liczbowo.

6.1.2. Szczegóły

1. Interakcje różnych zdarzeń (obiektów, cząstek) wskazują przede wszystkim na ich występowanie w wielu śladach ujawnionych przez obserwacje.

2. Wielokrotne interakcje powodują powstanie wielu losowych elementarnych zdarzeń 1-0, których wystąpienie opisuje aksjomatyczne prawdopodobieństwa prawa Kołmogorowa 0-1. Prawdopodobieństwa tych zdarzeń losowych, wyłaniających się z pola prawdopodobieństwa, oddziałują poprzez procesy losowe, które są modelowane jako łańcuchy wielobitowe Markova.

To pole prawdopodobieństwa aksjomatycznego jest źródłem informacji i zdarzeń fizycznych.

3. Probabilistyczny ślad wielu bitów obiektywnie obserwuje formalny akt, który zmienia prawdopodobieństwa łańcucha Markowa na przejściowe prawdopodobieństwa *a priori-a posteriori* procesu dyfuzji Markowa, analogicznie do prawdopodobieństw bayesowskich.

4. Bajesowskie prawdopodobieństwa modelu procesu dyfuzji Markova dyskretnie 1-0 impulsów probabilistycznych działających w celu obserwacji łańcucha Markova. Te impulsy obserwacyjne z działaniami Tak-Nie lub Nie-Tak formalnie modelują sekwencję zdarzeń prawa Kołmogorowa 0-1. Prawdopodobieństwa aksjomatyczne pola łączą dyskretne prawdopodobieństwa Prawa Kołmogorowa z bajesowskimi prawdopodobieństwami procesu dyfuzji Markowa.

5. Poszczególne prawdopodobieństwa pola obserwują jego określony zestaw zdarzeń, które identyfikują potencjalnego Obserwatora.

6. Korelacje Markowa posiadają względną entropię miarą niepewności zdarzeń losowych pomiędzy impulsem Tak - Brak prawdopodobieństwa, lub niepewne wielokrotne impulsy niepewnych bitów.

7. Wkład entropii mierzy interaktywny wpływ każdego impulsu obserwacyjnego na obserwowany proces, który zmienia się w wyniku obserwacji. Wpływ obserwacji, zebranych przez integralny środek EF-IPF, ostatecznie tworzy ścieżkę do Obserwatora Informacji.

8. Pewność powstaje poprzez usunięcie entropii korelacji lub niepewności, pochodzącej z informacji, które wyłaniają się z określonego zbioru obserwacji zdarzeń probabilistycznych. Konkretny Obserwator Informacji jest tworzony z obiektywnych prawdopodobieństw obserwacji.

9 Jak pokazano w poprzednich rozdziałach, ten Obserwator Informacji pojawia się bez żadnych istniejących wcześniej praw fizycznych.•

6.1.3. 6.1.3. Podsumowanie Hierarchicznych Poziomów Ewolucji w Ścieżce Obserwacji Impulsów

- Cel Tak - Brak prawdopodobieństwa mierzy wirtualne impulsy sondujące. Przetwarzając interakcje, generują one wyidealizowany (wirtualny) pomiar prawdopodobieństwa, od skończonej niepewności w obserwowalnym procesie Markova do prawdopodobieństwa potencjalnego (wirtualnego) obserwatora Bayesa, aż po pewność rzeczywistego Obserwatora Informacji.

- Impuls interaktywnego Bezczynności obcina maksymalną entropię, podczas gdy jego Tak-działanie przenosi minimalne cięcie na następny impuls, tworząc w ten sposób wiele impulsów na zasadzie maxmin-minimax, zmniejszając niepewność procesu obserwacji.

- Zmniejszona entropia relacyjna wzdłuż trajektorii procesu obserwacyjnego przekazuje Bayesowi *a priori-a posteriori* probabilistyczną przyczynowość impulsu. Korelacja impulsu tymczasowo zapamiętuje logikę sekwencyjnej sondy o przyczynowości probabilistycznej.

- Korelacje te utrzymują ukryte wewnętrzne połączenia entropii impulsu, która integruje Entropię Funkcjonalną (EF) wzdłuż procesu obserwacji. EF integruje również interwał czasowy połączeń korelacyjnych wzdłuż procesu obserwacji. Korelacje łączą zdarzenia w losowym przebiegu czasowym. Dodatkowo, pozwala to na integrację probabilistycznej przyczynowości logicznej.

- Połączenie impulsów tnących zmniejsza potencjalną liczbę wielu obserwatorów wirtualnych, wskazując próg, który ogranicza liczbę obserwatorów nie przekraczających progu.

- Wraz ze wzrostem prawdopodobieństwa *a posteriori* Bayes'a, sąsiednie impulsy mogą się łączyć, generując interaktywny skok na każdej granicy impulsów. Para przypadkowych interaktywnych działań na granicy impulsów staje się równie prawdopodobna. Połączenie łączy działanie powodujące z kolejną reakcją, nakładającą się na przyczynę i skutek.

Wyłaniający się mikroprocesor w ramach impulsu granicznego uruchamia superpozycję i splątanie się sprzężonych frakcji entropii. Frakcje te splątują się w przedziale czasu w przestrzeni.

Ponieważ na początku splątania nie ma żadnej miary przestrzeni, zaplątane stany mogą być wszędzie w przestrzeni. To wskazuje na nielokalność stanów splątania. Mikroproces kończy się, gdy objętość zaplątania jest zaplątana.

- Interakcja zakrzywia współdziałający impuls, który tworzy wewnętrzny ruch obrotowy impulsów wzdłuż procesu obserwacji.

- Mikroprocesor łączy zaplątaną entropię z formacją bitu poprzez szczelinę entropia-Informacja. Szczelina ta posiada ukrytą rzeczywistą lokalizację, którą może pokonać rotujący pęd potencjalny, rosnący wraz ze wzrostem objętości entropii na przestrzeni szczeliny. Rzeczywista lokalna szczelina ujawnia fizyczną dyfuzję Markowa, którego entropia wymazuje zewnętrzny impuls energetyczny. Pęd nabiera właściwości fizycznych w pobliżu końca luki, gdy pęd zakrzywia fizyczne odcięcie przeniesionej objętości entropii. Bity tnące zachowują logikę przyczynową w logice informacyjnej.

• Pojawiająca się podczas interakcji energia zabija objętość entropii w szczelinie, zapamiętując logiczny bit lub dwa kwubity. $1Nat = 1.44bit$ Każdy z impulsów zawiera $1bit \cong 0.7Nat$ i Wolną informację o korelacji cięcia $0.123bit$, umożliwiając działania przyciągające. Różnica Bitu z $1.44 - 1.23 = 0.21$ $0.21 \times 1.44 \cong 0.3Nat$ jest przekazywana do następnego oddziałującego impulsu jako jego odpowiednik entropii.

• Odwrotna krzywizna, zamykająca entropię oddziałujących impulsów, obniża energię potencjalną, która przekształca entropię w bit oddziałującego procesu.

• W wielowymiarowym procesie obserwacji, wielokrotne cięcia ujawniają wiele jednostek bitowych, które Ukryte przyciąganie informacji wiąże w zbiorowym dynamicznym ruchu procesu makrodynamicznego informacji.

Makroproces integruje zarówno entropię pomiędzy impulsami, mikroprocesami, jak i odcięciem informacji o rzeczywistych impulsach, które sekwencyjnie przekształcają zebraną entropię w fizyczny proces informacyjny podczas makroruchu.

• Wiele współdziałających bitów samoorganizuje proces informacyjny w strukturze informacji, kodując przyczynowość informacji, logikę probabilistyczną i złożoność.

• Trajektoria procesu obserwacyjnego pełni funkcję falową (zarówno probabilistyczną, jak i pewną), samobudującą hierarchię struktury informacji.

• Ścieżka informacyjna Functional (IPF) integruje proces informacyjny, zamykając korelacje cięcia EF, tworząc Bity, które łączą się z IPF wzdłuż skrajnej trajektorii procesu obserwacyjnego. IPF kondensuje wszystkie zintegrowane bity w końcowym Bicie trajektorii.

• Makrodynamika informacji (IMD) jest odwracalna w każdym segmencie ekstremalnym EF-IPF, natomiast nieodwracalność wzrasta na każdej granicy pomiędzy segmentami, które zawierają zapamiętane informacje. Granice te nakładają na hamiltonistę nieodwracalnej IMD dynamiczne ograniczenie. IMD Lagrangian integruje zarówno informacje o impulsie jak i o ograniczeniu w odstępach czasu.

• EF-IPF integruje odstępy czasowe impulsów niezmiennych w geometrii informacyjnej.

• Przepływ ruchomych bitów tnących tworzy jednostkę makroprocesu informacyjnego (UP), której wielkość ogranicza początkową maksymalną i końcową minimalną prędkość informacji, przyciągając nową UP przez jej Wolną Informację.

Wybierany automatycznie podczas ruchu makro przyciągającego minimax, każdy UP łączy dwa bity tnące z trzecim bitem, dostarczając informacje do następnego bitu tnącego.

- Minimum trzy połączone ze sobą Bity składają optymalną trójkę UP-basic, której Wolna Informacja żąda i wiąże nową trójkę UP, która łączy trzy w węzeł, który gromadzi i zapamiętuje informację trójki w segmentach trajektorii.

- Podczas makroruchu, wiele potrójek UP przylega do hierarchicznej sieci (IN) przestrzeni czasowej, której żądanie Wolnej Informacji wytwarza nowy UP na wyższym poziomie węzła i koduje go w logice potrójnego kodu. Każdy UP ma unikalną pozycję w hierarchii IN, która określa dokładną lokalizację struktur logicznych każdego kodu. Hierarchiczny poziom węzła IN klasyfikuje jakość zmontowanej informacji, podczas gdy aktualnie kończący się węzeł IN integruje informację obejmującą wszystkie poziomy IN.

- Każde działanie Tak-Nie, przekształcone w logikę bitową UP i impuls informacyjny, różnicuje impuls Gęstość i jakość informacji, które identyfikują lokalizację UP na poziomie hierarchicznym IN.

- Nowe informacje dla IN dostarczają żądanego węzła Interaktywny wpływ informacji na potrzebne informacje zewnętrzne. Odcięta entropia obserwacji przekształca się w Informację. Wynikająca z tego nowa jakość informacji jednocześnie buduje tymczasową hierarchię IN, której wysoki poziom obejmuje logikę informacji, która wymaga nowych informacji dla IN działającego obserwatora, rozszerzając logikę aż do kodu IN.

- Pojawienie się obecnego poziomu IN wskazuje na zaskoczenie Informacją Obserwatora, mierzone poprzez interakcję informacji zwrotnej IN zarówno z obserwacjami zewnętrznymi, jak i wewnętrznymi IN, dostarczając nową, samoodnawiającą się jakość Informacji.

- Rosnąca ilość informacji IPF, skondensowana w zintegrowanym bitu o skończonej wielkości geometrycznej impulsu, wzmacnia gęstość informacji o bitach, osiągając maksymalną skończoną ilość informacji w nieskończonym wymiarze procesu.

- Pojawiająca się w obserwacjach geometria informacyjna przestrzeni czasowej, związana z makroruchami w obrotowych układach współrzędnych przestrzeni czasowej, kształtuje asymetryczną strukturę Obserwatora poprzez ograniczenie jego wielu IN. Skala czasowa akumulacji informacji określa czas wewnętrznej komunikacji Obserwatora.

- Każdy Obserwator jest właścicielem czasu wewnętrznej komunikacji, w zależności od żądanych informacji, skali czasowej i gęstości zgromadzonych informacji.

- Obserwator optymalnie dokonuje wielu wyborów, ocenianych poprzez minimalną strategię samokierowania, wdrażając siły współpracy emanujące z węzłów zintegrowanych INs.

- Obecne siły współpracy w zakresie informacji, zainicjowane przez Free Information, mierzą się z selektywnymi działaniami Obserwatora, przyciągając nowe, wysokiej jakości informacje. Taka jakość zapewnia wysoką gęstość i częstotliwość związanej z tym informacji obserwacyjnej poprzez mechanizm selektywny. Działania te obejmują przyspieszenie przetwarzania Informacji przez Obserwatora, skoordynowane z nowym wyborem, szybkie zapamiętywanie i kodowanie każdego węzła Informacji wraz z jego logiką i strukturą czasoprzestrzenną. Wszystkie te działania realizują strategię minimax, która minimalizuje wydatki na informację i złożoność współpracy.

- Samowzbudowana struktura informacyjna, w ramach samosynchronizowanego sprzężenia zwrotnego, napędza samoorganizację IN i ewolucję makrodynamiki poprzez jej samo-tworzenie.

- Jednostki makra logicznie samoorganizują się INs sieci informacyjnej, kodując jednostki w strukturach geometrycznych zawierających kod tripletowy.

- Wielokrotne IN wiążą kończące się trojaczki, zamykając w sobie Informacje Obserwatora, poznanie i inteligencję. Poznanie Obserwatora przypomina wspólne jednostki poprzez wiele atrakcji w pętlach rezonansowych tworzących hierarchię trioletów IN.

- Logika poznawcza samodzielnie kontroluje proces kodowania inteligencji w podwójnej strukturze kodowania heliksowego (DSS). Interwały czasowe zegara otwierają dostęp do zewnętrznej energii na każdym konkretnym poziomie hierarchii wielokrotnej IN, umożliwiając zapamiętanie i kodowanie hierarchii tych bitów.

- Maksymalna liczba akceptowanych poziomów potrójnych w wielu INs mierzy maksymalną porównywalną inteligencję informacyjną Obserwatora.

Inteligentny Obserwator rozpoznaje i koduje te cyfrowe obrazy w transmisji wiadomości.

- Inteligentni Obserwatorzy łączą transmisję informacji i komunikację. Taki Obserwator, będąc samorefleksyjnym poprzez niezmienny kod heliksowy DSS, umożliwia odczytanie i zrozumienie znaczenia komunikatu.

- Zrozumienie oznacza, że Obserwator może sklasyfikować i wybrać takie Informacje zgodnie z zapamiętanym przez niego znaczeniem, spośród innych obrazów porównawczych.

- Kod wielokrotny zapamiętuje złożoną strukturę logiczną IN w kodzie współpracy Obserwatora. Ponieważ taki kod posiada energię termodynamiki poznawczej, fizycznie organizuje wiele IN wraz z ich kodami lokalnymi w strukturze informacyjnej kodowania Information Observer.

- Podwójna spiralna struktura potrójnego kodu, samoorganizując wszystkie wielokrotne kody lokalne wzdłuż hierarchii, *koduje Inteligencję rozproszoną Obserwatora*, która automatycznie obejmuje poznanie integrujące procesy obserwacyjne.

Inteligencja Obserwatorów obejmuje zdolność do odkrywania związków przyczynowo-skutkowych zamkniętych w rozwijających się sieciach Obserwatorów, a także do samowzbudowywania rosnącej jakości Informacji i logiki poznawczej na podstawie budowania zbiorowego intelektu Obserwatorów. Węzeł końcowy IN najwyższego poziomu Informacja mierzy Inteligencję Obserwatora.

- Inteligencja różnych obserwatorów integruje informacje zawarte w ich kodach węzłowych IN, które zawierają wiedzę na temat obserwacji na poziomie IN przekazującego obserwatora, co wzmacnia zintegrowaną wiedzę.

- -Wzrastając wraz z upływem czasu, Inteligencja zwiększa Żywotność Obserwatora.

- Procesy obserwacyjne z entropią-informacją i mikroprocesami są zależne od obserwatora. Informacje o każdym poszczególnym Obserwatorze są odrębne. Każda konkretna triada pól prawdopodobieństwa generuje proces informacyjny tworzący swojego Obserwatora.

- Wariantowe prawo Minimaxu Informacyjnego prowadzi do wspólnych prawidłowości informacyjnych dla różnych Obserwatorów.

Obserwując nawet ten sam proces, każdy Obserwator otrzymuje informacje potrzebne przez jego bieżące IN podczas jego optymalnej dynamiki informacji w przestrzeni czasowej. W ten sposób powstają specyficzne (indywidualne) procesy informacyjne pojedynczego Obserwatora.

Poziom ograniczony identyfikuje wielu indywidualnych obserwatorów, z których każdy przestaje ewoluować.

- Integracja entropii procesowej w Entropii Funkcjonalnej i jej bitów w Ścieżce Informacyjnej Działania Integralne formalizują problem zmienności w prawie minimax, określając wszystkie prawidłowości procesów. Rozwiązanie problemu matematycznie opisuje procesy mikro-makro, IN oraz niezmienne warunki samoorganizacji i samoreplikacji Obserwatora. Te samo-tworzące się prawo ewolucji wielopoziomowych procesów i Obserwatora.

- Te funkcjonalne prawidłowości tworzą jednolity mechanizm informacyjny, którego integralna logika samoczynnie działa, przekształcając interaktywne niepewności w fizyczną rzeczywistość (materię, ludzką informację).

- Wprowadzona ścieżka interakcji łączy niepewność procesu losowego z pewnością procesu informacyjnego obserwatora, który formalizuje procesy fizyczne oddziałujące z energiami różnych jakości. Ścieżka integruje wielokrotnie nakładające się procesy w Obserwatorze.

- Zjednoczony mechanizm informacji analitycznie syntetyzuje SI, umożliwiając modelowanie przetwarzania mózgu.

- Zarówno procesy informacyjne, jak i informacyjne pojawiają się jako zjawiska naturalnych interakcji.

- Opracowane tu równania informacyjne w sposób analityczny finalizują główne wyniki, zatwierdzają je numerycznie i przedstawiają modele informacyjne wielu interaktywnych procesów fizycznych.

6.1.4. Jak pole obserwacji prawdopodobieństwa, oszczędzając energię, tworzy jednostki fizyczne o skondensowanych właściwościach energia i informacja

- Obserwacja prawdopodobieństwa łączy niepewność przypadkowych interakcji z pewnością procesu informacyjnego. Połączenie to obejmuje procesy fizyczne oddziałujące z energiami o różnych właściwościach. Jakość energii jest oceniana na podstawie stopnia jej uporządkowania (nieporządku) lub symetrii (asymetrii). Poziom ten mierzy minimalną entropię, ln2, która jest równoważna Bitowi. Minimalna entropia klasyfikuje jakość energii (od wysokiej jakości energii świetlnej do niskiej jakości energii rozpraszania ciepła).

• Oddziaływania oddziaływujące z impulsem zakrzywiają geometrię impulsów, których krzywizna tworzy asymetrię impulsów. Takie oddziaływanie logicznie wymazuje każdą wcześniej rotującą uwikłaną jednostkę entropii objętości entropii. Wysokiej jakości energia każdego procesu kompensuje entropię o niższej jakości. Eliminuje to entropię przyczynową z symetryczną logiką odwracalną, stworzoną przez Bayes'a a *a priori-a posteriori* prawdopodobieństwa, przynosząc asymetryczną logikę informacyjną równoważną z Bitem logicznym. Taki Bit jest naturalnie wydobywany lub wymazywany przy minimalnym koszcie Energii Jakości poprzez topologiczną przelotowość w przejściu fazowym i kompresji. Wiąże się to z impulsem przejściowym wewnątrz impulsu wirtualnego, logicznie zapamiętując zaplątane jednostki poprzez wykonanie ich lustrzanej kopii. Asymetria utworzonych qubitów jest zakodowana w zapisanym w pamięci bitu. Takie operacje spełniają funkcję logicznego demona Maxwella. Logika asymetryczna obejmuje fizyczną dyfuzję Markowa, którego energia wymazuje impuls entropii zapamiętując bit logiczny.

• Przenoszenie entropii poprzez interakcję łączy procesy fizyczne i niefizyczne. Takie interakcje w naturalny sposób obserwują odpowiednik prawdopodobieństwa entropii, przekształcony w informację. Informacja tworzy Obserwatora Informacji.

• Energie o różnych właściwościach i wielkościach oddziałują na siebie poprzez szczelinę entropia-Informacja. Przezwyciężenie tej luki powoduje powstanie bitu informacyjnego. Taki Bit mierzy informację jednostki fizycznej.

• Minimalna energia ln2 tworzy krzywiznę geometrii Bita. Zakrzywiona geometria umożliwia wiązanie. To tworzy Wolną Informację Bitu, umożliwiając przyciąganie informacji i wiązanie jednostek informacyjnych. Wolna Informacja jest dyskretną formą informacji o wolnej energii (Gibbs-Landau).

• Każdy Bit wiąże i komponuje różne jednostki informacji z energią wysokiej jakości. W miarę jak coraz więcej Bitów jest składanych, ilość tej jakości w jednostce złożonej rośnie.

• Elementarna trójkątka zawiera minimalną ilość tej jakości. Załączona potrójna jakość wiąże tę samą potrójną ilość.

• Ponieważ IPF extremal skraca okres czasu każdego kolejnego złożonego urządzenia, gęstość załączonych ilości i jakość wzrasta. Każdy niezmienny impuls zewnętrzny przynosi energię ln2 w czasie potrzebnym zarówno na wymazanie odwracalnego bitu logicznego, jak i zapamiętanie bitu logiki informacyjnej. Każdy bit logiczny jest zapamiętywany poprzez dostarczenie w tym czasie minimalnej energii Landauera. Komponując trójkąt informacyjny, jednostka potrójnego bitu logicznego zapamiętuje, a następnie koduje węzeł tworzącego się węzła sieci informacyjnej (IN). *Jakość* IN mierzy *liczbę* węzłów w IN. Poprzez dołączenie wszystkich poprzednich węzłów IN, określa się każdy poziom hierarchiczny IN. Ponieważ każdy węzeł tego poziomu mierzy jednakową jakość informacji związanych ln2, *energia i informacje dotyczące jakości węzła są zbieżne w* całej hierarchii IN.

• Rozdział 5.2.5 dowodzi, że gęstość każdego impulsu zawiera w sobie *równą miarę Jakości Energii i Informacji.*

• Ilość Jakości Energii i Informacji określa anatomię jednostek informacyjnych: od kubitów, przez Bity, Wolną Informację, trojaczki, Sieci Informacyjne (IN), aż do końcowego trojaczka, który wiąże wiele IN. Powstają jednostki fizyczne, od elementarnej struktury cząstek do różnych makrojednostek: cząsteczek, form elektrochemicznych, komórek, organizmów biologicznych i ludzi. Każda jednostka, związana niezmienną strukturą trójkąta, zachowuje niezmienną miarę informacyjną.

• Interakcja z innymi trojaczkami polega na połączeniu w makroprocesorze trojaczki bitów związanych. Fizyka makroprocesu informacyjnego opisuje nieodwracalną termodynamikę oddziałujących cząstek. Z tą samą miarą jakości, ale rosnącą ilością, entropia wzrasta, mierząc nieodwracalność makroprocesu. Różnica entropii ln2, klasyfikująca zaburzenie pomiędzy impulsami procesowymi, wydanymi na formowanie powiązanych jednostek, zachowuje się wzdłuż makroprocesu.

• Wraz ze wzrostem złożonych jednostek informacyjnych wzrasta entropia. Minusem jakości procesu jest całkowite rozproszenie. Aby w dalszym ciągu wiązać kompozytowe jednostki informacyjne, należy zwiększyć liczbę wzajemnie oddziałujących procesów termodynamicznych.

• Wraz ze wzrostem liczby węzłów IN spada jakość otaczającej fizycznej energii procesowej. Każdy numer węzła określa jakość danego procesu posiadającego taką jakość energii. Rosnąca hierarchia wiążących się potrójnych struktur wymaga wielowymiarowej struktury fizycznego procesu makroprocesu. Maksymalne zagęszczenie energii o wysokiej jakości i dużej ilości wymaga nieskończenie wielkowymiarowego procesu.

• Stała ta identyfikuje *pomost pomiędzy mikro- i makroprocesami* powstającymi w wyniku obserwowania interakcji impulsowych w miarę przechodzenia od maksymalnej niepewności do pewności informacji. Połączenie to tworzy jednocześnie strukturę przestrzenną jednostek informacyjnych podczas obserwacji przestrzeni czasowej.

• Trójkąty, które zamykają zespoły kompozytowe, tworzą sieć informacyjną (IN). Każdy węzeł IN umożliwia zapamiętanie związanych z nim trojaczków. Taka oprawiona pamięć powoduje powstanie masy informacyjnej, która utrzymuje oprawione bity razem. Bit fizyczny, zapisany w pamięci na szczelinie entropia-Informacja, wiąże inne bity w fizycznym makroprocesorze, będąc źródłem masy fizycznej. Oszacowana masa fizyczna mierzy objętość trójkąta fizycznego i jego Informacyjny wariant Wolnej Informacji.

• IN buduje zhierarchizowaną ścieżkę interakcji energetycznych poprzez powiązanie rosnących poziomów węzłów w łańcuch. IN zapamiętanych węzłów koduje informację w fizycznym kodzie.

• Wiele fizycznych potrójnych jednostek makroprocesora (UP) przylega do struktury hierarchicznej IN rosnących węzłów. Free Information produkuje nowe UP na wyższym poziomie węzła i koduje potrójną spiralną logikę kodu (DSS). Unikalne położenie każdego UP w hierarchii IN określa położenie struktury logicznej każdego kodu.

• Hierarchiczne poziomy węzłów IN klasyfikują jakość zmontowanych informacji i energii. Końcowy węzeł IN obejmuje wszystkie poziomy IN.

• Każdy konkretny poziom hierarchii IN generuje określone przedziały czasowe, w których otwiera się dostęp do kolejnej miary jakości zewnętrznej energii. Umożliwia to zapamiętywanie i kodowanie logicznej hierarchii bitów. Logika kodowania zawiera informacje kognitywne. Ilość energii (moc) i jakość określonej interakcji ogranicza długość kodu DSS poprzez końcową gęstość Informacji Bitowej. Całkowita długość kodu informacyjnego ogranicza skończony, maksymalny wymiar wysokiej jakości energii zewnętrznej, która jest dostarczana.

• Wiele IN zawiera informacje o obserwatorach, poznaniu i inteligencji. Inteligentny Obserwator może odczytywać i rozumieć znaczenie przekazu poprzez samorefleksję w stosunku do swojego DSS.

• Tak więc, pole prawdopodobieństwa obserwacji impulsów umożliwia generowanie różnych jednostek informacyjno-fizycznych. Jednostki te spełniają pojawiające się prawo minimax informacji, które nakazuje dopuszczalne kombinacje tworzących się jednostek niezmiennych. Dla każdej dopuszczalnej kombinacji jednostek, podstawowa stała i powstające ograniczenia dostarczają wartości określonych właściwości. Jakość energii, oceniana za pomocą miary entropii energetycznej, ogranicza początkowy proces obserwujący prawdopodobieństwo i jego entropię. Ogranicza to również długość kodu w momencie rozpoczęcia obserwacji.

6.2. ATRYBUTY ANALITYCZNE I LICZBOWE WYRÓŻNIAJĄCE GŁÓWNE ETAPY PRAWIDŁOWOŚCI EWOLUCYJNYCH, ICH PROGI I OGRANICZENIA

1. Rozpoczęcie obserwacji wirtualnej z minimalnym prawdopodobieństwem i maksymalną niepewnością identyfikuje następujący próg podstawowy. Minimalne zwiększenie prawdopodobieństwa przybliża wzór $\Delta p_N \to 2^{-N}$, , gdzie znajduje N się liczba impulsów rozpoczynających obserwację wirtualną (pod niepewnością fizyczną Plank'a).

2. Przy danej dokładności $\varepsilon_k \in (0,1), i = 1,2,....n$, liczba impulsów m_o w ramach każdego z n wymiarów procesu szacuje się następująco

$(1-\varepsilon_k)^3 / \varepsilon_k^2 = 1/2m_o S_{ki}$, (2.1)

gdzie $N = n \times m_o$ mierzy się całkowitą liczbę każdego przyrostu S_{ki} entropii m_o. . Minimalna

realistyczna dokładność szacunków $\varepsilon_k = 4.5 \times 10^{-4}$ $m_o = 8800$ przy względnym wzroście prawdopodobieństwa $\Delta p_k \cong 4.5 \times 10^{-4} \exp(-1) \approx 1.65 \times 10^{-4}$, gdzie szacunki $S_{ki} = 1/2\sqrt{1-\varepsilon_k}\ S_{ki}\ \Delta p_k$ i pomiar stosunku bayesowskiego prawdopodobieństwa *a priori* P_{ao} do

a posteriori P_{po} począwszy od częstotliwości $f_o = 8800Hz$.

3. entropia błędu na $S_k = 2(1-\varepsilon_k)^3 / N\varepsilon_k^2$ i $\varepsilon_{kN} = 1/2^N$ prowadzi do $N \to \infty$ $S_{kN} = 2^{N+1}/N$, która szacuje *potencjalny początek obserwacji z prawdopodobieństwem a posteriori*

$P_{poo} = P_{po} / m_o \cong 0.977 \times 10^{-4}$. (2.1a)

4. JeĞli korelacja rosnąca przyniesie impuls z entropią $S_{ki} = 0.5$, impuls taki chwilowo utrzymuje róĪnicĊ prawdopodobieĔstw (zbliĪenie) zgodną z dokáadnoĞcią ε_{ko} korelacji wyjĞciowej i minimalnym prawdopodobieĔstwem $P_{poo} < P_{ao}$ *a posteriori* . Działanie rekurencyjne, pokonując próg maksymalnej niepewności z *minimalnym* prawdopodobieństwem *a priori* $P_{aoo} < P_{poo}$, automatycznie rozpoczyna wirtualną obserwację, która łączy impulsy sondujące w potencjalnym teście wirtualnym.

5. Obserwacja procesu losowego pod bajesowskim prawdopodobieństwem procesu Markova zmniejsza różnicę (odległość) między zdarzeniem losowym a ξ_m mierzonym przez ξ_n $|\xi_m - \xi_n|$.

To może rozpocząć i zwiększyć każdą tylną korelację, ograniczając warunkowe środki entropii w następujących warunkach, począwszy od korelacji i pamięci czasowej.

Zgodnie z [1:90], współczynnik korelacji pomiędzy powyższymi zdarzeniami losowymi: $r_{mn} \leq c(|\xi_m - \xi_n|)$ osiąga wymaganą stabilność w wystarczającym stanie

$$\lim_n n^{-2} \sum_{k=o}^{n-1} c(k) \times \sum_i^n D\xi_i = 0, c(k) > 0, \quad (2.2)$$

gdzie

$$D\xi_i = E(\xi_i - E\xi_i)^2 = E\xi_i^2 - (E\xi_i)^2 \tag{2.2a}$$

określa rozproszenie losowe ξ_i.

Korelacja rozpoczyna się w momencie spełnienia warunku satysfakcji (2.2a).

Zależność prawdopodobieństwa *a priori* i *a posteriori* ((1.53), Sec.1.5) dla bieżących zdarzeń losowych wzdłuż obserwowanej trajektorii ocenia bezpośredni związek z tą korelacją.

Istnienie korelacji między przypadkami ξ_m, ξ_n ustala współczynnik korelacji r_{mn}, który określa wzory na matematyczne oczekiwanie zdarzeń losowych związanych z rozproszeniami [1:87].

Następnie r_{mn} ustala stosunek odstępów czasowych obserwacji:

$$r_{mn} = \sqrt{\frac{t_m}{t_n}}, t_m = (t - t_o)(t_1 - u), t_n = (u - t_o)(t_1 - t), t_o < t < u < t_1 \tag{2.2b}$$

gdzie t_m, t_n są stałe losowe momenty $\xi_m = \xi_m(t_m), \xi_n = \xi_n(t_n)$ w obrębie obserwacji [$t_o < t < u < t_1$ 18: 32].

Z tego wynika, że

$$c(n) = \sqrt{\frac{t_m}{t_n}} / (|\xi_m - \xi_n|) > 0 \tag{2.2c}$$

która określa próg początkowego czasu korelacji i obserwacji t_n.

Korelacja początkowa staje się stabilna, jeżeli przy jakimkolwiek początkowym ($D\xi_i \neq 0$ w 2.2a) i ograniczonym (2.2b) stwierdzona zostanie taka, gdy spełniony zostanie warunek (2.2). n

Stabilne korelacje utrzymują pamięć czasową.

Początkowo przyjmuje się, że istnienie trajektorii procesu stochastycznego spełnia to ograniczenie [2:44]:

$$\lim_{c\to\infty} \lim_{t^o \to t} P\{|\xi(t^o) - \xi(t)|\} > c\sqrt{(t^o - t)} = 0 \tag{2.2d}$$

określa się za pomocą tej miary prawdopodobieństwa. Przy zgodności obu różnic w (2.2d), pierwsza różnica jest nazywana zmienną Laplace'a [18:22], dla której (2.2b) jest spełniona. Dla tych zmiennych, współczynniki dryftu i dyfuzji w procesie stochastycznym wyznaczają następujące zależności [18:28]:

$$a(t) = \frac{(t_1 - t)\xi_o - (t - t_o)\xi_1}{t_1 - t_o}, \sigma^2(t) = \frac{(t_1 - t) - (t - t_o)}{t_1 - t_o}. \tag{2.2e}$$

Warunek (2.2c) określa rozpoczęcie wirtualnej obserwacji, w której współdziałające ze sobą impulsy zaczynają korelować, co stabilizuje warunek (2.2) dla procesu stochastycznego spełniającego (2.2d*)*.

Znoszenie i dyfuzja Markova łączy dodatek funkcjonalny (rozdział 1.4), który łączy się z matrycami korelacji procesu r_t :

$$E[a^u(t,\tilde{x}_t)^T(2b(t,\tilde{x}_t))^{-1}a^u(t,\tilde{x}_t)] = 1/2r_t^{-1}\dot{r}_t. \tag{2.2f}$$

6. Każda elementarna interakcja z przeciwstawnymi ↓↑modelami działania Dirac'a - funkcja delta, której *interaktywne cięcie impulsowe* pochodzi z interaktywnych działań w ramach impulsu.

Dyskretna funkcja impulsu, przełączająca entropię z minimum na maksimum cięcia, a następnie z maksimum na kolejne minimum, zapewnia zasadę maxmin-minimax.

Zasada zmienności minimalnej określa *inwersję miary entropii impulsowej w procesie obserwacji.*

7. Cięcie procesu dyfuzji Markowa (rozdz. 3.4) określa minimalną entropię działania interaktywnego step-down ¼ Nat, minimalny przyrost pomiędzy impulsem interaktywnym 1/2 Nats, a entropią działania step-up ¼ Nat.

Interaktywny impuls ↓↑z wirtualnymi działaniami interaktywnymi zarówno stopniowymi jak i zwyżkowymi przenosi entropię 1Nat przez wielowymiarowy proces obserwacji. Dla ¼ Nat, jako próg minimalnych przyrostów entropii $S_{ki1} = 1/4$dla danego wymiaru$n = 1$, minimalny wzrost wymiaru $n = 2$przynosi minimalne przyrosty interaktywnego impulsu $S_{ki2} = 1/2$Nat. Korelacja w obrębie każdego impulsu posiada odpowiedni przedział czasu$\mathrm{r}_{im} = c\sqrt{\tau_{im}}$, który dla `każdego wspólnego 1Nat jednoczy prawdopodobieństwo impulsu 0 lub 1, przedział czasu i miary entropii:

$$M_p \to M_{im} = [1]_{\tau_{im}} \to [1]_{Nat}. \tag{2.3}$$

Dla impulsu o minimalnej interaktywnej entropii 1/4 Nat, jego rozmiar kwadratu mierzy przedział czasu $1/2o(\tau_k)$tej entropii:

$$M_{\tau_k} = [1/2o(\tau_k)]^2 = 1/4o(\tau_k)^2 \;. \qquad (2.3a)$$

Impuls, zachowując miarę (2.3), wydłuża początkową jednostkę czasu do $1/2o(\tau_k)\ o(\tau_k) = 2$ osiągnięcia miary

$$M_p = [1/2\times 2] = [1] \to [1]_{Nat} \;. \qquad (2.3b)$$

Akcja step-down odcina korelację, która utrzymuje entropię ukrytą w korelacji cut-off.

Jeśli impuls zachowuje niezmienny pomiar maksymalnej entropii, wówczas równoważne odstępy czasowe i przestrzenne impulsu są połączone bezpośrednio przez czas wyobrażony.

Wynika to z korelacji $r_{ij} \to \pm\sqrt{\delta_{ij}}, \delta_{ij} = (t_i - t_j) > 0$, które dla odwrotnego przedziału czasu $\delta_{ij} = -\delta_{ji}$ są urojone. Ma to miejsce wewnątrz impulsu tnącego z powstającym interwałem przestrzennym.

8. Odwrotne zdarzenia tak-nieprawdopodobieństwa ujawniają jego ukrytą korelację, której tylne korelacje automatycznie zwiększają się pod bajesowskim prawdopodobieństwem.

Zakładając, że każde prawdopodobieństwo 0 lub 1 jest *a priori* lub *a posteriori* odpowiednio dla impulsu wirtualnego, z relacji (1.5.13) wynika, że każdy impuls korelacji posteriori r_{im} wzrasta relatywnie do impulsu rozpoczynającego autokorelację r_{io} w stosunku

$$r_{im} / r_{io} = 4 \;. \qquad (2.4)$$

Taka samo-rosnąca korelacja wskazuje na pojawienie *się elementarnego obserwatora wirtualnego, z pomiarem (2.3b) i samo-obcinaniem się korelacji obserwacyjnych* (pochodzących z interaktywnych działań w ramach impulsu).

Jeśli impuls dostarcza minimalnej entropii $S_i = 1/2$ do następujących impulsów, po osiągnięciu tego progu rozpoczyna się proces samobserwacji. Jego działanie posteriori praktycznie zatyka następną akcję cięcia impulsowego, umożliwiając kontynuację procesu poprzez samopodtrzymywanie się.

Ten wirtualny Obserwator wznosi się jako część procesu obserwacji losowej z interaktywnymi impulsami.

9. Rosnąca intensywność korelacji entropii w danym przedziale (jako gęstość entropii), która wzrasta w każdym następnym przedziale, wskazuje na przesunięcie pomiędzy działaniami wirtualnymi, przesunięcie. Przesunięcie wskazuje na lukę entropii pomiędzy impulsami niezmiennymi. Przemieszczenie a, rozpoczynające się w warunkach niepewności fizycznej wewnątrz obszaru podplanki [91], mierzy stosunek stałej Planki do liczby N: osiągniętego impulsu $a = h^o / 2\pi N = \hbar / N\ a$. Stosunek ten ocenia względną bliskość przemieszczenia w stosunku do niepewności potrzebnej do osiągnięcia standardowej krawędzi Płaskowyżu [91]. Minimalne względne przemieszczenie ocenia stosunek

$$a^* / a = 1.000262774 N / N_* \text{ przy } N / N_* = 1 . \tag{2.5}$$

Względna odległość przemieszczenia od jego minimalnej wartości (2,5) ocenia stosunek

$$d_a = 1 - 1.000262774 N / N_* . \tag{2.5a}$$

Zależność (2.5a) mierzy maksymalną odległość minimalnego przemieszczenia (2.5) od krawędzi płyty. Maksymalna odległość szacuje impuls interaktywny z pomiarem przestrzeni, który zaczyna tworzyć minimalną objętość przy tym przemieszczeniu.

Impuls interaktywny" obraca przesunięcie pomiędzy przemieszczonymi stanami.

Odwrotne działania tworzą przesunięcie zaczynające się od skończonej entropii szczeliny przemieszczeniowej.

Skrajna entropia dla wielu impulsów określa minimalną różnicę pomiędzy przeciwstawnymi działaniami mierzonymi przesunięciem czasowym $\delta_k^{r+} / 4$, które ocenia skończoną szerokość impulsu (przed rozpoczęciem przedziału przestrzennego).

Stosunek entropii części szerokości działania impulsowego step-down do entropii 0.25 Nat tego działania impulsowego step-down ocenia względną szerokość

$$\upsilon_o = (0.025 / 0.25) = 0.1 . \tag{2.5b}$$

Minimalną odległość przesunięcia pomiędzy impulsami niezmiennymi, równą $d_a = 0.1$, można osiągnąć za pomocą (2,5b) w stosunku do liczby obserwowanych impulsów:

$N_{*} / N = 1.111403$.

Aby osiągnąć minimalne przemieszczenie (2,5b) początkowe $N = m_o = 8800$, rozpoczynając obserwację, należy zwiększyć do $N_{*} \cong 9780$.

Gradient entropii, przemieszczenie krzywizny (2,5b), mierzy rosnącą siłę entropii.

Przy rosnącym gradiencie entropii, przemieszczenie krzywej szacuje swój promień początkowy

$$r_{e1} = \sqrt{1 + (0.025 / 0.25)^2} = m1.0049875 \ . \qquad (2.5c)$$

Ten promień określa granicę progu. Obrót po łuku zaczyna się od pokonania go.

Wznosząca się krzywizna wirtualnego Euklidesa $K_{e1} = (r_{e1})^{-1}$ szacuje ten próg:

$$K_{e1} \cong +0.995037 \ . \qquad (2.5d)$$

Rozpoczynający się skokowy promień krzywizny inicjuje pojawiający się ruch obrotowy impulsu, którego trajektoria (rys. 3) wynika z zasady zmienności minimalnej.

Promień (2,5c) określa początkowy kąt trajektorii obrotu stożka, Rysunek 3, z zależności

$$r_{e1} = \rho = b \sin(\varphi \sin \beta) \text{ przy } \varphi = \pi k / 2, \mathrm{k} = 1, b = 1/4 . \qquad (2.5e)$$

10. Działanie impulsu skokowego przesuwa mierzony czas odstępu czasu wirtualnego impulsu przez obrót o kąt $\varphi = \pi / 2$. Przemieszczenie w obrębie impulsu prowadzi do dyskretnej formy czasowo-przestrzennej impulsu *zachowującej* swoją miarę (2.3b) w powstającym układzie współrzędnych czasowo-przestrzennych.

Uwagi 6.1. Niech rotacja rozpocznie się na powierzchni kulistej przy warunkowym prawdopodobieństwie rozkładu prawdopodobieństwa dla odległości z szerokością geograficzną θ: $-\pi \leq \theta \leq \pi$ na danej długości geograficznej ψ mającej postać [1:75]:

$$P(\theta_1 \leq \theta \leq \theta_2 \mid \psi) = 1/4 \int_{\theta_1}^{\theta_2} |\cos\theta| \, d\theta .$$

Wtedy ta warunkowa odległość prawdopodobieństwa jest nieregularna.•

Wskazuje to na zmianę jednostki interwału czasowego impulsu wraz z pojawieniem się zakrzywionych impulsów, które rozszerzają się podczas krzywej. Z rosnącym prawdopodobieństwem, intensywność siły entropii łączy działanie i reakcję impulsu, ściskając przedział czasowy pomiędzy tymi działaniami aż do skoku, gdy działania te łączą się i uruchamiają mikroprocesor.

Środek niezmienny jest zachowywany w następującym po nim ruchu w przestrzeni czasowej.

Zachowanie pomiaru impulsów $\overline{u}_k$ na $|M_{io}|=|1|_M[\tau]\times[l]\ h=2, p=1/2$, $M[\overline{u}_k]=|2\times1/2|\xrightarrow{p[\overline{u}_k]}|1|_M$ prowadzi do $[\tau]$pomiarów niezmiennych w$[l]$ czasie i przestrzeni:

$$[l]=\pm[(|M_{io}|/|1|_M)(2/\pi)]^{1/2},[\tau]=\mp[(|M_{io}|/|1|_M)(\pi/2)]^{1/2} \quad ,(2.6)$$

i do $|M_{io}|=M[\overline{u}_k]\pi/2\times[l]^2$, który przy i $p=1/2h, M[\overline{u}_k]=1/2h^2, 1/2h^2[l]^2\pi/2=|M_{io}|\ h[l]=2$ trzyma impulsowy środek niezmienny

$$|M_{io}|=\pi. \quad (2.6a)$$

Ta irracjonalna miara czasu i przestrzeni impulsu zachowuje miarę entropii impulsu, gdy wirtualny Obserwator wycina korelacje w rotacji krzywej.

Warunek (2.6) określa pojawiający się impuls czasoprzestrzenny z miarą (2.6a) po przekroczeniu progu (2.5c), który określa rotację początkową z . $\varphi=\pi/2$ Obrotowy układ współrzędnych impulsu krzywoliniowego rozpoczyna prędkość kątową *c* mierzoną szybkością zmiany przemieszczenia kątowego.

W obracającej się czasoprzestrzeni pojawia się impuls, początkowy kształt geometryczny wirtualnego obserwatora o objętości [$V_c=2\pi c^3/3(k\pi)^2 tg\psi^o 4$] określa początkową przestrzenną prędkość kątową *c,* parametr geometryczny stożka *k,* oraz kąt na każdym wierzchołku stożka ψ^o (Rysunek 8).

11. Parametry przesunięcia definiują następujące zależności.

Analog informacyjny stałej Plank ($\hat{h}$przy maksymalnej częstotliwości widma energetycznego fali informacyjnej w jej temperaturze bezwzględnej) ocenia maksymalną szybkość informacyjną procesu obserwacji:

$$c_{mi}=\hat{h}^{-1}\cong(0.536\times10^{-15})^{-1}Nat/\sec\cong1.86567\times10^{15}Nat/\sec. \quad (2.7)$$

Wartość ta szacuje również minimalny przedział czasowy odpowiadający przesunięciu czasowemu:

$\delta t_e \cong 1.59459 \times 10^{-14} \sec \approx 1.6 \times 10^{-14} \sec$. (2.7a)

Przesunięcie czasowe przy maksymalnej prędkości światła $c_o = 3 \times 10^9 m/\sec$ pozwala na oszacowanie minimalnego przesunięcia przestrzennego:

$\delta_{lo} \approx 4.8 \times 10^{-5} m$. (2.7b)

Prędkość kątowa, pojawiająca się przy maksymalnej prędkości liniowej c_o, długość krzywej δ_{lo} do długości

$\delta_{low} = \pi\delta_{lo}[m]$ $\delta_{low} = 15 \times 10^{-5} m$, . (2.8)

Współczynnik $c_o / \delta_{low} \cong w_o$ przybliża maksymalną prędkość kątową dla zakrzywionej długości δ_{low}:

$w_o \approx 0.1989 \times 10^{14} \sec^{-1}$. (2.8a)

Maksymalna prędkość entropii może obracać się z $\Delta s_{apo} = -\ln(0.8437) \cong 0.117 Nat$ maksymalną prędkością kątową entropii na początku przemieszczenia.

$w_{oe} = 0.73 \times 10^{15} Nat/\sec$. (2.8b)

12. Mikroproces wyłania się w procesie losowym, modelowanym przez proces dyfuzji Markowa, kiedy granica przemieszczenia na odległość (2,5b) osiąga minimalny odstęp me (2,7a) po połączeniu najbliższych działań przeciwnych impulsów.

Działania optytatywne i u_-^t u_+^t są stałymi zmiennymi procesu dyfuzji Markova, który zachowuje zarówno ich funkcje addytywne, jak i mnożnikowe (rozdział 2.1).

Wymaga to relacji spełnienia:

$u_+^t - u_-^t = u_+^t \times u_-^t$ (2.9)

co prowadzi do

$u^t_+ / u^t_- = 2$ (2.9a)

jeśli oba działania są prawdziwe.

I prowadzi do funkcji

$u_{+*} = (j-1), u_{-*} = (j+1)$ (2.9b)

gdy oba działania są złożone i sprzężone.

Przy jednakowych wartościach bezwzględnych działań $|u^t_+| = |u^t_-|$, funkcje wyimaginowane

$u^t_{+*} = j\sqrt{2}, u^t_{-*} = -j\sqrt{2}$ (2.9c)

spełniają tylko część mnożnikową (2.9), podczas gdy miara dodatku impulsowego posiada $U_a = 0$.

Funkcje (2.9b) spełniają zarówno funkcje dodatków, jak i mnożnikowe równe $U_a = U_m = -2$.

Kiedy proces sub-Markowa dostaje ujemną entropię $S^*_{ma} = -2$ działań impulsowych z względnym prawdopodobieństwem $p_{a\pm} = \exp(-2) = 0.1353$, zaczyna się przeciwstawne wyobrażenie działań (2.9b) lub (2.9c), inicjując mikroproces.

W obrębie impulsowego przedziału czasu $\tau = 1Nat$, *splątanie zaczyna się przed utworzeniem swojej przestrzeni i kończy wraz z początkiem przestrzeni w odwracalnym względnym przedziale czasu* 0.015625π części miary niezmiennego impulsu π.

Ponieważ splątanie nie ma żadnej miary przestrzeni, zaplątane stany mogą być wszędzie w przestrzeni.

13. 13. Przedział przestrzenny, rozpoczynający przesunięcie przemieszczenia, rozpoczyna się w przedziale zaplątania mającego prawdopodobieństwo $P_{po*} \cong 0.8231$, trwa w trakcie przesunięcia i rozciąga się na przestrzenną część multiplikatora impulsu po zakończeniu przemieszczenia. Oznacza to, że przemieszczenie rozszerza się, rozszerzając swoje końcowe prawdopodobieństwo aż do wewnętrznej części impulsu, gdzie kończy się z prawdopodobieństwem $P^i_n = 0.86$, utrzymując entropię $S_\pm = 0.15$. Koniec przemieszczenia wskazuje na powstanie przedziału przestrzennego w obrębie

tego impulsu. Lub *a priori* i-prawdopodobieństwo $P_n^i = 0.86$ jest wskaźnikiem pojawienia się pierwszego interwału przestrzennego impulsu (n-od obserwacji początkowej).

Jeśli krzywizna dodatnia tego impulsu oddziałuje z krzywizną ujemną następnego impulsu, to część oddziałująca trzyma sumę entropii krzywizny przejściowej ($S_\Delta = 0.5085$ rozdział 2.6). Różnica $S_\pm - S_\Delta \cong 0.01$ oszacowuje przyrost obu asymetrii impulsu, co jest zgodne z oszacowaniem (rozdział 2.6). Oznacza to odwrotną asymetrię prawdopodobieństwa oszacowania interakcji impulsów $P_n^i = 0.86$. Wzrost prawdopodobieństwa, rozpoczynający zewnętrzny oddziaływujący impuls, oraz prawdopodobieństwo wstrzyknięcia energii oceniają: $\Delta P_{ie} = 0.981699525437 - 0.9855507502 = -0.1118$ trzyma entropię $\Delta S_{\pm a} = -2.191$. Różnica ta $\delta S_\pm = -0.191$ określa związany z tym przyrost entropii w obrębie tego impulsu przed wstrzyknięciem minimalnej miary energii Landauera w przedziale $\ln 2$ informacji kodującej Nat. $\ln 2$

Wyimaginowany mikroprocesor kończy się zaplątaną objętością entropii, mikroprocesor informacyjny wyłania się z dostarczaniem energii, zabijając tę entropię i zapamiętując klasyczny Bit pod koniec impulsu zewnętrznego.

Prawdopodobieństwo $p_\pm^* = \exp(-2h_\alpha^{o*1}) \cong 0.9866617771$ określa fizyczny parametr strukturalny h_α^{o1}, który liczy podplankę powyżej, wynikającą z interaktywnego impulsu z tym prawdopodobieństwem podczas obserwacji.

Na drodze od niepewności do pewności coraz większa liczba wzajemnie oddziałujących ze sobą impulsów $N = 8800$ pozwala obserwatorowi na zbliżenie się do luki w rzeczywistości poprzez zmniejszenie niepewnego przesunięcia punktów podplancowych.

Po zwiększeniu objętości $N+$impulsów entropii w celu pokonania niepewnej objętości (2,5b), entropia z rosnącym prawdopodobieństwem osiąga granicę pewności-rzeczywistości $p_\pm^*$. Ponieważ Bit jest tworzony z prawdopodobieństwem zbliżającym się do 1 z liczbą każdej interakcji $N_\cdot^o \cong 8828$, każda obserwacja impulsu może stworzyć Bit z częstotliwością

$$F_{im} = 1/8828 = 10^{-4} \times 1.13276. \qquad (2.10)$$

Ponadto, ponieważ każde tworzenie bitu wymaga końcowej interakcji impulsów o przeciwstawnych krzywiznach (rozdz. 2.6), taka interakcja wymaga, aby oceniać $N = 8800$ prawdopodobieństwo i częstotliwość pojawiania się tego impulsu.

$$F_{imo} = 1/8800 = 10^{-4} \times 1.13636. \quad (2.10a)$$

Obie częstotliwości oceniają optymalną liczbę impulsów dla pojedynczej obserwacji.

Bit Informacyjny, jako dwa zapamiętane qubity, może być wytwarzany poprzez interakcję, która generuje qubity zawarte w materiale lub urządzeniu (przewodnik-przekaźnik), które zachowuje krzywiznę impulsu przejściowego (sekcje.2.5.2,2.5.3) wewnątrz zamkniętego urządzenia. Zapamiętanie splątanej krzywizny jest informacją o "demonicznym koszcie" splątanej korelacji, która w naturalny sposób utrzymuje jej entropię, czas i krzywiznę impulsu przejściowego.•

6.3. PODSUMOWANIE MATEMATYCZNE. INTERAKTYWNA ZINTEGROWANA DYNAMIKA INFORMACJI (IIID)

IIID integruje wiele interaktywnych obserwacji na Ścieżce, tworząc Obserwatora informacji z poznaniem i inteligencją.
Formalizm IIID Matematyki zawiera następujące równania.
1. Prawdopodobieństwa i uwarunkowania zdarzeń losowych.

Prawdopodobieństwa $P^{p}_{s,x}(d\omega)$ a *priori* i $P^{a}_{s,x}(d\omega)$ *a posteriori* obserwują rozkład $\tilde{x}_t$ procesu dyfuzji Markowa zmiennej losowej ω (zdarzenia).

Dla każdego i,k zdarzenia losowego w A_i, B_k procesie obserwacji, każde warunkowe prawdopodobieństwo *a priori* podąża za warunkowym $P(A_i / B_k)$ prawdopodobieństwem *a posteriori* $P(B_k / A_{i+1})$.

Warunkowe prawdopodobieństwo Kołmogorowa

$$P(A_i / B_k) = [P(A_i)P(B_k / A_i)] / P(B_k) \quad (3.1)$$

definiuje prawdopodobieństwo Bayesa po zastąpieniu średniego prawdopodobieństwa:

$$P(B_k) = \sum_{i=1}^{n} P(B_k / A_i)P(A_i).$$

Warunkowa entropia

$$S[A_i / B_k)] = E[-\ln P(A_i / B_k))] = -\ln \sum_{i,k=1}^{n} P(A_i / B_k)]P(B_k) \qquad (3.1a)$$

uśrednia warunkowe prawdopodobieństwo wystąpienia wielu zdarzeń w trakcie procesu obserwacji w Zatoce Kołmogorowskiej.

Warunkowe prawdopodobieństwo spełnia prawo Kołmogorowa 1-0 dotyczące funkcji ξ, x nieskończonego ciągu niezależnych zmiennych losowych:

$$P_{\delta}(f(x) \mid \xi) = \begin{cases} 1, f(x) \mid \xi) \geq 0 \\ 0, f(x) \mid \xi) < 0 \end{cases}. \qquad (3.1b)$$

Ta miara prawdopodobieństwa została zastosowana do sondowania impulsów w obserwowalnym procesie losowym, który posiada przeciwstawne prawdopodobieństwa Tak - Brak prawdopodobieństwa - jako jednostka funkcji krokowej impulsu prawdopodobieństwa.

Warunkowa entropia losowo-prądowa skończonej sekwencji zdarzeń losowych to

$$\tilde{S}_{ik} = -\ln \mathrm{P}(A_i / B_k)\mathrm{P}(B_k). \qquad (3.1c)$$

Pomiar gęstości prawdopodobieństwa na trajektoriach procesu Markova w funkcji zdarzeń ω:

$$p(\omega) = \frac{\tilde{P}_{s,x}(d\omega)}{P_{s,x}(d\omega)} = \exp\{-\varphi_s^t(\omega)\} \qquad , (3.1d)$$

jest związany z tym dodatkiem procesowym funkcjonalnym

$$\varphi_s^T = 1/2 \int_s^T a^u(t, \tilde{x}_t)^T (2b(t, \tilde{x}_t))^{-1} a^u(t, \tilde{x}_t) dt + \int_s^T (\sigma(t, \tilde{x}_t))^{-1} a^u(t, \tilde{x}_t) d\xi(t) \ . \qquad (3.1e)$$

Ta funkcja jest definiowana poprzez sterowanie procesem, gdzie (3.1e) opisuje również transformację losowego przebiegu czasu procesu Markova w trajektorii procesu.

2. *Integralna miara* obserwowanych trajektorii *procesu* formalizuje *Entropię Funkcjonalną* (EF), która wyraża się poprzez powyższe funkcje procesu dyfuzji Markowa $\tilde{x}_t$:

$$\Delta S[\tilde{x}_t]|_s^T = 1/2 E_{s,x}\{\int_s^T a^u(t, \tilde{x}_t)^T (2b(t, \tilde{x}_t))^{-1} a^u(t, \tilde{x}_t) dt\} = \int_{\tilde{x}(t) \in B} -\ln[p(\omega)] P_{s,x}(d\omega) = -E_{s,x}[\ln p(\omega)] \quad , (3.2)$$

oraz pomiar gęstości prawdopodobieństwa na trajektoriach procesu.

3. Obcięcie EF przez funkcję delta impulsu określa przyrosty informacji dla każdego impulsu:

$$\Delta I[\tilde{x}_t]\Big|_{t=\tau_k^{-o}}^{t=\tau_k^{+o}} = \begin{cases} 0, t < \tau_k^{-o} \\ 1/4Nat, t = \tau_k^{-o} \\ 1/4Nat, t = \tau_k^{+o} \\ 1/2Nat, t = \tau_k, \tau_k^{-o} < \tau_k < \tau_k^{+o} \end{cases} \tag{3.3}$$

z sumą $\sum_{t=\tau_k^{-o}}^{t=\tau_k^{+o}} \Delta I[\tilde{x}_t]_{\delta t} = 1Nat$. (3.3a)

4. Ścieżka informacyjna Funkcjonalna (IPF) łączy składowe informacyjne odcięcia wzdłuż $\Delta I[\tilde{x}_t / \varsigma_t]_{\delta_k}$ n-wymiarowych impulsów procesowych Markova w całym przedziale czasu $(T-s)$:

$$I[\tilde{x}_t]\Big|_s^{t\to T} = \lim_{k=n\to\infty} \sum_{k=1}^{k=n} \Delta I[\tilde{x}_t / \varsigma_t]_{\delta_k} \to S[\tilde{x}_t], \tag{3.4}$$

który w limicie zbliża się do EF. IPF wzdłuż korelacji czasu cięcia na optymalnej (ekstremalnej) trajektorii procesu x_t, w granicy, określa równanie

$$I[\tilde{x}_t / \varsigma_t]_{x_t} = -1/8\int_s^T Tr[(r_s \dot{r}_t^{-1}]dt = -1/8Tr[\ln((r(\mathrm{T})/r(s))]. \tag{3.4a}$$

w zależności od śladu korelacji względnych.

Wreszcie, IPF nabiera skończonej formy (w środku niezmiennym $\Delta I_{k=1} = |1|_k = 1Nat$):

$$I_p = \lim_{m\to\infty} \sum_{k=1}^{m} |1|_k \times \tau_{k=1} = \lim_{m\to\infty} m|1|_k \times \tau_{k=1}. \tag{3.4b}$$

5. Równanie EF dla mikroprocesora:

$\partial S(t^*)/\delta t^* = u_\pm^{t1} S(t^*)\ u_\pm^{t1} = [u_+ = \uparrow_{\tau_k^{+o}} (j-1), u_- = \downarrow_{\tau_k^{+o}} (j+1)]$, (3.5)

w odwrotnym działaniu funkcji $u_\pm^{t1}$, uruchamia impuls przeciwstawny do czasu, $t_\pm^* = \pm\pi / 2t^i$ który mierzy kąt obrotu przestrzeni w stosunku do wewnętrznego czasu impulsu t^i.

Rozwiązania "równania" dla sprzężonych entropii $S_+(t_+^*)$, określają funkcje $S_-(t_-^*)$

$S_+(t_+^*)=[exp(-t_+^*)(\mathrm{Cos}(t_+^*)-jSin(t_+^*))]|, S_-(t_-^*)=[exp(-t_+^*)(\mathrm{Cos}(-t_+^*)+jSin(-t_+^*))]$

na stronie

$$S_\pm(t_\pm^*)=1/2S_+(t_+^*)\times S_-(t_-^*)=1/2[\exp(-2t_+^*)(\mathrm{Cos}^2(t_+^*)+Sin^2(t_+^*)-2Sin^2(t_+^*))]=$$
$$1/2[\exp(-2t_+^*)((+1-2(1/2-Cos(2t_+^*))))]=1/2\exp(-2t_+^*)Cos(2t_+^*) \qquad (3.5a)$$

Minimalna interaktywna entropia $S_\pm(t_\pm)$ *rozpoczyna pomiar przestrzeni* w odwracalnym względnym przedziale czasu niezmiennego impulsu π. Uruchomiony mikroprocesor, pokonując lukę entropia-Informacja, uruchamia Bit Informacyjny i makrodynamikę informacyjną Obserwatora.

6. Równania makrodynamiczne informacyjne:

$$\partial I/\partial x_t = X_t, a_x = \dot{x}_t = I_f, I_f = b_t X_t \qquad (3.\ 6)$$

zdefiniować X_t -a gradient (siła) ścieżki informacyjnej funkcjonalnej I (3.4) na trajektoriach makroprocesu x_t, I_f - przepływ informacji określony przez prędkość $\dot{x}_t$ makroprocesu. Przepływ wyłania się z dryftu uśrednionego $a^u(t,\tilde{x}_t)$ przez funkcję a_x wzdłuż procesu obserwacji oraz uśrednionej dyfuzji $b_t \to b$ dla siły makroprocesu.

Informacje Hamiltonian z makrodynamiki:

$$-\frac{\partial \tilde{S}}{\partial t}=(a^u)^T X+b\frac{\partial X}{\partial x}+1/2a^u(2b)^{-1}a^u=-\frac{\partial S}{\partial t}=H\,. \qquad (3.7)$$

określa makro równania (3.6) z zasady zmienności minimalnej dla EF przy użyciu równań Jacobi-Hamiltonowskiego.

Impulsowe interaktywne obserwacje sekwencyjnie łączą ekstremalne, wielowymiarowe procesy dyskretnie zmieniające hamiltonowskie, które gromadzą coraz więcej informacji.

Dyskretny Hamiltonian dzieli nieodwracalną dynamiczną trajektorię na częściowe segmenty odwracalne, przewidując następną powstającą jednostkę informacyjną. Wspólne skrajne elementy tworzą granice segmentów.

Równania (3.6) są informacyjną formą równań nieodwracalnej termodynamiki [60, 26], które uogólnia *Makrodynamika Informacyjna.*

Przepływy i siły określają makroproces Hamiltona w formie niezmiennej

$H = X \times I$.

Krzywizna informacyjna K_{α}^{m}, gęstość masy informacyjnej M_{vm}^{*} i złożoność efektywna $MC_{m}^{\delta e}$ łączą równanie

$$K_{m}^{\alpha} = M_{vm}^{*} MC_{m}^{\delta e} \quad , (3.8)$$

gdzie

$$MC_{m}^{\delta e} = 3H_{m}^{\delta V} MC_{m} \quad (3.9)$$

zawiera zróżnicowanie Hamiltona w poszczególnych tomach $H_{m}^{\delta V}$ oraz złożoność współpracy IN MC_{m}.

Samotny Eq. (3.8) w (3.9) zawiera wszystkie poprzednie równania (3.1-3.7), ujednolicając formalny opis matematyczny tego podejścia.

Te nowe wyniki walidują symulacje analityczne i komputerowe oraz ilustrują eksperymentalne zastosowania [92,93].

Równania *Interaktywnej Dynamiki Informacji Zintegrowanej* (IIID) (3.2-3.9) formułują opis informacyjnych prawidłowości obserwowania procesu interaktywnego.

IIID integruje Ścieżkę Informacyjną od Przypadkowości i Niepewności do Informacji, Termodynamikę i powstającą Inteligencję Obserwatora.

Interaktywne działanie pojawia się powszechnie we wszystkich obserwatorach jako odbiorniki, nadajniki i źródła informacji, które rozwijają się w komunikacji. Razem takie działania są ujednolicone w koncepcji Obserwatora Informacji.

Podejście IIID oparte na jednolitej informacji [99] pokazuje, w jaki sposób:

-Informacja pojawia się w Obserwatorze z obserwacji prawdopodobieństwa procesów losowych oddziaływania impulsów, przynosząc probabilistyczną przyczynowość obserwacji;

-usunięcie niepewności procesu losowego przekształca go w równoważną pewność-informację;

-pojawiające się działanie i reakcja łączą probabilistyczne działania wcześniejsze i późniejsze na granicy przewidywalności generującej mikroprocesor;

-czas zaplątania się rozpoczyna interwał przestrzenny składający się z dwóch qubitów lub bitu odwracalnej logiki;

- powstaje luka entropia-informacyjna na krawędzi rzeczywistości i ograniczenie możliwości jej przezwyciężenia;

-każda zapamiętana informacja wiąże odwracalny mikroprocesor z nieodwracalnym makroprocesem informacyjnym wzdłuż wielowymiarowego procesu obserwacji;

-składanie i przenoszenie informacji tworzy proces informacyjny Obserwatora, z dynamiką informacji, siecią informacyjną, jej logiką i kodem;

-Podnoszenie struktur obserwatora za pomocą prawidłowości informacji, różnicowania, ewolucji, poznawania i inteligencji;

-obserwacja integruje bity informacyjne w procesie informacyjnym kodującym pamięć roboczą i funkcje silnika w strukturze Obserwatora Informacji.

Zamiast projektować manipulatory SI, IIID skupia się na stworzeniu sztucznego mózgu w ewoluującym procesie informacyjnym inteligentnego Obserwatora.

Ponieważ neurony mózgu działają z informacyjną formą różnych obserwacji, reprezentacji obrazów, rozpoznają proces obserwacji informacji aż do wzrostu poznania i intelektu obserwatora.

Na równym poziomie SI i ludzkiego intelektu, różnica pomiędzy SI i człowiekiem tworzy *spersonalizowaną historię* pamięci dla każdego człowieka.

Historia spersonalizowana konstruuje IN osobistej pamięci, która gromadzi sumienie obserwatora związane z wszystkimi poznawczymi obserwacjami Obserwatora.

Teoria informacji zintegrowanej (IIT) [100] skupia się na "świadomości systemu określonej przez właściwości przyczynowe systemu fizycznego i każdym doświadczeniu świadomościowym składającym się z wielu "*różnic fenomenologicznych*". "

IIID jest bardziej ogólnym i systemowym podejściem integrującym *interaktywną ścieżkę obserwacji* inteligencji, w tym sumienia poznawczego.

Integrala IIID wynika z właściwości procesu obserwacji i nie jest aksjomatyczna wprowadzona jako IIT. IIID formalizuje regularność Obserwatora w kompleksowej informacyjno-fizycznej teorii, łącząc świat kwantowy ze światem fizycznym klasycznym i relatywistycznym, który prawo informacyjne może przewidzieć.

Co więcej, formalizm IIID z DSS ujawnia, jak sztucznie koduje obserwatora w uniwersalnej strukturze kodowania informacji, takiej jak DNA. Polega on na naturalnym tworzeniu bitów informacyjnych, a naturalne kodowanie potrójne umożliwia rozpoznawanie innych zakodowanych informacji. Bity te stają się standardowymi jednostkami różnych języków informacyjnych w komunikacji z obserwatorem.

Naturalny proces interaktywny, przekazujący Bity, tworzy proces informacyjny samorganizujący się i kodujący logikę mózgu obserwatora, poznanie i inteligencję z funkcją świadomości.

Świadomość określa zdolność obserwatora do samodzielnego rozpoznania, gdzie (w którym węźle IN lub domenie) został zapamiętany specyficzny obserwowany szlak informacyjny, który umożliwia zrozumienie w twórczej komunikacji międzyludzkiej. Formalizm IIID przetwarza tę ścieżkę.
Naturalne pochodzenie informacji i naturalne kodowanie informacji definiuje naturalnego obserwatora fizycznego [102].
Informacje o bezpośrednim połączeniu z fizyką pokazują również najnowszy dokument[103].
W skład naturalnie stworzonego obserwatora wchodząNaturalnie pojawiające się subiektywne bity;

2. Logika informacji o stworzeniu naturalnym, poznawanie i inteligencja;

3. Świadomość stworzona przez siebie.

Są to elementy IIID, gdzie

1. Naturalnie skorelowane interaktywne tak-nie działania dostarczają zarówno Bity jak i Ukryte informacje pomiędzy nimi ujawnione jako Darmowe Informacje, które IPF integruje. Przyci±ganie kooperacyjne, tworzone przez struktury (co najmniej 4,48 bitów [99]) Wolnej Informacji, wybiera minimalny *subiektywny* obserwator - trójk±t, którego Wolna Informacja umożliwia przyleganie do innych bitów w strukturze logicznej podczas przyci±gania kooperacyjnego.

2. Wyrównanie prędkości ruchu przyciągania Wolnej Informacji synchronizuje częstotliwości logiki tripletu w rezonansie, który przypomina pętlę logiczną. Wielokrotne rezonanse pętli logicznej przypominają Sieć Informacyjną węzłów hierarchicznych zagnieżdżonej logiki tripletu.

Każda zagnieżdżona spójna pętla logiczna akceptuje tylko takie jednostki, które każda logika węzła IN rozpoznaje, samoorganizując łańcuch *funkcji poznawczych,* które są rozmieszczone wzdłuż hierarchii składających się jednostek logicznych: trójkątów, węzłów zagnieżdżonych IN i węzłów końcowych IN.

Poznanie Obserwatora wyłania się jako rozwijająca się intencjonalna zdolność do żądania, integrowania i przewidywania potrzebnych Informacji Obserwatora, która buduje rozwijającą się sieć Obserwatora. Hierarchia logiki pętli jest zapamiętywanie, a następnie kodowanie po skoordynowanym dostępie zewnętrznej energii do każdej lokalnej jednostki logicznej na każdym poziomie hierarchii.

3. Koordynacja wykonuje własny zegar czasowy Obserwatora z jego przebiegiem, który steruje przełączaniem hierarchicznym. Rezygnacja z kursu czasowego zegara jest uzależniona od ilości przekazanych węzłów IN zawierających informacje o obserwacji.

4.Hierarchiczne kody Obserwatora fizycznie organizują wielokrotne IN, samokodując swoje kody lokalne w strukturze informacyjnej *inteligencji Obserwatora.*

Samo-tworząca się inteligencja obserwatora umożliwia dekodowanie zapisanych w pamięci każdego z węzłów IN informacji rozpoznających je w komunikacji wewnętrznej związanej z samoświadomością. Odbywa się to poprzez samo-tworzenie, które inicjuje niektóre obserwowane bity i współpracujące z nimi trojaczki (jako próg dla selektywnego obserwatora 4,48 bitu). Te bity uwalniają informacje o przyciągających prośbach logicznych o współpracę z niektórymi informacjami logicznymi znajdującymi się w danym węźle IN wzdłuż hierarchii IN. Wielokrotne interkomunikowanie tworzy hierarchię bitów logicznych współpracujących z węzłami IN. To wiąże się z samorozpoznawaniem świadomości. Tak więc, inteligencja obserwatora zawiera w sobie hierarchiczną funkcję modelowania samoświadomości świadomości.

Ostatni wynik potwierdza filozoficzny wniosek [104], że termin "świadomość" nie ma stałego znaczenia i należy z niego zrezygnować, "to oznacza funkcję". ...

Zgodnie z [100], IIT mierzył świadomość, która musi być świadoma. Nie jest to przekonywujące, podobnie jak Koch [101] twierdzi, że wszystko jest trochę świadome.
W IIID każdy bit jest zjawiskiem interakcji - podstawowym zjawiskiem UNIVERSE'owej rzeczywistości. Do świadomości obserwatora prowadzi droga IIID przez inteligencję obserwatora.

REFERENCJE

[1] Kołmogorow A. N. *Fundacje Teorii Prawdopodobieństwa*, Chelsea, Nowy Jork, 1956.

[2] Dynkin E. B. Dodatkowa funkcja procesu wiedeńskiego określona przez całki stochastyczne, *Teoria. Veroyat. iPrimenenia*, 5: 441-451, 1960.

[3] Stratonowicz R. L. *Teoria Informacji*, Sov. Radio, Moskwa, 1975.

[4] Lerner V. S. Problem wartości granicznej i nierówności Jensena dla entropii funkcjonującej w procesie dyfuzji Markowa, *Journal of Math. Anal. Appl.*, 353 (1): 154-160, 2009.

[5] Kac M. *Probability and Related Topics in Physical Sciences*, Boulder, Colorado, 1957.

[6] Ito K. i Watanabe S. Transformacja procesów Markova przez funkcje multiplikatywne. *Ann. Inst. Fourier*, 15: 13-30, Grenoble, 1965.

[7] Girsanov I. V. On transforming a certain class of stochastic processes by absolutely continuous substitution of measures, *Theory of Probability and its Applications*, 5: 285-301, 1960.

[8] Gikhman I. I., Scorochod A. V. *Theory of Stochastic Processes*, Vol. 2-3, Springer, NY, 2004.

[9] Prochorow Y. V., Rozanov Y. A. *Theory Probabilities,* Nauka, Moskwa, 1973.

[10] Wirnik W. Ogólny operator dyfuzyjny i dodatni zachowujący półgrupy w jednym wymiarze. *Ann Math.* 60: 417-436, 1954.

[11] Feller W. Na granicach i warunkach poprzecznych dla równań różniczkowych Kołmogorowa. *Ann. Matematyka.* 65: 527–570, 1957.

[12] Lerner V. S. Rozwiązanie problemu zmienności dla ścieżki informacyjnej Funkcjonalność kontrolowanego procesu losowego, *Journal of Math. Analiza. Appl.* , 334: 441-466, 2007.

[13] Kołmogorow A. N., Jurbenko I. G., Prochorow A. V. *Wprowadzenie do Teorii Prawdopodobieństwa*, Nauka, 1982.

[14] Lerner V. S. The Impulse Interactive Cuts of Entropy Functional Measure on Trajectories of Markov Diffusion Process, Integrating in Information Path Functional, Encoding and Application, *British Journal of Mathematics & Computer Science, 20(3)*: 1-35, 2017.

[15] Lerner V. S. Dynamika informacyjna obserwatora: Acquisition of Information and the origin of cognitive dynamics, *Journal Information Sciences,* 184: 111-139, 2012.

[16] Lerner V. S. Obserwacje impulsowe procesu losowego generują Informacje, wiążąc odwracalne mikro i nieodwracalne makro procesy w Obserwatorze: Regularności, ograniczenia i warunki samo-tworzenia, *arXiv: 1204.5513.*

[17] Lerner V. S. Ukryta stochastyczna, kwantowa i dynamiczna Informacja o procesach dyfuzji Markowa i jej ocena przez Entropię Integralną miarą pod działaniem kontroli impulsów, zastosowana do obserwatora informacji, *arXiv:1207.3091.*

[18] Levy P. P. *Stochasic Processes i ruch Browna*, Deuxieme Edition, Paryż, 1965.

[19] Harrison J. M., Sellke T. M., i Taylor A. J. Impulsowa kontrola ruchu Browna, *Math. Operuj. Res.,*8: 454-466, 1983.

[20] Fukushima M., He P., i Ying J. Time changes of symmetric diffusions and Feller measures, *An. Probability*, 32(4): 3138-3166, 2004.

[21] Barral J., Fournier N., Jaffard S. i Seuret S. A pure jump Markov process with a random singularity spectrum, *The Annals of Probability*, 38(5): 1924-1940, 2010.

[22] Getoor R. K., Killing a Markov process under a stationary measure involves creation, *The Ann. of Probability*, 16(2):564-585,1988.

[23] Piosenka B. Ostre granice gęstości, funkcja Green i funkcja skokowa podwładnego zabił Browna Motion, *Probab. Th. Rel. Fields*, 128: 606-628,2004.

[24] Korn G. A. i Korn T. M. *podręcznik matematyczny dla naukowców i inżynierów*, McGraw-Hill, 1968.

[25] Lerner V. S. Impulsowa miara funkcjonalna entropii na trajektoriach procesu dyfuzji Markowa integrująca się w ścieżce informacyjnej funkcjonalnej, *arXiv:* 1204.5513.

[26] Lerner V. S. *Information Path Functional and Informational Macrodynamics*, Nova Science, New York, 2010.

[27] Lerner V. S. Dynamic Model of the Origin of Order in Controlled Macrosystem. Bk. *Termodynamika i regulacja procesów biologicznych*: 383-397, Walter de Gruyter & Co., Berlin-Nowy Jork, 1984.

[28] Lerner V. S. Informacja i jej obserwator: zewnętrzne i wewnętrzne procesy informacyjne, współpraca informacyjna i pochodzenie intelektu obserwatora, *arXiv:* 1212.1710.

[29] Ikeda N., Watanabe S. *Stochastic Differential Equations and Diffusion Process*, Pekin, 1998.

[30] Krane K. *Modern Physics*, Wiley, Nowy Jork, 1983.

[31] Durr D., Bach A. The Onsager-Machlup Function as Lagrangian for the Most Probable Path of Diffusion Process, *Communications in Mathematical Physics*, 60 (2):153-170, 1978.

[32] Cover Thomas M., Cover Joy A. *Elements of Information Theory*, John Wiley & Sons, 1991.

[33] Ito K., Mackean H. P., Jr. *Diffusion process and its trajectories*, Mir, 1951.

[34] Lerner V. S. About the Biological Conditions Initiating Cooperative Complexity, Letter to Editor, *Journal Biological Systems*, 14(2):169-183, 2006.

[35] Kang H-W, Kurtz T. G. i Popovic L. Central ograniczają twierdzenia i przybliżenia dyfuzyjne dla multiskalowych modeli łańcuchów Markov, *The Annals of Applied Probability,* 24(2): 721-759, 2014.

[36] Ravil S., Ahn D., Greschner M., Chichilnisky E. F, FieldG. D. Pathway-specific asymmetries between ON and OFF visual signals, http://dx.doi.org/10.1101/384891, 2018.

[37] Le Jan, Yves. Ścieżki, pętle i pola Markowa, *Notatki z wykładów z matematyki, tom* 2026, Springer, Heidelberg, 2011, Wykłady z *38 Letniej Szkoły Prawdopodobieństwa w* Saint-Flour, 2008.

[38] Axencott R. Behavior of diffusion semi-groups at infinity, *Bulletin de la S.M.F.,* tome 102:193-240, 1974.

[39] Jarzynski C. Nonequilibrium Equality for Free Energy Differences, *Phys. Rev. Lett.*, 78, 2690. 1997.

[40] Lerner V. S. Information Path from Randomness and Uncertainty to Information, Thermodynamics, and Intelligence of Observer, *arXiv*:1401.7041.

[41] Lerner V. S. *ArXiv*: 1307.0449, *ArXiv*: 1307.0449, Lerner V. S. Arising Information regularities in an observer.

[42] Lerner V. S. *The Information Hidden in Markov Diffusion*, Lambert Academic Publisher, 2017.

[43] Landauer R. Irreversibility and heat generation in the computing process, *IBM Journal Research and Development,* 5(3):183-191, 1961.

[44] Sato N. i Yoshida Z. Up-Hill Diffusion Creating Density Gradient-What is the Proper Entropy? *arXiv*:1603.04551.

[45] Bennett C. H. Demon, Silnik i the Drugi Prawo, *Naukowy Amerykanin*, 108-116, 1987.

[46] Palsson M. et al. Experimentally modeling stochastic process with less memory by use of a quantum processor, *Sci. Adv.* e1601302, 3, 2017.

[47] Acin A., Quantum Information Theory with Black Boxes, *The Zurich Physics Collloquium,* 2015 https://www.video.ethz.ch/speakers/zurich_physics_colloquium.

[48] Bérut A., Arakelyan A, Petrosyan A., Ciliberto S., Dilenshneider R., Lutz E. Experimental verification of Landauer's principle

linking Information and thermodynamics, *Nature*, 484, 187-189, 2012.

[49] Toyabe S., Sagawa T., Ueda M., Muneyuki E. i Sano M. Experimental demonstration of Information-to-energy conversion and validation of the generalized Jarzynski Equality, *Nature Physics*, 6: 988-991, 2010.

[50] Lerner V. S. Naturalne kodowanie informacji poprzez Impulsy Interaktywne, *arXiv: 1701.04863.*

[51] Haggard P., Clark S., Kalogeras J. Voluntary action and conscious awareness, *Nat Rev Neurosci.*, 5:382-385, 2002.

[52] Lerner VS. Information macrodynamic modeling of random process, Int Journal of Systems Sciences, 40(7):729-744, 2009.

[53] Lerner VS. Co-operative Information space distributed macromodels, *Int. Journal of Control*, 81(5), 725-751, 2008.

[54] Hyungwon K., David A. Balistyczne rozprzestrzenianie się splątania w diffuzyjnym systemie nieintegracyjnym, *Phys Rev Lett*, 111 (12):2013127205, 2013.

[55] Efimov V. N. Słabo związane stany trzech rezonansowo oddziałujących cząstek, *Soviet Journal of Nuclear Physics*, 12(5): 589595,1971.

[56] Huang Bo., Sidorenkov L. A. i Grimm R. Obserwacja Drugiego Rezonansu Triatomicznego w Scenariuszu Efimova, *Phys. Rev. Lett.* , 112, 190401, 2014.

[57] Pires R., Ulmanis J., Häfner S., Repp M., Arias A., Kuhnle E. D., Weidemüller M. Obserwacja rezonansów Efimova w mieszaninie z ekstremalnym brakiem równowagi masy, *Phys. Rev. Lett,* 112 (25), 10.1103/ 112.250404.

[58] Kauffman L. H. *Formal Knot Theory*, Princeton Univ. Press, 1983.

[59] Chichak, K. S. Molecular Borromean Rings, *Science* 304 (5675): 1308-12, 2004.

[60] De Groot S.R., Mazur P. *Non-equilibrium Thermodynamics*, N. Holland Publ. Co., Amsterdam, 1962.

[61] Lerner V.S. *Applying the Variation Principle to the Optimal Control of Superimposing Macroprocesses*, *Seminarium o Cybernetyce*, 43, 2-33, Akademia Nauk, Mołdawia, 1972.

[62] Lerner V. S. Proces informacji generowanych przez obserwatorów: Composite Stages, Cooperative Logical Structure, and Self-Organization, *Cybernetics and Systems*, 47: 339-362, 2016.

[63] Aravindh M. S. Venkatesan A., Lakshmanan M. Strange nonchaotic attractors for computation, *arXiv*:1805.03858.

[64] Lerner V. S. Macrodynamic cooperative complexity in Biosystems, *J. Biological Systems*, 14(1):131-168, 2006.

[65] Buzsaki G. *Rhythms of the Brain,* Oxford University Press, 2006.

[66] Chiang J. F, Rosenberg M. H., Bufford C. A, Stephens D., Lysy A. i Monti M. M. The language of music: Common neural codes for structured sequences in music and natural language, http://dx.doi.org/10.1101/202382. 2017.

[67] Yearsley J. M. i Pothos E. M. Podważając klasyczne pojęcie czasu w poznaniu: perspektywę kwantową. *Postępowanie The Royal Society B*, doi:10.1098/rspb.2013.3056.

[68] Epstein R. A., Patai E. Z., Julian J. B. i Spiers H. J. The cognitive map in humans: spatial navigation and beyond, *Nature Neuroscience*, 20,1504-1513, 2017.

[69] Dai L., Kamionkowski M., Kovetz E. D., Raccanelli A. i Shiraishi M. Galaktyka antymetryczna jako sonda kosmologiczna, *arXiv*:1507.05618v2.

[70] Sidiropoulou K., Pissadaki K. E., Poirazi P. Inside the brain of a neuron, Review, *European Molecular Biology* Organization reports, 7(9): 886-892,2006.

[71] Herculano-Houzel S. *The Human Advantage: A New Understanding of How Our Brain Became Remarkable*, MIT, 2016.

[72] Ferraro G. et al. Finding influential nodes for integration in brain networks using optimal percolation theory, *Nature Communications*|, 9:2274,2018.

[73] Laughlin S. B., de Ruyter R., Steveninck R. i Anderson J. C. The metabolic cost of neural information, *Nature Neuroscience*, 1 (1), 1998.

[74] Beggs J. M., i Plenz D. Neuronalne lawiny w obwodach neokortalnych. *J. Neurosci.* 23, 11167–11177, 2003.

[75] Aguilar J. i in. Neuronal Depolarization Drives Increased Dopamine Synaptic Vesicle Loading via VGLUT, *Neuron*, 07.038, 2017.

[76] Matthew P. H. Gardner, Geoffrey Schoenbaum, Samuel J. Gershman. Rethinkig dopamina jako uogólniony błąd przewidywania, *biorxiv.org:* 239731 , 2018.

[77] Lucas R. , Glover L. R, Schoenfeld T. J, Karlsson R-M, Bannerman D. M, Cameron H. A. Trwająca neurogeneza u dorosłego gyrusa uzębienia pośredniczy w reakcji behawioralnej na niejednoznaczne sygnały zagrożenia, *PLOS Biology* 15(4), 2017.

[78] Bathelt J., Gathercole S. E., Johnson A. M, Astle D. E. Zmiany w morfologii mózgu i zdolności pamięci operacyjnej w dzieciństwie, *bioRxiv:* 069617.

[79] Beggs, J. M., i Plenz, D. Neuronalne lawiny w obwodach neokortalnych. *J. Neurosci.* 23, 11167–11177, 2003.

[80] Mohsen A. , Sung-Joo L., Thiel C., Sehm B., Deserno L. i Obleser J. Dopaminergic Modulation of Brain Signal Variability and the Functional Connectome During Cognitive Performance, *bioRxiv.* doi:10.1101/130021, 2017.

[81] Anderson J. R. i Fincham J. M. Odkrywając sekwencyjną strukturę myśli. *Cogn. Sci.* 38, 322-352, 2014.

[82] Mørch H. H. jest przytomny? Dlaczego główny problem w neurologii jest odzwierciedlony w fizyce. *Nautilus*, 6 kwietnia 2017.

[83] Collell G., i Fauquet J. Mózg aktywność i poznanie: połączenie termodynamiki i teorii informacji *Front. Psychol.* , 16 czerwca 2015, |

[84] Bialek W., Nemenman I., Tishby N. Predictability, Complexity, and Learning, *Neural Comp.*13,2409-2463 2001.

[85] Marsman A. et al. Intelligence and Brain Efficiency: Badanie związku pomiędzy wydajnością pamięci roboczej, Glutamate, a GABA, *Front. Psychiatria*, |https://doi.org/10.3389/fpsyt.2017.00154,2017.

[86] Kastrup B. Jest "Nieprzytomny", ale może być przytomny. *Europe's Journal of Psychology*, 13(3), 559-572. doi:10.5964/ejop.v13i3.1388.

[87] Teige C., Mollo G, Millman R., Savill N., Smallwood J., Cornelissen P. i Jefferies E. Dynamiczne poznanie semantyczne: Characterising coherent and controlled conceptual retrieval through time using magnetoencephalography and chronometric transcranial magnetic stimulation, *bioRxiv*, 2017 doi:10.1101/168203.

[88] Lerner V. S. Złożoność informacji w dynamice ewolucji, *Int. Journal of Evolution Equations*, 3 (1):27-63, 2007.

[89] Bradley J. Randomness and God's Nature, *Perspectives on Science and Christian Faith*, 64 (2), June, 2014.

[90] Kent C. Oswoić *swoje lęki: I przekształcić je w wiarę, zaufanie i działanie*, Navpress, 2003.

[91] Zurek W. H. Subplanck structure in phase space and its relevance for quantum decoherence, Letters to Nature, *Nature*, 412: 712-717, 2001.

[92] Lerner V. S. Teoria Systemów Informatycznych i Makrodynamika Informacyjna: Przegląd głównych wyników, *IEEE Transakcje na systemach, człowiek i cybernetyka - część* C: Aplikacje i przeglądy, 37 (6):1050-1066, 2007.

[93] Lerner V. S. *The observer information process and origin of the observer cognition and intellect*,GRIN Verlag , GmbH, 2017.

[94] Pettini M. *Geometry and Topology in Hamiltonian Dynamics and Statistical Mechanics*, Springer, New York, 2007.

[95] Morse M. Rachunek wahań w dużym, *Amerykaninie. Matematyka. Soc.*1, 38-54, 1934.

[96] Gray D.J., Wu S.M. *Fundations of cellular neurophysiology*, MIT Press, 1997.

[97] Kołmogorow A.N. Zufallige Bewegungen, *Ann. Matematyka.* 1934, 35, 116-117.

[98] Gledzer E.B., Golitsyn G.S. Kaula - konsekwencja praw prawdopodobieństwa A. N. Kołmogorowa i jego szkoły, *arXiv:* 1901.06307.

[99] Lerner V.S. *Jak informacja tworzy swojego Obserwatora. The Emergence of the Information Observer with Regularities*, Nova Science, 2019.

[100] Tononi G. *Zintegrowana teoria informacji o świadomości: zaktualizowane konto. Arch. Ital. Biol.* 150, 56-90 , 2012.

[101]. Koch Ch. *The Feeling of Life Itself: Why Consciousness Is Widespread but Can't Be Computed*The MIT Press2019.

[102]. Lerner V.S. About Natural Origin Of Information And Natural Encoding Information, *International Society for the Study of Information 2019, Summit, 2-6 czerwca, Berkeley*, 2019.

[103]. News Science. "Informacja jest fizyką Poszczególne bity informacji mogą mieć bezpośrednie fizyczne konsekwencje", *Komunikaty ACM11,2019.*

[104]. James W. Czy "Świadomość" istnieje? *Journal of Philosophy, Psychology, and Scientific Methods*, *1*, 477-491, 1904.

Printed by Books on Demand GmbH, Norderstedt / Germany